Eugen Drewermann und Jacques Gaillot
Der Traum von Menschlichkeit

Eugen Drewermann
und Jacques Gaillot

Der Traum von Menschlichkeit

Gespräche

Herausgegeben von
Peter Eicher

Kösel

Übersetzung der französischen Texte von Peter Eicher.
Titel der französischen Originalausgabe: Dialogue sur le parvis entre
un évêque et un théologien. Présenté par Jean-Pierre Bagot.
© Desclée de Brouwer, Paris 1996, 102 S.

ISBN 3-466-20418-6
© 1997 für die erweiterte deutsche Ausgabe
by Kösel-Verlag GmbH & Co., München
Printed in Germany. Alle Rechte vorbehalten
Druck und Bindung: Kösel, Kempten
Umschlaggestaltung: Kaselow Design, München
Umschlagmotiv: Eugen Drewermann und Jacques Gaillot
beim Treffen in Straßburg. Foto von Vincent Kessler
© Sipa Press, 10 Boulevard Murat, 71016 Paris

1 2 3 4 5 · 01 00 99 98 97

Gedruckt auf umweltfreundlich hergestelltem Werkdruckpapier
(säurefrei und chlorfrei gebleicht)

Inhalt

Vorwort

An diesen Gesprächen waren viele beteiligt. Bischof Jacques Gaillot, Eugen Drewermann und Jean-Pierre Bagot danke ich für ihre Freundschaft, den Gesprächspartnerinnen und -partnern für ihre kritischen Fragen, Ermutigungen und Erfahrungsberichte.

In einem Akt der Willkür hat der Vatikan 1995 Jacques Gaillot seines Amtes als Bischof von Évreux enthoben und ihm dafür die Diözese »Partenia« gegeben, die seit mindestens 1300 Jahren nicht mehr existiert. Ohne rechtsgültiges Verfahren hat der Erzbischof von Paderborn Eugen Drewermann 1991 und 1992 mit allen ihm zur Verfügung stehenden Strafen belegt: Er hat ihm das Lehramt entzogen, er hat ihn als Priester suspendiert und schließlich von der Teilnahme an allen innerkirchlichen Gesprächen und Veranstaltungen ausgeschlossen. Die Gespräche in der Öffentlichkeit sind deshalb zum neuen Ort für die Kirche der Ausgeschlossenen geworden. Im Bischof von »Partenia« hat diese weltweite Diözese ihren brüderlichen Freund gefunden und in Eugen Drewermann einen Wegweiser vom autoritären Katholizismus zum humanen Christentum. Warum dieser Vorgang von allgemeiner Bedeutung für die anstehende Revolution der Menschlichkeit in der Gesellschaft ist, zeigt der einleitende Beitrag. Die Rahmengespräche, die ich einleitend mit Jacques Gaillot und am Ende mit Eugen Drewermann führte, lassen erkennen, warum die amtskirchlichen Verurteilungen sowohl den humanen Sinn des couragierten Einsatzes des Bischofs von »Partenia« für die sozial Ausgegrenzten als auch den menschlichen Wert des Werkes von Eugen Drewermann für die gesellschaftliche Öffentlichkeit erst recht deutlich machen. In den Gesprächen von Straßburg bis nach Paderborn kommt Zug um Zug zum Vorschein, warum den Männern, welche die römisch-katholische Kirche gegenwärtig beherrschen, die darin entwickelten Träume von Menschlichkeit zum Trauma geworden sind. Es kommt aber auch zum Vorschein, warum sie für die gegenwärtige Gesellschaft eine starke Ermutigung sind, der rasch voranschreitenden Restauration einer unsozialen Marktwirtschaft die Revolution der Menschlichkeit entgegenzusetzen.

Jean-Pierre Bagot hatte den Dialog in ARTE, in »Partenia« und an der Universität Freiburg auf Französisch publiziert. Dem Südwestfunk Baden-Baden und dem ZDF danke ich für die Erlaubnis, die anderen Gespräche herauszugeben. Alle Gesprächsbeiträge von Jacques Gaillot sind vom Herausgeber übersetzt, während Eugen Drewermann seine vom Herausgeber redigierten Beiträge durchgesehen hat.

Die vollständigen Bibliografien zu Jacques Gaillot und Eugen Drewermann hat Kathrin Faulhaber erstellt. Akribisch hat sie auch in Frankreich recherchiert, damit wir uns in Deutschland kein falsches Bild von Bischof Jacques Gaillot machen. Ihr, meiner pfiffigen Mitarbeiterin Ilka Struck, meiner unermüdlichen Sekretärin Renate Ptak und der freundlichen Mitarbeit von Heidi Ritzer-Bruns an der Redaktion von zwei Gesprächen gilt mein herzlicher Dank.

Paderborn, 5. Januar 1997   *Peter Eicher*

Eine Revolution der Menschlichkeit

EINLEITUNG VON PETER EICHER

»Revolutionär ist nicht der Bischof von Évreux;
das Evangelium ist es.«[1]

JACQUES GAILLOT

»Die Alternative zu einer maroden Kirche
ist nicht unbedingt eine andere oder bessere Kirche,
aber befreite Menschen.«[2]

EUGEN DREWERMANN

Was ist revolutionär?

Revolutionen antworten auf den Leidensdruck und die Sehnsucht von unzählbaren Einzelnen, die im herrschenden System keine Stimme, keinen Namen und keine Möglichkeit haben, ihr Recht einzuklagen. Wenn sie das Wort ergreifen und sich den Herrschenden im System widersetzen, wenn sie sich selber organisieren und ihre Macht gebrauchen, um die Verhältnisse nachhaltig zu ändern, dann werden sie von den Hütern der Ordnung aus der menschlichen Gesellschaft erst recht ausgeschlossen. Und zwar im Namen der Menschlichkeit: »Revolutionen sind unmenschlich.«

Für Herrschende, für Besitzende und abgesicherte Autoritäten ist das System menschlich, das die geltende Ordnung aufrechterhält, auch wenn es noch so viele Einzelne erniedrigt, beleidigt und verletzt. Für die Regierenden in den führenden Industrienationen war es menschlich, Iraks Diktator die Waffen gegen den Iran und das Napalm gegen die Kurden zu liefern, um mit dem billigen Öl aus ihrer Region dem eigenen Land die Arbeitsplätze zu sichern. Für die Ohnmächtigen und die Verbrannten, für die arm Gehaltenen und für die Verachteten wäre menschlich dagegen die Rücksicht auf die Not jedes Einzelnen in jedem Land gewesen. Für die Ausgeschlossenen sind der Fortschritt einer Industrie und die Größe einer Nation solange unmenschlich, als ihre Würde und ihr Recht auf Leben, Arbeit und soziale Achtung nicht anerkannt werden. Um menschlich zu werden, müssen die Ausgeschlossenen deshalb die Unmenschlichkeit des Systems und seiner Statthalter öffentlich benennen und aktiv angreifen können. Das Opfer der Folter, das fliehen kann, um in einem der reichsten Länder Asyl zu suchen, erkennt die Unmenschlichkeit dieses Landes, wenn ihm der Zutritt verweigert und das Recht aberkannt wird, seine Situation als Mensch auch nur darzulegen. Jedes Opfer eines Systems wird solange unmenschlich behandelt, wie seine Stimme unterdrückt wird. Die Frau, die ihre Arbeitskraft in der katholischen Kirche einsetzt und erfährt, dass ihre spirituelle Begabung zur Gemeinde- oder Bistumsleitung verachtet und geleugnet wird; die Frau, der jedes Entscheidungsrecht in dieser Kirche verweigert wird, nur weil Männer, die sich gegenseitig geweiht haben, feierlich behaupten, Gott habe ihnen allein diese Vollmachten übertragen, diese Frau erfährt das Unmenschliche dieses Systems am eigenen Leibe. Sie wird nicht als Mensch anerkannt, wenn ihre Stimme nicht gleichberechtigt mit dem Wort und der Entscheidung der Männer in die Waagschale fällt. Ein Arbeitsloser, der täglich in der Zeitung liest, wie gleichzeitig das Wirtschaftswachstum und die Arbeitslosigkeit zunehmen, durchschaut die Lüge, wonach das ökonomische Wachstum für den Staat der Gradmesser seiner Demokratie sei.

Man kann es drehen und wenden wie man will, im Wort »Menschlichkeit« steckt der revolutionäre Kern. Kein System kann menschlich sein, solange seine Opfer nicht selbst das Wort ergreifen und ihr Recht einklagen können. Denn ob eine Institution menschlich ist oder nicht, entscheidet sich nicht an ihrem Erfolg im Allgemeinen, sondern an ihrer Beziehung zu denen, die unter ihrem Erfolg zugrunde gehen. Wirklich menschlich wird eine Gesellschaft erst dann, wenn die Einzelnen aus der Erfahrung leben, dass alle leiden, wenn ein Glied leidet, sei es ein Mitmensch, eine Tierart oder eine Pflanzenpopulation. Die Humanität einer Institution, einer Gesellschaft oder eines Staates entscheidet sich nicht an der Größe ihrer Erfolge, sondern an ihrer Kraft, das schwächste Glied in der Kette nicht zu zerreißen, die Ausgeschlossenen zu integrieren und die Verletzten zu heilen. Genau an diesem Punkt bricht das Bewusstsein vom Sinn der menschlichen Würde die Naturgesetze, die zur Erhaltung der Arten die Stärksten gewinnen lassen. Genau an diesem Punkt beginnt der Glaube an den Menschen, der aus der Revolte gegen die unerbittlichen Gesetze der Natur erwächst. Denn die Natur scheint sich nicht um das Individuum und das milliardenfache Leiden der Opfer ihrer Entwicklung zu kümmern: Der Sinn für den Einzelnen scheint in ihr nicht vorgesehen. Deshalb ist es revolutionär, wenn Menschen der stummen Natur ihre Stimme geben und den milliardenfach gequälten Tieren ins Angesicht sehen und damit aufhören, sie wie fühllose Wesen zu verbrauchen.

Was aber ist, wenn die Politik, die Wirtschaft, die Armeen und die Kirchen über die einzelnen Menschen und die Tiere hinweggehen und sie für Ideen opfern, für den Erhalt von Strukturen ignorieren oder zur Machterweiterung von Herrschenden quälen, foltern oder töten? Was ist, wenn der Schrei eines ganzen Volkes und die Qual ganzer Tierarten von den Verantwortlichen ignoriert werden?

Hilft dann nur die Gewalt gegen die Gewalt?

Revolutionäre Umbrüche ereignen sich, ohne bewusst und »ordentlich« geplant zu sein. Sie verändern die Vorstellungskraft. Ohne den mächtigen Überschuss an Phantasie, der die Normalität der herrschenden Ordnung sprengt, kommt nicht die geringste Veränderung zustande. Die Quelle der menschlichen Phantasie aber sind das Leiden, die eigene Not und die unerträgliche Last der anderen.

Die archaische Phantasie reagiert auf die Unterdrückung mit aggressiven Vorstellungen, sie reagiert auf Gewalt mit Gegengewalt. Heute, ein halbes Jahrhundert nach dem sozialen und politischen Erfolg des gewaltlosen Widerstandes der »großen Seele«, Mahatma Gandhi, ist es vorstellbar geworden, dass Umbrüche in einem Gesamtsystem, also revolutionäre Veränderungen, allein durch den passiven und aktiven Widerstand der Gedrückten und zum Schweigen Verurteilten eingeleitet werden. Die revolutionäre Entmachtung der DDR-Führung und die innere Auflösung der kommunistischen Parteidiktatur in anderen Ostblockländern und in der Sowjetunion haben der Welt vor Augen geführt, dass nicht erst die blutige Gewalt das Kennzeichen des revolutionären Wandels sein muss. Das missachtete Volk kann die Zustände, unter denen es unsäglich leidet, aufheben, wenn es seine eigene Phantasie entwickelt, wenn es selbst das Wort ergreift und sich seiner Würde, seines Auftrags und seiner eigenen Macht bewusst wird. Die Revolution in der DDR wurde auch deshalb nicht gewalttätig, weil das Volk sich diesmal nicht einem Führer anvertraute, sondern sich selber zutraute, neue Wege zu gehen.

Was wäre heute revolutionär?

Ist es aufrührerisch, wenn die Einzelnen, die unter dem Druck der Propaganda von der absoluten Notwendigkeit der wirtschaftlichen Entwicklung dazu gezwungen sind, sich halb totzuarbeiten und andere aus der Arbeit zu verdrängen, ihre Angst verlieren und für eine radikal andere Verteilung von Arbeit und Gewinn eintreten? Ist es destruktiv, wenn die hart benachteiligten Frauen ihre Resignation brechen, um mit ihren eigenen Stimmen die ihnen von Männern verordnete (Un-)Ordnung aufzuheben? Ist es revolutionär, wenn die von der Gesellschaft Ausgeschlossenen, wenn die Arbeitslosen und die Flüchtlinge, wenn die psychisch Leidenden und die HIV-Positiven, wenn die pflegebedürftigen Alten und die Behinderten gleichberechtigt an der sozialen Gestaltung der Gesellschaft teilnehmen? Wenn Arbeitgeber und Politiker ihre Angst vor dem Machtverlust verlieren, um für ein menschlicheres Verhältnis zwischen der sozialen Verpflichtung für alle und dem Markt einzutreten, der immer weniger Menschen immer mehr zu verdienen gibt? Wenn Politik nicht mehr nur eine Frage der Wirtschaft ist?

Es ist revolutionär.

Wäre es ein humaner Umsturz, wenn ein Land auf den Gewinn durch Waffenhandel verzichtete? Wenn ein Land seine Atomwaffen vernichten würde?

Es wäre ein Neuanfang mit gewaltigen Konsequenzen.

Wäre es revolutionär, wenn jeder Mensch sich weigern würde, eine Waffe zu berühren?

Es wäre ein Wunder.

Und was ist, wenn das Wachstum der Fähigkeit zur Kommunikation, zur Toleranz, zur Achtung vor der Andersheit der anderen für alle wichtiger wird als das Wachstum des Bruttosozialprodukts? Wenn die Entfaltung der Liebesfähigkeit für jeden Einzelnen wichtiger wird als die Entfesselung des »freien« Marktes? Was ist, wenn das Sehen-Lernen, das Atmen-Können, das sorgfältige Lesen, die Entfaltung der schöpferischen Eigenheiten wichtiger werden als der Konsum von Fertigprodukten? Wenn das Interesse, Zeit für die Kinder, Zeit für den persönlichen Austausch, Zeit für die Leidenschaft der Liebe und Zeit für die Begleitung der Leidenden zu haben mehr geachtet wird als das Interesse an der wirtschaftlich sich auszahlenden Arbeitszeit? Was ist, wenn das Interesse an der Rettung der bedrohten Tier- und Pflanzenarten wichtiger wird als das wirtschaftliche Interesse an der Entwicklung einer neuen Computergeneration, einer neuen Serie von Raketen, Autos und künstlichen Genen?

Es ist eine Revolution der Menschlichkeit. Der Anfang einer mitmenschlichen Gesellschaft. Etwas noch nie Dagewesenes. Nicht nur Utopie und nicht nur ein Traum, sondern der realisierte Glaube an die Zukunft des Menschen. Für Christen ist es das praktizierte Evangelium, für die Moslems der gelebte Koran, für die Buddhisten das Rad der Erleuchtung und für die Nichtglaubenden die Erlösung aus der Verzweiflung.

Die Menschwerdung im Gespräch

Die Gespräche zwischen Eugen Drewermann und Jacques Gaillot gehören zu den großen Augenblicken, in denen zwei öffentlich herabgesetzte Menschen ihre Würde wiederfinden, indem sie einander anerkennen. Es ist, als wenn sich zwei bisher Unbekannte ihre Träume erzählen und dabei ihre eigenen Anliegen, ihre Lebenswege und ihre unerfüllten Hoffnungen erstmals ganz zur Sprache bringen können. Ihr Traum ist das realisierte Evangelium, die Menschwerdung des Menschen. Ihr Trauma aber ist eine Kirche, die solche Träume verschweigt, aus dem Bewusstsein verbannt oder – wenn sie denn nicht mehr zu unterdrücken sind – moralisch und belehrend zensiert. Dass sich jedoch erst in der konkreten Menschwerdung des Menschen der Sinn von Gottes Menschwerdung enthüllt, das ist beider Grundannahme, beider Hoffnung, beider Revolte. Die innerkirchliche Verurteilung dieses Theologen und dieses Bischofs führten in der gesellschaftlichen Öffentlichkeit zur hellen Empörung über die kirchliche Hierarchie, weil ungezählte Einzelne in- und außerhalb der Kirche spürten, dass diese beiden Liebhaber des Evangeliums der anstehenden Revolution der Menschlichkeit entscheidende Anstöße geben. Ganz unerwartet steht die kirchliche Hierarchie der öffentlichen Forderung gegenüber, sie selber müsse um der demokratischen Gesellschaft willen auf ihr eigenes Evangelium zurückkommen. Ob kirchlich getauft oder nicht, ob antiklerikal oder kirchlich engagiert, Millionen von Menschen erkennen in diesem Konflikt von neuem den revolutionären Sinn des Evangeliums: die Menschwerdung des Menschen.

Was Jacques Gaillot und Eugen Drewermann persönlich verbindet, verbindet ihr innerkirchliches Schicksal und ihre theologische Arbeit mit einer viel tief greifenderen Veränderung: mit der revolutionären Veränderung des menschlichen Bewusstseins und des menschlichen Verhaltens zu Ende des 20. Jahrhunderts. Denn die leisen, furchtlosen und kühnen Gespräche zwischen Jacques Gaillot und Eugen Drewermann bringen einen Umbruch in der weltweit mächtigsten Religionsgemeinschaft zu Bewusstsein, der nicht die Rettung der Kirche zum Gegenstand hat, sondern die Humanisierung der Gesellschaft und die Menschwerdung des Einzelnen. Der Bischof aus Frankreich und der religiöse Schriftsteller aus Deutschland haben alles andere als aufrührerische Umtriebe im Sinn; der politische Sinn ihres Handelns und Denkens setzt radikaler an. Bischof Gaillot kämpft für die Menschenwürde der Ausgeschlossenen: Er nimmt die soziale Verantwortung der Kirche ernst. Und Eugen Drewermann gibt den Einzelnen den Mut zur Befreiung aus ihren psychischen Ängsten zurück: Er legt die heilenden Kräfte der religiösen Symbole frei. Der Bischof nimmt die Kirche praktisch beim Wort, und der Theologe bezieht das Wort therapeutisch auch auf jene, die es verkünden. Der Bischof, ganz Ohr für die Not und Sehnsucht der anderen, handelt überraschend menschenfreundlich, und der priesterliche Autor, fasziniert vom Reichtum anderer Kulturen, arbeitet unermüdlich die Defizite und die humane Vielfalt der eigenen christlichen Religion heraus. Es mag sein, dass beide ihren kirchlichen Auftrag, die Menschwerdung Gottes zu verkünden, so intensiv durch ihre eigene Arbeit an der Menschwerdung des Menschen erfüllen, weil dieser Übergang ihrem eigenen Lebensschicksal mehr als alles andere notwendig ist:

Von der Frömmigkeit der Mutter und ihrem Gott im Jenseits früh ergriffen, ziehen beide unmittelbar nach dem Schulabschluss aus der primären Vertrautheit der Kleinfamilie in die überbehütete und geschlossene Großfamilie des Priesterseminars.

Bis er mit 47 Jahren als Bischof ins Freie gelangte, blieb Jacques Gaillot nahtlos diesem Mutter-Kirchenraum verhaftet. Erst als Bischof entdeckt er sich selbst als ängstlicher und freier Mensch unter furchtsamen und selbständigen Mitmenschen, als Mann, der aus der Beziehung und aus dem Gespräch mit den ganz normalen Leuten eine unerhörte Freude am Leben gewinnt. Jetzt begegnet ihm Gott, der Mensch geworden ist, in den Leuten, die nichts als Menschen sein wollen.

Eugen Drewermann lebt bis heute im nächsten Umkreis des magischen Zirkels von Priesterseminar und Bischofsstadt. Aber anders als Jacques Gaillot hat ihn die »societas perfecta«, die psychisch abgeschlossene Gesellschaft des Priesterseminars, durch seine Revolte gebunden: Intellektuell revoltierend trat er ein, als Steppenwolf sonderte er sich in ihr aus, als Einzelgänger wurde er Priester, als Unverstandener fand er die Rechtfertigung des Eigen-Sinns jedes Einzelnen innerhalb der repressiven Kirchenfamilie durch die Psychoanalyse, bis er mit fünfunddreißig Jahren schriftstellerisch zu eigenen Worten fand. Durch und durch korrekt promoviert und habilitiert, suchte er noch immer all das, was seine Kirchen-Familie wollte, auf ein psychologisches und philosophisches Niveau zu bringen, das der öffentlichen Anerkennung würdig und fähig wäre. Die unerwartete Aufnahme, die seine psychologisch intensive und kulturell extensive Durcharbeitung jener grundlegenden Bilder fand, die das Christentum mit der seelischen Entwicklung von ganz normalen Leuten verbindet, hat seine Zunge gelöst. Mit vierzig trat er hinaus, mitten in den Kampf um die Ökologie und gegen den Krieg – und bezog sich doch enger und enger auf den Bannkreis der Priesterkirche, die ihn gefangen hielt. Kurz vor seinem fünfzigsten Lebensjahr brach er innerlich den Bann, indem er die Revolte gegen das Eigene, die psychoanalytische Aufklärung der klerikalen Existenz, vollständig durcharbeitete. Wie zu erwarten, wurde er dafür zwei Jahre später als Priester selber suspendiert. Als versierter und bis zum Paroxysmus genauer Kirchenkritiker bezieht er sich weiterhin revoltierend auf die mütterliche Institution. Doch der Bann bricht. Mehr und mehr kann er als Schriftsteller das eigenständig Menschliche auch ohne Bezug auf die kirchliche Deformation der Menschwerdung fließend zur Sprache bringen. Für Eugen Drewermann wie für Jacques Gaillot sind es die ihnen Zuhörenden, die Leserinnen und Leser, die Hilfe suchenden Einzelnen, die ihnen den menschlichen Sinn ihrer Arbeit selber nahe bringen.

Die obersten Beamten der römisch-katholischen Kirche haben

wahrgenommen, welcher Sprengstoff in der tiefenpsychologisch und philosophisch durchgearbeiteten Theorie des romantischen Theologen aus Paderborn liegt und welche zündende Funken im Handeln des sozial engagierten Bischofs aus Évreux. Die Gefahr schien den Gralswächtern der römisch-katholischen Kirchenmacht so erheblich, dass sie ihr eigenes Kirchenrecht außer Kraft setzten, um 1991-1992 erst den allzu konsequenten Theologen, dann 1995 auch den allzu menschlichen Bischof durch Eildekrete[3] ihrer Ämter zu entheben. Die willkürliche Ausschließung hat die bisher unabhängig voneinander Tätigen zueinander geführt. Und erst diese Begegnung und erst ihr gegenseitiges Verstehen hat es möglich gemacht, dass heute die humane Alternative zum autoritären Katholizismus öffentlich sichtbar und wirksam zu werden beginnt. Erst dieser kirchliche Akt der Ungerechtigkeit hat die gesellschaftliche und die humane Bedeutung des religiösen Anliegens von Jacques Gaillot und von Eugen Drewermann weltweit wahrnehmbar gemacht.

Als Karol Wojtyla das Papstamt übernahm, war er von der Vision der polnischen Romantik beflügelt, wonach ein slawischer Papst anders als die römischen »Stellvertreter Christi« ein Bruder aller Menschen würde. Inzwischen ist der polnische Priester zum »heiligen Vater« im Stil des patriarchalen Autoritarismus aufgestiegen. Als er in seiner prinzipiellen Unfehlbarkeit Bischof Gaillot in die Wüste schickte, hat dieser Papst sich ungewollt einen Doppelgänger geschaffen. Als Stimme der Erniedrigten, als Mitmensch der normalen Leute und als Bischof seiner inzwischen weltweiten Diözese von »Partenia« ist der von seiner regionalen Diözese Ausgeschlossene den modernen Menschen tatsächlich ein Bruder geworden. Der Bischof von Rom beansprucht autoritär die Oberaufsicht über die ganze Weltkirche; mit etwas Humor besehen, steht ihm in Jacques Gaillot ein Mensch gegenüber, der weltweit als Bischof der humanen Katholikinnen und Katholiken anerkannt wird. Er ist gerade kein Gegen-Papst: Er ist ein Mensch geworden, der als Christ auch von Nichtchristen anerkannt wird und ein Symbol für das, was ein tolerantes und endlich nicht mehr missionierendes Christentum in der Pluralität der Kulturen bedeuten könnte.

Eugen Drewermann ist gewiss nicht erst durch seine Absetzung als Privatdozent und durch seine Suspension als Priester bekannt geworden. Doch die Verwerfung seiner Theologie durch das Lehramt hat die Öffentlichkeit darauf aufmerksam gemacht, dass die menschliche Religion nicht einer Kirche, sondern den Menschen selbst gehört. Der humane Sinn des ebenso breiten wie tiefen Werkes von Eugen Drewermann hat durch die Verurteilung seinen rechten Ort gefunden: Es dient nicht der Institution Kirche, sondern den Menschen, die verzweifelt nach ihrer Anerkennung, nach dem Frieden und nach der erlösenden Liebe suchen. So hat der Ausschluss aus allen kirchlichen Ämtern bewirkt, was beide, der Bischof und der Priester, letztlich anstrebten: ein humanes Christentum im Dienst einer menschlicheren Gesellschaft. Dass der praktische Bischof dabei einen theoretisch hervorragenden Theologen und der einsame Theologe einen Bischof als Freund gefunden haben, gehört zu den Zufällen, die erfunden werden müssten, wenn sie sich nicht von selbst ergeben würden. Den katholischen Christen, die ebenso sehr an ihren Bischöfen und an ihrem Papst verzweifeln wie an ihren abstrakten Theologen, konnte nichts Besseres passieren, als dass diese beiden sehr ungleichen Priester durch ihre kirchliche Verurteilung dahin geführt wurden, wo alle Frauen und alle nichtklerikalen Laien längst schon sind: vor die Tür der autoritären Kirche. Aber eben hier begegnen sie den dringlich anstehenden Fragen nach der Menschlichkeit erst recht.

Konkret

»Wie unangenehm«, soll Pascal anläßlich der päpstlichen Verurteilung der Jansenisten ausgerufen haben, »zwischen dem Papst wählen zu müssen – und Gott.«

Was für eine absurde Situation ist es für einen rechtgläubigen

Bischof und einen freien Theologen von heute, zwischen der Loyalität gegenüber den kirchlich Oberen oder dem hilfreichen Dasein für die Mitmenschen, zwischen Kadavergehorsam und evangelischer Praxis wählen zu müssen. Die Absetzung von Jacques Gaillot und die scharfe Bestrafung von Eugen Drewermann bleiben ein Skandal der römischen Hierarchie und des modernen Katholizismus. Doch diese Gewaltakte machen etwas Wesentlicheres offensichtlich: Sie zeigen, warum alle Menschen zwischen einem autoritären und einem freien Leben zu wählen haben.

Jacques Gaillots Verurteilung demonstriert, was die praktische Solidarität mit den gesellschaftlich Marginalisierten und moralisch Disqualifizierten wirklich kostet – nicht nur in der Kirche. Und die kirchliche Unterdrückung von Eugen Drewermanns therapeutischem Verständnis des Christentums weist auf die massive Angst der gefrorenen Existenzen und der tadellos funktionierenden Rollenträger vor der psychischen Selbstaufklärung hin. Der Druck, den der sich »heilig« nennende Vater und die bischöflich »Hochwürdigen« auf die Gewissen aller Menschen ausüben, wirkt nur deshalb so bestürzend, weil die religiöse Unterdrückung die tiefsten Schichten der Angst vor der Freiheit freilegt. Hier wird gleichsam am Idealfall deutlich, wie destruktiv sich die Übereignung des Menschen an sein Überich, an seine Partei, seine Kirche, seine Armee, seinen Beruf oder seine Firma auswirkt. Wenn die Angst vor dem Mitmenschen nicht aus ihren biologischen, historischen und psychischen Wurzeln verstanden und in ein allmähliches Selbstvertrauen verwandelt wird, dann suchen die Verängstigten immer von neuem ihre Sicherheit in der Zugehörigkeit zu einer Gruppe, welche die anderen von sich ausschließt, sie zu Feinden macht und als Ausgeschlossene fallen lässt. Jacques Gaillots Verurteilung macht vor allem den Privilegierten bewusst, dass sie in ihrem eigenen Leben zwischen der Konformität mit den offiziell Herrschenden und dem Weg zum Selbstvertrauen, das sich anderen öffnet, zu wählen haben. Die kirchliche Verdrängung von Eugen Drewermanns tiefenpsychologischer Aufklärung der menschlichen Existenz lädt dagegen wie von selbst dazu ein, diesen Prozess als Symptom für die Krankheit von Menschen zu lesen, die nicht ihr eigenes Leben führen, sondern ausführen, was die Institution verlangt. Das ist eine Krankheit, an der leider nicht nur römische Katholiken leiden.

Aus Gaillots und Drewermanns Wirken sowie aus den hier geführten Gesprächen springen vier Dimensionen in die Augen, die zeigen, worum es in diesem Konflikt eigentlich geht.

Moral

Man möchte meinen, dass im Zentrum des Christentums nicht die Frage steht: »Was sollen wir tun?«, sondern: »Adam, wer bist du?« Was getan werden müsste, wissen alle bis zum Überdruss: Frieden schaffen und Gerechtigkeit üben und wir selbst werden in aller Wahrheit. Doch jedes zerstörerische Verbrechen, jeder Krieg und jedes selbstdestruktive Leben wird im Namen dieser von allen anerkannten Normen vorangetrieben. Wir wissen nicht, was wir tun, weil wir nicht wissen, wer wir sind.

Werden wir von Dämonen genarrt, die ausgerechnet unseren guten Willen zur Selbtzerstörung missbrauchen? Oder werden wir von einem evolutionären Schicksal gesteuert, das unsere persönlichen Motivationen für eine Entwicklung in den Wind schlägt, deren Sinn wir nicht einmal ansatzweise zu erkennen vermögen? Behält die Tragik zwischen dem persönlichen Wollen und dem über uns verhängten Geschick das letzte Wort? Wir wissen tatsächlich nicht, warum wir nicht können, was wir sollen, und nicht tun, was wir wollen. Wenn wir das Beste am eigenen Leben zwanghaft zerstören und wenn alles anders kommt, als wir wollten, wenn der Boden einbricht, auf dem wir stehen, und wenn im tragischen Scheitern der Abgrund sich öffnet, dann bäumt sich unser Inneres vor der entsetzlichen Erfahrung auf, dass wir nicht wissen, wer wir selber sind. Wie – erst recht – sollten wir die anderen moralisch beurteilen können?

Paulus hat sich nicht gescheut, vom Fluch des guten Gesetzes zu reden, das alle verurteilt, vom Fluch, der sich durch keinen noch so guten Willen in Segen verwandeln lässt. So hat er auf seine Weise auf die geniale Therapeutik des Juden aus Galiläa hingewiesen. Jesus hat die sich schuldig fühlenden Mitmenschen nicht an die Moral erinnert, sondern an das, was sie vor Gott sind: in ihrer Ohnmacht verstanden, in ihrem Scheitern akzeptiert und als krummes Holz geliebt. Genial kann man diese heilende Art des Umgangs mit der Schuld nennen, weil sie die Verletzungen nicht durch ihre moralische Beurteilung und Bestrafung vermehrt. Jesu Art heilt Verletzungen aus einem Vertrauen heraus, das jeder Mensch in sich wiederfinden kann, wenn er das Ansehen und die Begleitung findet, die ihn zu sich kommen lassen. Jesus hat nach den Evangelien die Verstrikkungen der »Sünder« in den permanenten Konflikt mit ihrem Über-ich tatsächlich heilsam zu lösen verstanden, indem er ihr Ich ohne Wenn und Aber akzeptierte. Eine solche Anerkennung unterläuft die Schuldgefühle und die Verurteilungen der moralischen Instanzen. Sie kommt dem Elend der selbstzerstörerischen Überforderungen auf den Grund. Denn der Grund liegt in der Angst vor dem autoritären Ideal, dem kein Mensch genügen kann, religiös gesprochen: in der Angst vor Gott.

Man möchte, wie gesagt, meinen, dass das moderne Christentum, das die Botschaft des Evangeliums so akribisch zergliedert und historisch erforscht hat wie keine Epoche zuvor, aller Welt nun zu der Erfahrung verhelfen würde, dass sich kein Mensch vor seiner Schuld zu ängstigen braucht, nicht vor Gott und nicht vor sich selbst und auch nicht vor der Justiz. Das Evangelium sei die Botschaft der Liebe, sagen die Kirchen, doch sie verkünden Moral und sie rufen nach dem Strafrecht, sobald es konkret ans Lieben geht.

Auch Johannes Paul II. glaubt, dass »der Mensch ein Wesen ist, dessen einzig angemessene Dimension die Liebe ist.« Und freimütig nennt er in seinen persönlichen Bekenntnissen auch den Grund für diese seine Zuversicht in den Menschen: »Denn die Liebe ist schön.«[4]

Um seine wunderbare Vorstellung von der Liebe zu schützen, hält dieser Papst es angesichts des Durcheinanders der sich wirklich Liebenden für unbedingt erforderlich, die Kraft der Triebe durch eine Moral zu bändigen, die bis ins pikante Detail das Sexualleben der Kinder und Frauen und Männer in allen Kulturen regelt. Obsessionell geradezu werden alle Probleme von Krieg und Frieden, von Wirtschaft und Gesellschaft, von Gentechnik und Ökologie über den moralischen Kamm geschoren: Die Kirche weiß, was zu tun ist, weil sie die moralischen Gesetze unfehlbar kennt – besser als jeder Mensch in seinem Gewissen. Jacques Gaillot dagegen fürchtet nicht die Triebe, sondern deren Unterdrückung durch eine kirchliche Moral, die das Leben zerstört – sei es durch das Verbot der vor AIDS schützenden Präservative oder durch die Disqualifizierung von Geschiedenen, Homosexuellen und Verzweifelten. In sympathischem Humor und nüchterner Weisheit nimmt er das Leben, wie es ist, und nicht, wie es sein soll: »Die normative Rede ist tot.«[5] Er kümmert sich am liebsten um jene, die an sich selber leiden, weil sie die Liebe den berechtigten oder bigotten Ansprüchen der Moral vorziehen.

«Und was wird aus der Moral?«, fragte ihn eine um die Sittlichkeit ihrer Tochter sehr besorgte Mutter. »Nichts mache ich mit der Moral... Als ob ich der unwiderlegbare Garant der Moral wäre... Was mich selbst betrifft, so stelle ich wohl einen großen Anspruch, eine grundlegende Forderung: die Achtung vor dem anderen.«[6]

Die Achtung gebietet allererst, den anderen nicht moralisch zu verurteilen, sondern menschlich zu verstehen: »Man kann die Intifada verurteilen, aber man muss begreifen, dass sie Ausdruck einer Verzweiflung ist.«[7] Was ist seine Haltung gegenüber den Bischöfen, welche 1983 der atomaren Drohung das »nihil obstat« erteilten und »die Bombe für sicherer halten als das Evangelium«? Was ist seine Empfindung gegenüber den Kardinälen und den Bischöfen, die 1991 die Teilnahme am Golfkrieg um der Gerechtigkeit willen für besser hielten als die »Unehre« der Dienstverweigerung – und ihn gleichzeitig moralisch disqualifizierten, weil er sein Verständnis des Evangeliums auch in lockeren Sendungen und Zeitschriften vortrug? Jacques Gaillot hat seiner Haltung und seiner Empfindung in einem einzigen Wort Ausdruck gegeben: »Empörung!«

Man kann sagen, dass es die Empörung vor der perversen Form des Christentums ist, die Eugen Drewermann dazu getrieben hat, die ganze Sünden- und Erlösungslehre psychologisch zu verstehen. Er hat nicht den priesterlichen Blick, der erstens gebannt auf die Sünde starrt, dann zweitens jeden Menschen als Sünder sieht, ihn drittens als Sünder liebt und ihm endlich viertens – für einen hohen Preis – die Gnadenmittel der Vergebung schenkt. Eugen Drewermann hat den ärztlichen Blick und eine therapeutische Hand: Er analysiert das Leiden und gibt dem Leidenden die Möglichkeit, seine Selbstheilungskräfte in sich wachsen zu lassen. Tiefer als dieser existentielle Schriftsteller vermochte es in diesem Jahrhundert niemand, das Böse zu verstehen. Der Antrieb für seine lebenslange Arbeit an diesem einen Grundproblem der menschlichen Existenz liegt darin, dass er der Kirche in diesem Punkte glaubte, was sie sagt. Sie verkündet Erlösung. Und Eugen Drewermann erfuhr, dass es die kirchliche Erlösungslehre ist, die den Menschen Angst macht und sie daran hindert, das Destruktive ihrer Existenz zu mildern. Es macht einen Unterschied, ob ein Mensch einem anderen gut tut, weil er sich bis in den Abgrund seiner selbst von Gott geliebt weiß und deshalb eine unbedingte Achtung vor dem Leben und dem Leiden der anderen praktiziert – oder ob er allen anderen eine Moral für Lebensbereiche aufzwingt, die er selbst nie betritt. Es ist der ganze Unterschied zwischen dem Evangelium der Freiheit und einem autoritär missbrauchten Gesetz. Dass dieser kleine Unterschied für besitzergreifende Eltern ebenso unangenehm wirkt wie für den päpstlichen und bischöflichen Willen zur Macht über die Psyche aller Menschen, leuchtet ein. Die Psychoanalyse ließ Eugen Drewermann allmählich entdecken, dass die Bibel die Alternative zum neuzeitlichen Moralismus bereithält: Das selbstzerstörerische Handeln, das die Kirche »Sünde« nennt, kann nicht der Grund für die Krankheiten, für die Verzweiflung des Menschengeschlechts und für den Tod aller sein. Die »Sünde« ist das Symptom, nicht die Ursache. Sie kann und muss als Ausdruckshandlung für die Not verstanden werden, welche mit der menschlichen Existenz identisch ist, für die Not, der Liebe zu ermangeln, welche für das gerechte Handeln die unabdingbare Voraussetzung ist. Es ist wahr, dass sich Eugen Drewermann mit dieser Analyse dem lutherischen Glauben seines Vaters annäherte und vom katholischen Moralismus der Mutter trennte.

Die Konsequenz ist von immenser Tragweite, denn jetzt kommt privat und politisch alles darauf an, Selbstachtung, Vertrauen, Liebe und Glück erfahrbar zu machen. Die moralische Verurteilung wird als Ausdruck der verzweifelten Reflexion verstehbar. Sie kann nicht heilen, sie bricht das geknickte Rohr und löscht den glimmenden Docht. Das erlösende Verstehen braucht eine andere Sprache, eine Sprache, die Jacques Gaillot fließend spricht.

Sprache

Jacques Gaillots Interesse gilt nicht dem religiösen Sektor, »der gänzlich von der realen Existenz abgetrennt ist.« Denn ihn »interessiert gerade diese Existenz.«[8] Es ist, als hätte er früh schon Drewermann gelesen – was nicht der Fall ist, da der Bischof den Priester erst wahrnahm, als dieser 1992 definitiv verurteilt wurde. Die Kirche an sich, das ist für Bischof Gaillot und den Theologen Drewermann die Häresie des Christentums, eine katastrophale Entfremdung von der menschlichen Gesellschaft und der eigenen Psyche: »Ich bin nicht dazu da, etwas aufrechtzuerhalten, das nichts mit der Realität zu tun hat«[9], so der Bischof. Und der Theologe erklärt, warum die Kirche, die ihre Wahrheit unabhängig von der Erfahrung der Existenz gewinnen will, unvermeidlich »aus einer Religion der Erlösung und der Freiheit eine Religion des Zwangs, der Unfreiheit und der seelischen Erkrankung«[10] macht.

Jacques Gaillot äußert sich nicht theologisch, sondern alltagssprachlich (schon dieser Gegensatz markiert das Problem). Vielleicht trifft er gerade deshalb den Kern der religiösen Auseinandersetzung der Gegenwart. Instinktiv hat er erkannt, dass der exklusive Offenbarungsanspruch des modernen Christentums[11] ein defensives Instrument für die Abschottung von der Wirklichkeit ist, die ohne die Hilfe der Wissenschaften und ohne die existentielle Durcharbeitung von Kunst, Literatur und Musik weder erkannt noch human gestaltet werden kann. Im Evangelium fanden beide, Jacques Gaillot und Eugen Drewermann, die christliche Legitimation zur Befreiung von einer Dogmatik und von einer Moral, die durch ihre religiöse Sondersprache die Alltagswirklichkeit entfremdend überhöht und dabei doch nur die Selbstverständlichkeiten von vorgestern wiederkäut. Von dieser Dogmatik spricht der Bischof schlicht und einfach – nicht. Der Schriftsteller aus Paderborn liest sie als das ABC der Entfremdung von dem, was sie eigentlich sagen will. Beide haben zur Zuversicht der alten Kirche und der modernen Religiosität zurückgefunden, wonach die allgemeine Vernunft und die Selbsterkenntnis die vorzüglichsten Gaben Gottes sind, um dem biblisch angesagten Realismus in der Wirklichkeit gerecht zu werden. Der gesunde Menschenverstand, der amtlichen Christen von Berufs wegen abgenommen wurde, kann diesen durch eine noch so ausgefeilte kirchliche Lehre auch nicht wiedergebracht werden. Gaillot und Drewermann machen dies transparent: Statt Bomben verbieten die Würdenträger Präservative und statt Menschen lieben sie Prinzipien. Das Evangelium lässt nach der Alltagserfahrung von Bischof Gaillot und nach der abgründigen Analyse des Tiefenpsychologen aus Paderborn den Willen Gottes nicht unabhängig von der elementaren Bedürftigkeit der eigenen Seele und der Not der Mitmenschen erkennen. Um den Weg zum Evangelium zu finden, genügt es tatsächlich, *beide* Augen aufzutun: das Auge, das nach innen schaut und das Auge, das die Zeitung und die Bibel gleichzeitig liest. So nimmt es nicht wunder, dass sich der abgesetzte Bischof und der verurteilte Theologe schon bei ihrer ersten Begegnung buchstäblich im ersten »Augenblick« verstanden haben.

Nota bene: Diese Lust an der Realität dürfte auch der tiefere Grund für den Witz und die Frechheit sein, mit der Jacques Gaillot und Eugen Drewermann auf Deutsch und Französisch das Florett der Alltagssprache führen wie einstmals Martin Luther oder Kurt Tucholsky, wie Voltaire oder – der Galiläer aus Nazaret. Drei Beispiele:

Man lese zur Vorbereitung eine Verlautbarung der Deutschen Bischofskonferenz zur Flüchtlingsfrage und knöpfe sich dann Gaillots »Aufschrei gegen die Ausschließung«[12] vor, den »Anpfiff«, mit dem er den mächtigen französischen Innenminister höchstpersönlich aus der Fassung brachte:

»Eins muss man ihm lassen, dem Herrn Pasqua: besser als alle anderen versteht er es, die Kunden anzusprechen. Er gilt als unvergleichlicher Verkäufer, als fliegender Händler, und hat nicht seinesgleichen. Er spricht immer an Stelle der anderen: für Leute, die stehen bleiben, für Zuhörer, für Gefolgsleute, für Klatscher. Für sie plustert er sich auf, rundet sich ab, schmeichelt und streichelt er. Wenn er eben noch rechtzeitig für die Suppe, zum Apéro oder zum Imbiss mit einer sechseckigen Rede aus Stacheldraht seine praktische und vernünftige Weltübersicht entfaltet, dann erwärmt Herr Pasqua das Herz der Trikolore. Dann versendet er die Postkarte fürs Entschiedene, sein Französisch pur, eben das, was er unter der Baskenmütze hat.« Dem Pamphlet folgen, wie in Eugen Drewermanns Reden gegen den Krieg[13] und in seinen Invektiven gegen die »Abschiebung« von Flüchtlingen[14], Argumente, Statistiken und eine ganze Fülle von Informationen, wie sie üblicherweise nur Spezialisten und passionierten Reportern zur Verfügung stehen. Durch das jahrzehntelange Predigen in den Kirchen haben die beiden ungezähmten Verfechter des gewaltfreien Widerstandes die Kunst entwickelt, die ihnen Zuhörenden in Geschichten zu verstricken, die sie im entscheidenden Augenblick selber zu abgewiesenen Flüchtlingen, zu dumm gemachten Soldaten, zu Folteropfern und verhafteten Asylbewerbern macht: »Ich bin fremd – ihr schiebt mich ab. Ich habe kein Dach über dem Kopf– ihr werft mich hinaus. Ich verhungere – ihr macht Müll aus dem Feinsten. Ich verdurste – ihr besauft euch gut. Ich sitze im Knast – ihr habt mich niemals besucht.«[15] Wenn das noch harmlos scheint, dann lese man nach den verklemmten Aufrufen zum Gebet, welche die Bischöfe ihren Rechtfertigungen von atomarer Drohung, von Golfkrieg und soldatischen Tugenden folgen lassen, Jacques Gaillots »Offenen Brief an jene, die den Krieg predigen und ihn andere machen lassen«[16]. Mitten in den Ferien am Strand sieht er durch eine Dachluke, wie die *Clemenceau* für den Golfkrieg in See sticht. In der Erinnerung an den ungeheuerlichen Wirbel, den 1983 seine öffentliche Absage an jene Botschaft von Lourdes provozierte, in der die liturgisch uniformierten Bischöfe die französische Atommacht absegneten, wirft er seine Flaschenpost ins Meer, das die Soldaten diesmal in den Irak trägt:

»Das ist der offene Brief an den Krieg, an seinen Horror, an seine Dämonen, an seine Fanfaren. An den Krieg bei Fuß, der sein gelehriges Vieh ins Schlachthaus treibt. An den dümmlichen Krieg, an seine posthumen Verdienstmedaillen, an das Gebrüll der Mörder. An den Krieg der Gangster und Nutznießer, die das Heilige schänden. An den Krieg der Kanonenverkäufer und Blutsäufer. An den Krieg der billigen Tugend, die es auf die Haut der anderen abgesehen hat. An den Krieg der Friedhofsbeschaffer, an die Patrioten der Fahne aus Leichentuch: Sie schichten Skelette aufeinander...

Die Flaschenpost trägt meinen offenen Brief genauso zu den apathischen Massen, die resigniert im Gleichschritt des falschen Schicksals marschieren und sich von denen abwenden, die den Frieden suchen...

Und zuerst und zuletzt gilt der offene Brief meinen Brüdern, den Bischöfen. Sie schweigen, sie sind stumm, sie existieren ohne Dringlichkeit. Indifferent. Schlimmer noch: Wenn sie, wie 1983, ihre Stimme erheben, dann kesseln sie sich in den Gottesdienst der Atommacht ein und verkünden das Evangelium nach Pershing (nach den Raketen, nicht nach dem gleichnamigen General). Sie halten die Bombe für sicherer als das Evangelium. Sieben Jahre später beginnt es also wieder von vorn. Kardinal Decourtray sucht irgendwo im Sand von Kuwait nach den Spuren einer geschändeten Ehre. Sie muss gerächt werden. Ihrem Fundament entrissen, verliert sich die Kirche. Die Fährte des Christentums verläuft im Sand...«[17]

An Brillanz und Intensität steht Eugen Drewermanns Sprache dem Witz und der Klarheit der immer mündlichen Rede von Jacques Gaillot in nichts nach. Aber wo Bischof Gaillot noch in der härtesten Auseinandersetzung den Gegner mit schlagendem Humor einen Gegner sein lässt, wie er nun einmal ist, da interpretiert ihn Eugen Drewermann – oft Tränen nahe – aus dem Unbewussten. Das macht seine Sprache eindringlicher, vielleicht auch zudringlicher. Das kann neue Barrieren aufrichten, die Jacques Gaillot wie im Fluge überspringt. Und doch hat der rhythmisch fließende Sprachduktus bei Eugen Drewermann einen guten Grund. Er will den moralischen Panzer brechen. Denn jedes moralische Urteil wird vom Verstand gefällt. Doch das destruktive Handeln, das der Verstand von oben herab verurteilt, nährt sich aus der irrationalen Tiefe der menschlichen Psyche: Das Übermaß an dem durchaus ungewollten Bösen, das Menschen einander antun, kann nur verständlich werden, wenn Opfer und Täter die unbewusste Dynamik zu entziffern lernen, die in ihnen tragisch offenbar wird. Es ist diese universell wirksame Dynamik, die in den Mythen und Märchen, in den Legenden, Sagen und Prophetien der Religionen auf ähnliche Weise sichtbar werden, wie in den Traumbildern, die in jeder Nacht in jedem Menschen aufsteigen. Um die Zeitgenossen aus ihrem eigenen – biologisch, archetypisch und biografisch gewachsenen – Inneren sehen zu lehren, was sie tun, spielt Eugen Drewermann auf sämtlichen Registern die große Orgel der menschlichen Vorstellungskraft und der Gefühle, während Jacques Gaillot – in markanter Distanz – seine Melodie mit spitzem Munde pfeift. Der Sprachunterschied ist auch in den hier publizierten Gesprächen unüberhörbar. Um auf ihn aufmerksam zu machen, mag ein drittes Beispiel anklingen – diesmal aus Eugen Drewermanns Reden gegen den Golfkrieg:

»Wie viel an Pesthauch verwesender Menschenkörper brauchen wir noch, ehe wir spüren, wie uns die Luft ausgeht? Wie tief müssen wir noch ins Blut hinein, bis wir an der eigenen Blindheit ersaufen? Die Zukunft ist eine pazifistische, oder sie ist gar keine... Am Donnerstagmorgen, wissend, dass die 18000 Tonnen Bomben über Bagdad regnen würden, schaute ich aus dem Fenster auf die Kastanie drüben. Im Sonnenaufgang spielte ein Eichhörnchen darinnen, tanzte über die Zweige wie über eine Straße. Es gibt Augenblicke, in denen man sich schämt, ein Mensch zu sein... Es muss in Bagdad längst Tausende von Toten, von Verletzten geben. Und denk dir, George Bush, wir stellen es uns vor! Wir sehen vor uns, was dein ›chirurgischer Krieg‹ anrichtet! Wir konsumieren ihn nicht wie irgendeine Blutwurst, die man uns serviert, ohne darüber nachzudenken, wie man die Tiere geschlachtet hat, denen wir sie verdanken! Deinen Krieg fressen wir nicht, George Bush!.... Selbst ein Wolf verfügt über eine Beißhemmung gegenüber einem Unterlegenen. Menschen wären nicht wilder als die Wölfe, würden sie wirklich *sehen*, was sie tun!«[18]

So viel Arbeit an der Sprache braucht es, um dem Evangelium im Nebel des atomaren Deliriums und der Ab-Schieberei von Menschen auf die Spur zu kommen. Und so viel Absehen-Lernen vom sakralen Öl der Kirchensprache.

Immer wieder bekannten der Bischof von Évreux und der einsame Schriftsteller aus Deutschland, wie »großartig« es ist, »Männern und Frauen zu begegnen, die heute das Abenteuer des Evangeliums leben.«[19] Rechtgläubige finden es schockierend, dass sie diesen Leuten am Rand und außerhalb der Kirche öfter begegnen als im Kirchenschiff. Der Grund liegt darin, dass die kirchlich Dressierten die Sprache verlernt haben, die sich in die Wirklichkeit verbeißt, – weil sie die Lebenswelt des Alltags, den einzigen Ort des Evangeliums, mit der Kirche vertauschen. Sie haben vergessen, dass die Leute der Tempel Gottes sind und Jesus lieber an Seen spazieren und auf Bergen beten ging, als dass er Kirchen plante. Nicht auf dem Altar, draußen vor der Tempelstadt ist er mit den anderen Verbrechern hingerichtet worden. Für diesen Exodus zitiert Jacques Gaillot Simone Weil, die sich angesichts des realen Kirchentums bewusst nicht taufen ließ: »Nicht an der Art und Weise, wie ein Mensch über Gott spricht, sehe ich, ob er durch das Feuer der göttlichen Liebe gegangen ist..., sondern an der Art, wie er mit mir über die irdischen Dinge spricht.«

Es ist wahr: Beide, der Bischof und der Priester, nehmen die Einladung zum Tisch des Menschensohnes am liebsten dort an, wo Gottes Menschen zu finden sind, bei den normalen Leuten und den Ausgeschlossenen. Darin tun sie es dem Gleichniserzähler der Menschwerdung, dem Symbolisten par excellence, gleich: Jesus hat die Grundformel des sakralen Tauschverkehrs zwischen Gott und Mensch profaniert. Immer wenn die Opfernden das Fleisch und das Blut zum Schlachten auf den Altar legten, dann erklärten sie Gott rituell, wie sie sich rein zu waschen gedachten: »Das ist mein Fleisch, das ist mein Blut.« Und die Priester, welche den besten Teil des Fleisches verzehrten, das Blut vergossen und den Rest verbrannten, respondierten feierlich: »Das ist mein Fleisch, das ist mein Blut.« Jesus tötet nicht, um Gott zu gefallen. Als Nichtpriester nimmt er gegen alle rituellen Verbote diese sakrosankte Formel auf und spricht sie über das Brot, das uns nährt und über den Wein, der die Herzen der Menschen verbindet und erfreut. So tief geht der gewaltfreie Widerstand, der innerste Widerstand, der in der Sprache, dem Organ der menschlichen Revolte, liegt.[20]

Worin liegt der harte Kern dieser Befreiung zur Normalsprache, die alle verstehen?

Meinungsfreiheit

Bischof Jacques Gaillot akzeptiert ohne Wenn und Aber die aktive Toleranz der Aufklärung. In dieser Entscheidung stur und bretonisch dickköpfig, kämpft er für die Freiheit, wie sie die Aufklärung und die Französische Revolution als den Minimalstandard für Menschlichkeit ein für allemal öffentlich gemacht hat. Im Gegensatz zum Papst, der die wahre, d.h. die römisch-katholische Freiheit, von jeder anderen unterschieden wissen will, hält er sich strikt an die formelle Achtung vor der originären Freiheit eines jeden Gewissens.

In seinem Moralismus unterscheidet der Papst zwischen der wahren und der falschen Freiheit des Gewissens. Für ihn wird die Freiheit erst wahrhaft menschlich, wenn sie den moralischen Gesetzen gehorcht, die der Papst – woher auch immer – besser zu erkennen wähnt als das autonome Gewissen jedes Einzelnen. Das macht den Kern des autoritären Katholizismus im Gegensatz zum humanen Christentum aus. Genau besehen, lehren der Papst und die ihm gehorsamen Bischöfe ihre Moral auf unmoralische Weise: Sie verlangen Gehorsam gegenüber ihrer geistlichen Autorität. Dass der Papst sein eigenes Gewissen für unfehlbar hält, ist berechtigt. Er irrt jedoch darin, dass er den unfehlbaren Anspruch des autonomen Gewissens jedes Menschen nicht anerkennt und damit den Kern der Menschenwürde verneint. Wer nicht die Freiheit aller Menschen achtet, widerspricht der eigenen Freiheit. Er verletzt seine eigene Würde, die darin liegt, dass er aus sich selbst heraus nach dem Gesetz handeln kann, das für die ganze Menschheit gilt: nach dem Gesetz der Freiheit. Der Papst widerlegt die Unfehlbarkeit, indem er sie in Anspruch nimmt. Was »Autonomie« heißt[21], also die Achtung vor der Regel der Freiheit, der niemand folgen kann ohne die Freiheit aller anderen zu respektieren, wird deshalb vom Papst und den Bischöfen weder erkannt noch gewährt. Auch wenn Eugen Drewermann weniger an der Ausgestaltung des *Rechts* auf diese gleiche Freiheit für alle arbeitet, weil ihm das Verstehen der psychischen Unfähigkeit zur Freiheit wichtiger ist, so formuliert doch sein Programm ebendiese Grundbedingung für ein modernes und humanes Christentum. »Alle dogmatischen Kirchen sind das Gegenteil dessen, was Jesus gewollt hat. Er meinte uns selber. Er wollte, dass wir es lernen, zu glauben in Freiheit.«[22] Jacques Gaillot leugnet, anders als Eugen Drewermann und Hans Küng, die Unfehlbarkeit nicht, aber er lehrt sie auch nicht – und beugt sich ihr nicht. Er nimmt die Unfehlbarkeit seines eigenen Gewissens – wenn es sein muss auch gegen Bischöfe – in hinreißender Freiheit einfach wahr. Für ihn wie für Eugen Drewermann gibt es die Grenze, jenseits derer die unbedingt notwendige Selbstachtung beginnt. Das ist das Moderne an ihrem alten Glauben.

Was »modern« ist, entscheidet sich für die Gesellschaft an einer einzigen Frage: am unbedingten Recht auf die öffentliche Meinung. Für den Absolutismus entschied die Macht des göttlich oder naturrechtlich legitimierten Fürsten über die Geltung von Gesetzen: »Die Autorität macht die Wahrheit – nicht die Wahrheit die Autorität.« Die römische Hierarchie, die ihren Theologen, Bischöfen und Gläubigen das Recht abspricht, sie in aller Freiheit öffentlich zu kommentieren und zu kritisieren, handelt nach diesem absolutistischen Prinzip. Ihr gilt die Wahrheit der Autorität mehr als die Autorität der Wahrheit, die in aller Freiheit stets von neuem gesucht werden muss. Der Teil der Kirche, der tatsächlich noch immer behauptet, die Wahrheit zu *besitzen*, widerlegt ihren Anspruch, indem sie ihn erhebt. Sie widerspricht sich nicht nur selber, wenn sie den Glauben verkündet, der die Menschen befreit, sie widerspricht auch dem Text, der sie trägt: dem Evangelium, das *zur Freiheit* befreit.

Wie die Kriminalkomödie der Versetzung von Bischof Gaillot in die Wüste des Nirgendwo und wie die harten Strafmaßnahmen gegen Eugen Drewermanns offene Diskussion der christlichen Grundsymbole zeigen, wurden beide vom katholischen Lehramt diskriminiert, weil sie die Freiheit zur öffentlichen Meinung wahrgenommen haben. Indem sie die Schallmauer des römischen Absolutismus durchbrechen, machen sie das Christentum gesprächsfähig und im modernen Sinn glaub*würdig*. Jacques Gaillot hat aus der für ihn selbstverständlichen Bereitschaft zum öffentlichen – insbesondere auch medialen – Gespräch noch eine andere Schlussfolgerung gezogen. Obwohl die Moderne das Prinzip der öffentlichen Meinung zu einem Grundrecht gemacht hat, können die gesellschaftlich Benachteiligten ihr Recht faktisch doch nicht ausüben. Deshalb gibt dieser Bischof der modernen Meinungsfreiheit noch einen ganz anderen Dreh: Wer Freiheit konkret will, muss jenen das Wort erteilen, die von den ihrer Freiheit Mächtigen beiseite gedrängt, missachtet und vom öffentlichen Rederecht ausgeschlossen werden. Die Kirche hat beiden das offizielle Rederecht beschnitten. Nun sind sie selber Benachteiligte. Aber sie können reden, schreiben, in Funk und Fernsehen und über Internet international auftreten. Was heißt dies anderes als dass sie durch ihren innerkirchlichen Kampf die gesellschaftliche Aufgabe exemplarisch vorleben: Die Ausgeschlossenen haben selber das Wort zu ergreifen.

Wie weit kann das gehen?

Weil die Christen, meint Jacques Gaillot, kein Monopol auf Freiheit besäßen, hätten auch die Katholiken allererst für die Freiheit der anderen einzutreten, selbst wenn sie eine Kirche oder ein Gottesbild verhöhnten: »Unser eigentliches Ziel muss immer darin bestehen, die Freiheit zu wahren – und natürlich auch die Freiheit künstlerischen Schaffens. Um sie zu verteidigen, muss man bis zur Blasphemie gehen.«[23] Indem er Voltaires Satz: »Es gibt ein Recht auf Blasphemie, sonst gibt es keine wahre Freiheit« für Salman Rushdie akzeptierte, anerkannte er das Recht eines jeden Menschen, seine Religion oder Irreligion öffentlich zu leben und zu bekennen. Und deshalb fällt für ihn die zwanghafte Weltanschauung zusammen, die den Papst und die Bischöfe dazu nötigen, allen die Hölle anzudrohen, die nicht nach den Regeln der »rechten« Freiheit leben wollen. Auf dem Fundament dieser aktiven Toleranz konnte er als Bischof auch die Jugend wirklich frei sein lassen: »Es darf nicht so sein, dass man sich ihnen zuwendet mit dem Gedanken, sie zur Rückkehr in die katholische Kirche zu bewegen. Unsere Bemühungen müssen ohne Absicht erfolgen, denn die jungen Leute haben ihren eigenen Weg, ihr eigenes Gewissen, sie lieben ihr eigenes Leben.«[24] Spätestens hier wird deutlich, dass die Entmachtung Jacques Gaillots kein innerkatholisches Problem in der französischen Provinz bedeutet. Sie bedroht das Freiheitsrecht aller. Für die familiäre und schulische Erziehung der Katholikinnen und Katholiken bedeutet sie eine wirkliche Gefahr. Für die Gesellschaft bedeutet sie einen Rückfall.

Verurteilt wurde Bischof Gaillot, weil er jene Menschenrechte tatsächlich in Anspruch nimmt, welche die katholische Kirche seit ihrer Bedrohung durch den staatlichen Naziterror und durch den totalitären Stalinismus propagandistisch verkündet. In der römisch-katholischen Kirche wurden die propagierten Menschenrechte jedoch niemals in Geltung gesetzt, insbesondere nicht das Recht auf die Veröffentlichung einer freien Meinung. Jacques Gaillot und Eugen Drewermann halten sich jedoch an die proklamierten Menschenrechte und nicht an deren faktische Unterdrückung durch die hierarchischen Autoritäten. Denn unter einer menschenwürdigen Autorität verstehen sie nicht die Gewalt, die Zustimmung erzwingen kann, sondern schlicht »die Weitergabe von Freiheit«[25]. Damit denunzieren sie die zentrale Ideologie der im Katholizismus herrschenden Hierarchen – wie ihre Verurteilung zeigt, wurden sie von den absolutistisch Regierenden richtig verstanden.

Kirche?

Ist die Alltagssprache des Evangeliums erst einmal wieder gefunden, dann kommt die Kirche auch nicht mehr ungeschoren davon. Denn dann wird die vorrangige Option für die Entrechteten und die Befreiung von der Angst vor Gott zur Herausforderung an die römische Kirche selbst. Beide, Jacques Gaillot und Eugen Drewermann, haben sich gegen die kompensatorische Heuchelei gewehrt, die für den Sonderstatus des Abbé Pierre und der Mutter Teresa propagandistisches Lob in Hülle und Fülle bereithalten, für die in der Kirche niedergedrückten Frauen, für die verheirateten Priester, für die diffamierten Geschiedenen, die verachteten Homosexuellen und für das gleiche Recht der sogenannten »Laien« jedoch keine Solidarität aufbringt. An genau dieser Stelle wollte der inzwischen selber marginalisierte Bischof Gaillot »zu einer kleinen Veränderung der *Wesensart* der Kirche beitragen«[26], während Eugen Drewermann den absolutistischen Katholizismus je früher desto lieber zusammenbrechen sehen möchte. Als Bischof hatte Jacques Gaillot damit begonnen, seine eigene Diözese synodal und demokratisch umzustrukturieren. Denn »wie kann man ein Evangelium der Freiheit versprechen, wenn jene, die es verkünden, diese Freiheit nicht genießen?«[27] Eugen Drewermann sieht seine zentrale Aufgabe längst nicht mehr in der Kirchenreform. Ihm ist wichtiger, jenen ein Beistand zu sein, die aus der Kirche ausziehen wie ehemals Israel aus der Sklaverei für das Pharaonentum. Er möchte dazu verhelfen, dass bei diesem Auszug in die menschliche Gesellschaft das Gold nicht verloren geht, das die Glaubenden in ihrer Kindheit, Jugend und Lebenserfahrung innerhalb der repressiven Kirche in sich selbst geläutert haben. Er ist überzeugt, dass die frei gewordenen Glaubenden die Stützen der alten Gemeindebildung, der Riten und der kirchlichen Hierarchie nicht mehr brauchen, um ihre Angst vor der eigenen Menschwerdung loszuwerden und um sie selbst zu werden. Jacques Gaillot bleibt dagegen gelassen und freut sich über jede Gemeinde, über jede Gruppe und über jedes Engagement von Institutionen, die den Ausgeschlossenen einen Ort, den Bedrückten eine Hilfe und den Verzweifelten ein hilfreiches Wort anzubieten wissen.

Noch einmal wird deutlich, wie zentral der Konflikt um Bischof Gaillot und um den theologischen Schriftsteller Eugen Drewermann nicht nur ein Problem der römischen Kirche an den Tag bringt, sondern den Mangel an freien kommunikativen Strukturen mitten in den demokratischen Gesellschaften selbst. Die Folgen dieser kommunikativen Freiheit wären für die autoritären Familienstrukturen so weittragend wie für die autoritär geführten Parteien, Schulen, Betriebe und Altenheime. Die Absetzung von Jacques Gaillot als Bischof seiner Diözese stellt nicht nur Katholiken und nicht nur Christen, sondern alle Bürgerinnen und Bürger dieser Zeit vor eine entscheidende Grundfrage ihrer Existenz. Denn nun kann niemand mehr der Frage ausweichen, wie er sich selbst zu seinem eigenen Ideal von Gemeinschaft, von führenden Persönlichkeiten und von idealen amtlichen

Leitfiguren stellt. Solange wir uns in der Politik, in der Wirtschaft und in der Kirche auf führende Persönlichkeiten verlassen, welche stellvertretend für die anderen das Menschliche repräsentieren, müssen wir uns nicht selber auf den mühsamen Weg der Solidarität und des Kampfes um Gerechtigkeit machen. Werden jedoch die humanen Vertreter in den inhumanen Systemen selber kritisch relativiert, dann kommt auf uns selbst die unangenehme Frage zu, woran wir uns im Entscheidenden orientieren. Der »Fall Gaillot« und der »Fall Drewermann« sind keine Zufälle, sie werden zum Fall eines jeden Menschen, der sich darüber klar zu werden sucht, woran er sich gesellschaftlich und existentiell orientiert:

Das *leichteste* wäre, sich einen Mutterschoß von Kirche zu erträumen, der den Zeitgenossen schlicht und einfach durch die Zugehörigkeit zur Glaubensgemeinschaft alle Umwege und alle Verzweiflung ersparen würde. Das leichteste wäre, in eine Kirche oder in eine Nation hineingeboren zu werden, die im Gegensatz zu allen übrigen gesellschaftlichen Gruppen und zu allen anderen Staaten der Existenz vom Anfang bis zum Ende des Lebens die Heimat, den Himmel und das Reich Gottes verbürgten. In der Kirche könnte ein Leben lang das Glück der Symbiose mit dem Bild vom Schoß, von den Händen, den Augen, der Haut und den nährenden Brüsten der eigenen Mutter gesellschaftlich nacherlebt werden. Die reine, warme und menschliche Kirche würde uns ebenso wie eine heile und große Nation die Schmerzen des Wachstums ersparen, sie ließe uns als Menschenkinder schlichte Gotteskinder sein. Für jede Not, jeden Mangel, jede Verletzung hielte sie ein Heilmittel bereit, einen Trost, eine Kompensation. In einer solchen Kirche lebt der Papst, insofern er sein Leben ganz der Mutter Gottes geweiht hat: *Totus tuus* – »Ganz der deine« heißt sein kirchlich-marianischer Wahlspruch. Um ganz der Sohn der Mutter zu bleiben, haben die integrierten Katholiken nur einen Preis zu zahlen: Statt selbst zu leben, haben sie dem Vater im Himmel und seinem Stellvertreter auf Erden stets gehorsam und treu zu bleiben.

Und dazu verhilft ihnen das immense Schuldgefühl, das die Verweigerung des eigenen Lebens mit sich bringt. Die Unterdrückung der eigenen Vitalität und Rationalität erzeugt die Angst, die wiederum zur Mutter Kirche und zu ihrem marianischen Symbol fliehen lässt. Wer aus diesem symbiotischen Schein ausbricht, den trifft – wie im Gleichnis vom verlorenen Sohn – der Hass des zu Hause Gebliebenen. Erst recht dürfen die Töchter sich nicht zu Frauen entwickeln, weil sie als eigenständig denkende und fühlende Erwachsene das Mutterbild zerstören würden. Deshalb spricht der Papst selten von der Frau, sondern immer nur von der Mutter, der Nonne und von Maria. Als integrierende Vaterfigur will der Papst seinen Kindern das Gefühl erhalten, mitten in dieser vertrackten Welt doch die Kinder einer wundersamen himmlischen Familie zu sein. Abweichungen von der moralischen Norm dieser Kindschaft oder gar Ausbruchsversuche aus dieser römisch-katholischen Familienidylle müssen von diesem Vater hart bestraft werden, weil sie den Frieden auf Erden gefährden.

Wie wunderbar erscheint dieser Traum von der wahren Kirche, welche die Schmerzen auf dem Weg zur Selbstverantwortung überflüssig macht und alle Auseinandersetzungen mit den Härten der ungerechten und enttäuschenden Wirklichkeit den amtlichen Gottesfunktionären überlässt. Die romantische Vision des Papstes von der geschlossenen Einheit einer Kirche gegen den Rest der Welt fördert solche neurotischen Erwartungen. In einer Kirche, die mehr dem Opus Dei als der Weggemeinschaft des Evangeliums gleicht, wächst nicht nur die Angst vor dem eigenen Gott-Ideal, sondern auch der Hass auf die anderen. Jacques Gaillot und Eugen Drewermann sind aus dieser Mutterkirche ausgezogen, und dafür auch prompt von ihr bestraft worden. Die Gefahr, dass die ehemals in dieser Weise Kirchensüchtigen nach dem Ausschluss von Jacques Gaillot und Eugen Drewermann sich um diesen Bischof und Priester scharen, um in der Kirche der Ausgeschlossenen Zuflucht zu finden, ist nicht von der Hand zu weisen, sosehr sich die beiden eigenständigen Christen auch darum bemühen, ihre Anhänger zu ihrem eigenen Leben zu bringen.

Beide ehemals sehr konformen Priester träumen längst nicht mehr von einer symbiotischen Mutterkirche, sie machen je auf ihre Weise nüchtern deutlich, was der Traum von der ganzen Menschwerdung im individuellen und öffentlichen Alltag einfordert.

Schwerer ist es, eine schwesterliche und brüderliche Kirche zu realisieren. Denn Schwestern und Brüder schützen einander nicht nur als Glieder einer Familie gegenüber allen anderen, sie kritisieren einander auch als selbständige Personen und eigenständige Wesen. Zwar sind sie gewohnt, einander zu helfen, doch suchen sie, recht besehen, ihre eigene Entfaltung noch immer in der Familie. Für eine solche geschwisterliche Kirche lebt und steht Jacques Gaillot als Bischof. Sein zentrales – und durchaus problematisches – Bild für die Kirche ist die Familie: »Es geht nicht darum, die Fundamente des Gebäudes in Frage zu stellen... Ich selber stehe nicht im Verdacht, das Dogma malträtiert zu haben – sogar meine römischen Richter haben mir das zugestanden... Mein Ort ist in der Kirche. Sie ist meine Familie. Und ich werde ihr weiterhin mit aller Kraft dienen.«[28] Ich halte es für wahrscheinlich, dass der gestandene Bischof die dogmatischen Lehrgesetze der Amtskirche, also auch ihre Sätze über die Hölle, ihre Lehre von der Unfehlbarkeit oder ihren zwanghaften Glauben an die biologische Jungfräulichkeit Mariens nicht offen antastet, um den familiären Frieden nicht zu stören: »Die Gaillots« meinte ein Biograph über die Kindheit des Bischofs, »verließen sich nie.«[29] Aber Jacques Gaillot hat seine Familie inzwischen anderswo als im Mutterschoß von familiärer Herkunft, von Priesterseminaren und vom Bischofspalast gefunden. Indem er als Bischof für die gesellschaftlich Marginalisierten existiert, gibt er den vom HI-Virus Betroffenen das Gefühl zurück, zur Gemeinschaft der Lebenden zu gehören. Als Bischof gibt er den »fremd« gemachten Flüchtlingen die Würde des Bewusstseins zurück, selbst das Recht zu haben, zu ihrem Gastland zu gehören. Als Bischof kann er den von ihren Verbrauchern prostituierten Frauen die Würde zurückgeben, nicht mehr als moralisch Disqualifizierte existieren zu müssen, sondern Frauen unter Menschen sein zu dürfen. Gegenüber Arbeitslosen zeigt er Solidarität, wie sie unter Geschwistern selbstverständlich ist. Er wirkt wie der Mann, der 99 stehen lässt, um das eine verlorene Wesen zu integrieren und wie die Frau, die sich mehr über die wiedergefundene Drachme freut als über alles andere Geld. Nach dem Gleichnis Jesu ermöglicht das Wiederfinden bekanntlich das Fest.

Schwerer als in der Kirche nur Schutz zu suchen ist es also, sich diesen Bischof Jacques Gaillot als Vorbild für eine Geschwisterlichkeit vorzunehmen, die vorbehaltlos für andere eintritt. Der Aufschrei über seine Absetzung als Bischof von Évreux hat neben seiner kirchenpolitischen und gesellschaftlichen Bedeutung jedoch auch eine andere Seite. Viele Christen und Nichtchristen sehen ihr eigenes Vater-Ideal verletzt und entdecken in dem Gedemütigten nun ihr brüderliches Ideal. Falls sie diesen Bruder allerdings ernst nehmen, sind sie gezwungen, sich selbst als Brüder und als Schwestern ihrer marginalisierten Mitmenschen zu bewähren. Das wäre ein Fortschritt für autoritätsfixierte Gläubige und Nichtgläubige unter den Bewunderern von Jacques Gaillot.

Am schwersten ist es, eine Christin oder ein Christ zu werden: die Auferstehung zur Menschlichkeit zu riskieren, die Jesus nahe gebracht hat. Eine solche Auferstehung ist identisch mit dem Abstieg in den Abgrund, in den verachteten, verletzten und leidenden Teil unseres Selbst, in jenen von uns verfluchten Teil, der uns an der Tragik der Menschheit Anteil gibt. Das Sinnbild des »Christus« verbindet diesen Abstieg in den dunklen, leidenden Teil der Menschheit mit dem Auf-Stand zur Heilung dessen, was verwundet ist. Dieses Symbol der Menschlichkeit lässt uns Jesus von Nazaret in Umrissen wiedererkennen. Es lässt aber auch das ewig Menschliche in uns zum Vorschein kommen. Die Schwierigkeit, eine Christin oder ein Christ zu werden, liegt – wie in jedem anderen Glauben – darin, sich klarzumachen, dass eine solche Aufgabe nicht mehr und nicht weniger verlangt, als die eigene Selbstwerdung zumindest zeichenhaft mit der Arbeit an dem zu verbinden, was heute für die Menschheit notwendig ist. Das eigene Leiden kann letztlich nur vermindern, wer nach seinen Möglichkeiten das Leiden anderer lindert – und damit tatsächlich das Wohl der Menschheit im Sinne hat. So groß es tönt, so wahr ist es, dass das eigene Glück am ehesten da aufkommt, wo das Glück der anderen im eigenen Alltag zumindest zeichenhaft befördert wird. Diese Revolte gegen das Unglück ist nicht möglich ohne die Trennung von illusionären Kirchenträumen und ohne die kritische Durcharbeitung der gesellschaftlich, wirtschaftlich und staatlich vorgegebenen Wunschträume.

Die konkrete Durcharbeitung beginnt, wie die folgenden Gespräche immer wieder zeigen, mit der Infragestellung der frühkindlichen Gottesideale und dem Verlassen der primären Vertrautheit, wie sie erst die Eltern, dann die Geschwister und oft auch die Institution der Kirche gewährt haben. Das Evangelium Jesu verlangt für die Entwicklung zum selbstbewussten und freien Menschsein allererst die Trennung von den Sippenbanden: »Ich bin gekommen, um den Menschen vom Vater zu trennen, die Tochter von der Mutter, die junge Frau von der Schwiegermutter. Denn die Feinde des Menschen sind seine Anverwandten.« (Mt 10,35f.). Indem Jesus die in den Familien Niedergehaltenen und neurotisch Gemachten, ebenso wie die gesellschaftlich Marginalisierten, auf die eigenen Füße stellte, machte er sie unabhängig von der destruktiv sich auswirkenden Überhöhung der frühkindlichen Vater-, Mutter- und Geschwisterbilder. Seine Vorstellung von Selbstwerdung und von Vergemeinschaftung orientiert sich nicht am Familienideal, sondern an der eigenen, existentiellen Beziehung zum Nächsten und darin zu dem, der seine Sonne über Gut und Böse aufgehen lässt. Ob ein Mensch zu den Rechtgläubigen oder zu Andersglaubenden gehört, entscheidet nicht über seine Authentizität. Darüber entscheidet allein die Wahrhaftigkeit seiner Beziehung zu sich selbst, zu den anderen und zu aller Kreatur. Jesu Art, Gemeinschaft zu leben, orientierte sich deshalb weder an der Bruderschaft der sozialrevolutionär oder idyllisch Verschworenen, noch an der Integration der Rechtgläubigen. Die Mitte seiner Existenz war nicht der Tempel, in dem Gott symbolisch das eigene Dasein geopfert wird, noch die apostolische Gemeinschaft eines Männerbundes, der alle Frauen und alle ihm Unterworfenen geistlich beherrscht. Jesus hatte vielmehr die Gewohnheit, ziemlich einsam zu existieren und in freier Vergemeinschaftung mit denen zusammenzukommen, die mit den üblichen menschlichen Nöten ausgestattet waren, mit Leuten, nicht mit »den Gläubigen«.

Was diese Revolution der Menschlichkeit kostet, führt Eugen Drewermann exemplarisch vor Augen. Solange die Menschwerdung die Sache Gottes und der offiziellen Kirche bleibt, kann die Entscheidung, selber menschlich zu werden, bis auf weiteres vertagt werden. Sie bleibt dann die Aufgabe einer Kirche oder einer imaginären Religion, die es in Wirklichkeit nicht gibt. Die Ausschließung von Jacques Gaillot und Eugen Drewermann bringt die eigene Existenz in die unangenehme Situation, auf die entlastende Illusion von einer väterlichen oder mütterlichen, von einer offiziell brüderlichen und schwesterlichen Kirche verzichten zu müssen. Die kirchliche Diffamierung von Priestern durch Priester lädt uns andere dazu ein, selber mitmenschlich existieren zu lernen – und so »katholisch« im menschheitlichen Sinn des Wortes zu werden. Ich persönlich meine dies im Sinne eines Netzwerks von Menschen, die nicht nur mit Haut und Haar sich mitmenschlich begegnen, sondern als irdische Geschöpfe auch den Tieren, den Pflanzen und dem Kosmos ein Lebensrecht geben. Die religiöse Existenz bleibt so lange unwahr, als sie nicht aus der Tiefe ihrer selbst und aus der Weite ihrer Aufmerksamkeit auf das konkrete Geschehen auf diesem unserem Planeten sich mit allen Wesen verbindet, die aus der Freude am Dasein existieren.

Jacques Gaillot und Eugen Drewermann treten für ein »freies und glückliches Christsein«[30] ein. Und eben darin fühlen sie sich nicht als religiöse, sondern schlicht als menschliche Existenzen. So wurden sie einig mit sich selbst. Nicht ob die römische Kirche eines Tages katholisch werde, wäre dann die Frage, sondern wie und wo und mit wem zusammen wir selber authentisch leben lernen – und wessen Antlitz uns zum Spiegel für das Ereignis wird, in dem wir von Angesicht zu Angesicht existieren können. Die Aufgabe, die für die bedrohte Zukunft daraus erwächst, wird von neuem Solidarität heißen. Sie steht mehr denn je in Gefahr.

Muss die »Kirche« mit einem Fragezeichen verbunden bleiben?

Ja, die Kirche darf und muss von allen Christen in Frage gestellt werden, weil sie – als sich selber sakralisierende Institution – durch ihre undemokratische Struktur und durch ihren repressiven Moralismus ihr Evangelium verrät und das Menschliche an der Moderne untergräbt. Die römisch-katholische Amtskirche muss öffentlich in Frage gestellt bleiben, weil sie die Macht der innerfamiliären Zwänge verstärkt und mit der heute mythisierten Macht der Wirtschaft paktiert, die Gewalt des Militärs akzeptiert und die Deklassierten nicht gegen einen unsolidarischen Staat verteidigt. Wer selber zum Leben kommen will, muss sie in Frage stellen, weil sie sich als das Überich aller Menschen ausgibt, statt als der Ort, wo das Ich Ermutigung findet, ganz es selbst und also ein »Christ« zu werden.

In den Gesprächen zwischen Bischof Jacques Gaillots und dem suspendierten Priester Eugen Drewermann erhält das Fragezeichen seinen rechten Sinn. Denn in dieser Begegnung von Menschen, die den Mut zum Aufstand in allen Gliedern haben, sind die Fragen die Voraussetzung zum Gespräch und die Gespräche die Voraussetzung zu einem freieren Leben. Zwischen dem Vatikan und Bischof Gaillot fand bei seiner Verurteilung kein Gespräch statt. Die Amtskirche verweigert jeden Dialog mit Eugen Drewermann. Eine solche Karikatur von Kirche zeigt der Gesellschaft, was sie selber zu vermeiden und an der Kirche als Institution auch zu bekämpfen hat. Die Begegnungen zwischen den Ausgeschlossenen führen auf eine andere Spur: auf den Weg vom autoritären zum humanen Katholizismus. Sie weisen in Richtung eines Christentums, das die dringend anstehende Revolution der Menschlichkeit in der modernen Gesellschaft befördern kann. Der Aufstand ist nicht mehr aufzuhalten, weil der humane Katholizismus nun nicht mehr nur bei den normalen Leuten und in vielen normalen Gemeinden, die unter der repressiven Amtskirche leiden, sondern auch bei (verurteilten) Bischöfen und Priestern sichtbar wird. Ich meine den Aufstand für und mit den Niedergehaltenen, die Auferstehung zu einem eigenen Leben und die Revolte gegen das Leiden, das nicht wir, sondern das Geheimnis »Gott« zu verantworten hat.

Solange wir nur Zuschauende und Zuhörende dieses Gesprächs von Priestern unter sich bleiben, haben wir das Wesentliche noch nicht erkannt. Denn das Ärgerliche an solchen frei gewordenen Menschen ist, dass sie uns auf die eigene Freiheit bringen.

I

Das Gesicht des anderen

Was bedeutet für Jacques Gaillot persönlich diese humane und auch riskante Art einer kirchlichen Existenz, die mit denen im Gespräch bleibt, die von der eigenen Kirche ausgeschlossen sind? Das Fernsehgespräch, das ich im Auftrag des ZDF mit Jacques Gaillot führen konnte, hat mich in einem Punkt überrascht. Der Bischof von Partenia kämpft nicht gegen »die« Kirche, er lebt aus der Überzeugung, dass niemand, wirklich niemand, ausgeschlossen werden soll vom Menschlichsten, was es gibt: von der gemeinsamen und öffentlichen Kommunikation. Dieses Gespräch, das hier als erstes wiedergegeben ist, wurde in Teilen am 12.5.1996 vom ZDF und vollständig am 9.9.1996 von 3SAT ausgestrahlt.

Jacques Gaillot im Gespräch mit Peter Eicher
7. Mai 1996

Eicher: Ich habe Sie, Jacques Gaillot, vor sechs Jahren kennen gelernt, als ich in einer seltsamen Gotteskrise steckte. Wie von selbst brach damals zu Beginn des Sommerurlaubs ein Gebet aus mir heraus: – »Nun musst du, Schöpfer des Himmels und der Erde, für zwei Wochen alles allein machen. Ich dagegen mache Ferien.« Das war nichts Außergewöhnliches. Aber sonderbar war, dass Gott nach diesen zwei Wochen nicht mehr zurückkam und nichts mehr von mir wollte, obwohl ich doch als ordentlicher Theologieprofessor angestellt war. Die Existenz und der Beruf schienen sinnlos zu werden[31]. Damals, als der alte Gott, der mich ein Leben lang in Pflicht genommen hatte, sich schlicht und einfach davonmachte und mich ratlos zurückließ, hörte ich im Autoradio erstmals Ihre Stimme. Ich weiß nicht mehr, was Sie sagten, aber ich weiß, was in mir vorging, als ich Sie hörte. Ich begann zu begreifen, dass die Befreiung von der alten Gottespflicht der Anfang einer neuen Freiheit sein könnte, einer lebenslangen »Ferienzeit«, in der Gott nicht erst in Vorlesungen und Lexikonartikeln herbeibemüht werden muss, sondern in den menschlichen Begegnungen einfach da ist. Heute bin ich glücklich, mit Ihnen selber sprechen zu können.

Ist Ihre persönliche Situation nach der Entbindung von den Pflichten eines Ortsbischofs eine persönliche Krise oder mehr ein Zeichen für die Krise der Kirche?

Gaillot: Ich bin auf dem Weg. Es ist ein Weg voller Ungewissheiten. Ich versuche, das Abenteuer des Evangeliums zu leben – mit der Kirche, die meine Familie ist und bleibt. Ich bin mit ihr verbunden und verhalte mich wie ein Wellenreiter: Wenn ein Hindernis auftaucht, nutze ich es, um weiterzukommen. Was mir zustieß, lässt mich ein bisher unbekanntes Terrain entdecken.

Eicher: Leidet Ihre »Familie« nicht darunter, dass sie Sie nicht mehr bei sich hat: Ich meine die Diözese von Évreux, mit der zusammen Sie in christlicher Gemeinschaft gelebt haben. Ist diese Abtrennung nicht ein unerträglicher Schmerz?

Gaillot: Ja, es gibt eine Verletzung: von einem Volk, das ich liebe, mit dem ich gelebt und gearbeitet habe, getrennt worden zu sein. Diese starken menschlichen Bindungen aufgeben zu müssen, die im Laufe der Jahre geknüpft wurden, das ist alles andere als leicht. Aber diese Verwundung darf mich nicht auf meinem Weg aufhalten.

Eicher: Sind Sie weiterhin gemeinsam auf dem Weg sogar mit Papst Johannes Paul II.? Ich hatte den Eindruck, dass Sie erleichtert waren, als Sie vor Weihnachten aus Rom zurückkamen, wo Sie mit dem Papst gesprochen haben[32].

Gaillot: Ich war auch vorher schon erleichtert. Jedesmal wenn ich Eucharistie feiere, tue ich das in Gemeinschaft mit Johannes Paul II. Dieser Begegnung mit dem Papst maß ich große Bedeutung zu, weil sie ein Zeichen des Evangeliums war: ein Zeichen dafür, dass man sich in der Kirche begegnen kann, dass man in ihr miteinander sprechen und sich ehrlich auseinander setzen kann.

Eicher: Ist das nicht merkwürdig? Einerseits feiern Sie in Verbundenheit mit Johannes Paul II. die Messe und andererseits stehen Sie in Gemeinschaft mit Eugen Drewermann. Sie gehören gleichzeitig zum Papst und zur Bewegung »Wir sind Kirche«. So stehen Sie gleichzeitig zu dem, der ausschließt, und zu den Ausgeschlossenen. Muss dies – nach dem Bild, das man von der römisch-katholischen Kirche hat – nicht Verwirrung stiften? Wir wissen alle, dass der Vorsitzende der französischen Bischofskonferenz, Erzbischof Joseph Duval, Ihnen vorgehalten hat, dass Sie sich durch das Gespräch mit Eugen Drewermann vom Papst und von den Bischöfen getrennt hätten[33]. Wie können Sie mit dieser Spannung leben?

Gaillot: Ich fühle mich mit all den von Ihnen genannten Personen tief verbunden. Etwas anderes ist es, in sekundären Fragen Meinungsverschiedenheiten zu haben und diese auch öffentlich klar zu benennen. Das hindert nicht die Gemeinschaft im Glauben und in Freundschaft.

Eicher: Ist es nicht gefährlich, sich mit Personen auf vertrauten Fuß zu stellen, wenn das gleichzeitig bedeutet, sich von der Institution zu distanzieren? Wie würden Sie Ihre Beziehung zur Institution Kirche beschreiben?

Gaillot: Die Institution ist das eine; die Beziehung zu den Personen ist das andere. Ich glaube, dass man gegenüber Personen stets in Dankbarkeit und Freundschaft leben sollte.

Eicher: Aber es gibt doch millionenfach Menschen, die von Institutionen ausgeschlossen sind: »Ausländer« werden vom Staat, AIDS-Kranke von der Gesellschaft ausgegrenzt; Frauen werden vom Klerus fern gehalten und kirchlich Verurteilte von der Hierarchie ausgeschlossen. Sie selber nennen sich Bischof von »Partenia«, d.h. Bischof der Ausgeschlossenen. Muss man nicht wählen zwischen den Ausgeschlossenen und der Institution, die Sie ausschließt?

Gaillot: Institution und Ausschließung darf man nicht gleichsetzen. Denn ich glaube, dass das Ausschließen niemals die Lösung sein kann. Mir scheint vielmehr, dass nur jene Institution auf dem rechten Weg bleibt, die niemanden auzuschließen sucht. Wer seine Arme nicht öffnet, kann sich nicht auf das Evangelium berufen. Wie sehr wünschte ich doch, dass meine Kirche mehr und mehr all jene aufnimmt, die sich aus der Gesellschaft geworfen fühlen. Die Kirche sollte dafür kämpfen, dass sie ihren Lebensraum zurückgewinnen. Gerechtigkeit heißt nach der Bibel: dem anderen einen Platz einräumen. Daran müssen wir arbeiten.

Eicher: Mein Herz jubelt, aber mein Kopf dröhnt bei dem, was Sie sagen. Denn wenn dieses Bild die Kirche leiten würde und sie diesen Weg der Öffnung ohne Ausschließung wirklich zu gehen wagte – dann würde jene Reform der römisch-katholischen Kirche beginnen, auf welche so viele längst warten. Ich fürchte jedoch, dass man Sie noch mehr ausschließen wird, wenn Sie all das im christlichen Geist zu verwirklichen suchen.

Gaillot: Ich für meinen Teil will jedenfalls nicht zugleich die Kirche verlassen und den Ausschluss von denen wünschen, die in ihr nicht mehr anerkannt werden.

Eicher: Darf ich Ihnen eine sehr persönliche Frage stellen?

Gaillot: O ja!

Eicher: Beten Sie?

Gaillot: Aber selbstverständlich – auch heute Morgen. Das Gebet ist für mich ein Atmen. Heute Morgen waren es nach dem Evangelium die Worte des Auferstandenen: »Meinen Frieden lasse ich euch, meinen Frieden gebe ich euch.« Das ist nicht gesagt, damit wir unruhig werden, sondern damit wir aus dem Frieden leben. Bei Tagesanbruch bete ich für alle, denen ich an diesem Tag begegnen werde. Für jedes Gesicht, das mir noch unbekannt ist. Ich vertraue alle Gott selber an.

Eicher: Manchmal möchte man als »Laie« all diese Priester und Bischöfe doch um ihre Machtfülle beneiden, die sie dem Evangelium entnehmen! Sie können versöhnen, sie können taufen, sie können die Sterbenden salben... Und wir? Wir haben fünf Kinder, und meine Frau hat ein wunderbares internationales Hilfswerk für verelendete AIDS-Kranke aufgebaut, den »Stern der Hoffnung«. Und doch hat meine Frau, die unzählige Sterbende begleitet, in unserer Kirche keine

Vollmacht zur Versöhnung und zur Salbung. Wir haben nicht das Recht, in der Familie Eucharistie zu feiern. Ist es ein Wunder, dass unsere Kinder die Kirche verlassen und nach einem tieferen Sinn des gemeinsamen Lebens suchen? Können Sie diesen Bruch verstehen? Vielleicht könnten Sie uns, die wir von der Fülle des Evangeliums kirchlich ausgeschlossen werden, mitten in der modernen Welt etwas zurückgeben, zumindest »spirituell«?

Gaillot: Vielleicht wäre es besser, niemanden um seine Vollmachten zu beneiden. Mir scheint es für Katholiken – besonders für Familien – ganz wichtig zu sein, das Wesentliche erst einmal zu leben, bevor von Sakramenten gesprochen wird. Die Frage heißt dann: »Beten wir in der Familie? Teilen wir uns das Evangelium aus? Haben wir schon eine Art innerfamiliärer Liturgie gefunden – wie die Juden in der Diaspora? Und wie ist es mit unserer Sprache? Können wir mit den eigenen Kindern über unseren Glauben reden?« Als ich neulich Jugendliche vor ihrer Firmung fragte, ob sie mit ihren Eltern schon darüber gesprochen hätten, war ihre Antwort ganz klar: »Nein, über solche Sachen sprechen wir zu Hause nie.« Ich bin verblüfft, dass es in den Familien keinen Austausch über den eigenen Glauben gibt. Also: Lassen wir die Sakramente und beginnen wir bescheidener mit dieser Kommunikation.

Eicher: Wie das?

Wir »Laien« sollen die Hände vom eigenen Vollzug der Sakramente lassen, weil sie unwichtig sind – für die Vollmacht des Klerus aber dürfen sie entscheidend bleiben?

Gaillot: Ich will nur sagen, dass in der Familie nicht mit »den Sakramenten« im begrifflichen Sinn zu beginnen ist. Da geht es eher zu wie auf dem Weg nach Emmaus: Erst kommt die Bereitschaft zum Gespräch und zum Aufeinander-Hören, dann kommt die Zeit der Freundschaft und der Bereitschaft, miteinander zu teilen. Erst dann, zum Abschluss, wird das Sakrament gefeiert.

Eicher: Ich fürchte sehr, dass Eugen Drewermann auch deshalb verurteilt wurde, weil er jedem Erdenbürger den sakramentalen Sinn seines eigenen Lebens zurückgegeben hat.

Gaillot: So ist es.

Eicher: Ich empfinde diesen ganzen Vorgang als unwürdig. Ich habe den Eindruck, dass uns – um es ungeniert zu sagen – der Klerus um die wunderbaren Gaben des Evangeliums, um unsere eigenen »spirituellen« Fähigkeiten, in seiner zweitausendjährigen Geschichte betrogen hat. Jetzt kommt es darauf an, diese Begabung aller Menschen mitten im modernen Leben wiederzuerlangen.

Gaillot: Noch einmal: Man neidet anderen nur das, was man selbst nicht hat; und was man selber hat, das nimmt man nicht wahr und will man nicht sehen. Das Grundsakrament ist, wie Sie wissen, die Taufe. Nun leben aber viele Christen nicht aus dem Wesentlichen ihrer Taufe.

Eicher: Was heißt das für Sie: »das Wesentliche der Taufe«?

Gaillot: Die Nähe zu Gott. Die Nähe zu der Liebe, die ausgegossen ist in unsere Herzen. Durch die Taufe sind wir verantwortlich für das Leben und für die Sendung der Kirche. Durch die Taufe werden wir für das Evangelium verantwortlich.

Eicher: Verzeihen Sie: Das klingt sehr geistlich. Nehmen wir eine Frau oder einen Mann von heute in diesem hektischen Leben, mit all der Geschwindigkeit auf den Autobahnen und mit der ganzen Hetze bei der Arbeit oder beim Fernsehen. Was heißen »Gebet«, »Offenbarung«, »Glaube«, all diese Worte, die Sie auch verwenden, was bedeuten sie in Ihrem konkreten Alltag, in der Großstadt Paris?

Gaillot: Das ist das Problem des geistlichen Lebens. Die Taufe begründet im christlichen Leben die Fähigkeit, selbst nach dem zu leben, was Christus uns vorgeschlagen hat. Was will in meiner Situation beispielsweise der Satz heißen: »Ihr alle seid Brüder«? Oder: »Ihr könnt nicht Gott und dem Mammon dienen«? Oder: »Was ihr dem Geringsten getan habt, das habt ihr mir getan«? Voilà! Das soll jeder Getaufte in seinem Leben selbst zu verwirklichen versuchen; niemand kann es an seiner Stelle tun, auch kein Würdenträger der Kirche. Es ist die Wahl der Existenz.

Eicher: Sie sagen oft, die Freiheit mache Angst. Und doch müsse man sich diese Freiheit selber nehmen...

Gaillot: ... Gewiss! Aber in dieser modernen Welt mit ihrem Stress sieht sich ein Christ überfordert durch diese Entscheidungen, die er treffen muss.

Eicher: Ich fürchte, dass die Freiheit, die Sie sich nehmen, wenn Sie mitten in Paris für jene von der Abschiebung Bedrohten kämpfen[34], die in Kirchen Asyl suchen, dass diese Freiheit Ihres Engagements vielen Leuten einfach Angst macht. Ihre engagierte und sympathische Parteinahme gegen die polizeilichen Übergriffe bringt offenbar sogar Vertretern der Hierarchie das Fürchten bei.

Gaillot: Das zeigt gerade, dass man sich oft erst durch seine Taten selber recht verstehen lernt. Man darf sich nicht mit Worten oder Wünschen zufrieden geben. Gefordert ist das authentische Verhalten. Was die Leute am Leben Jesu so aufgewühlt und bewegt hat, sind ja nicht nur seine Worte und Lehren; es ist sein Handeln.

Eicher: Was haben Sie von den Ausgeschlossenen gelernt, die keine Papiere haben, von den Maghrebinern, von den Afrikanern, von den Kurden?

Gaillot: Sie haben mich zwei Dinge gelehrt: Erstens: von Tag zu Tag zu leben,...

Eicher: ... das muss für einen Bischof schwierig sein,...

Gaillot: ... denn sie können sich nichts vornehmen. Da sie keine Papiere haben, können sie auch keine Arbeit finden. Doch sie versuchen, jeden Tag intensiv zu leben. Für mich habe ich daraus gelernt: »Jeder Tag hat seine eigene Plage.«

Zweitens haben sie mich gelehrt, was feiern heißt. Wenn das Leben hart ist und man nicht weiß, was morgen kommt, dann wird es überlebensnotwendig, sich zu freuen. Wenn man nicht feiert, stirbt man. Ich habe von ihnen gelernt, dass es schon eine Feier sein kann, einfach zusammen zu sein, zu teilen, was man hat – mit Musik und Liedern.

Eicher: Wie herzlich Sie lachen! Ich glaube, dass es im Feiern und in der Freude eine Art Subversivität gibt, einen Widerstand und eine rebellische Geduld. Wie halten Sie diese Spannung aus? Einerseits strahlen Sie so etwas wie Frieden aus, etwas Licht, ein bisschen Sonne. Andererseits werde ich den Eindruck nicht los, dass ein mächtiger Widerstand in Ihnen steckt: gegen den Staat, gegen Teile der kirchlichen Hierarchie gar, in jedem Fall gegen die Parteien der Rechten. Wie können Sie gleichzeitig im Frieden und im Widerstand leben?

Gaillot: Ja, das Leben ist oft hart: Es gibt Situationen der Ungerechtigkeit, die nicht hingenommen werden können. Manchmal hat man Lust, alles hinzuschmeißen angesichts dieser Mauern, gegen die man anrennt. Doch dann erfährt man gleichzeitig wieder diese Solidarität der Leute und das, was jeden Tag an Schönem passiert: Ich bin nicht allein. Allein vermag niemand etwas zu tun. Also ist es wichtig, sich auf die anderen zu verlassen. Auch das Gebet ist wie ein Aufatmen. Und vor allem gibt es von Zeit zu Zeit doch diese kleinen Zeichen des Sieges, die einem hie und da geschenkt werden: Ich habe Leute gesehen, die sich aus dem Dreck befreit haben, die dem Alkohol oder den Drogen entkamen, weil sie Vertrauen fassten und das Umfeld der Solidarität spürten, das ihnen entgegenkam. Es gibt Leute, die verantwortlich werden.

Eicher: Zeichen des Sieges?

Gaillot: Ja sicher! Wenn ein Mann oder eine Frau aufsteht, das Wort ergreift und das Leben wieder in die eigenen Hände nimmt – das ist einfach fabelhaft.

Eicher: Es berührt mich, wenn Sie sagen, dass man manchmal alles hinschmeißen möchte. Kommt es vor, dass Sie nicht mehr können?

Gaillot: Ja, von Zeit zu Zeit. Als die Flüchtlinge in Paris mit Hilfe der Polizei aus der Kirche von Saint-Ambroise vertrieben wurden, da war ich voller Zorn und Scham. Man hätte Lust kriegen können, einfach abzuhauen und alles liegen zu lassen. Das sind Augenblicke, die schwer zu ertragen sind. Und dann beginnt man wieder von vorn, weil die anderen da sind. Man kann sie nicht verraten.

Eicher: Sie haben gesagt, dass Sie nicht allein sind. Was ist Ihre eigene innere Beziehung zu unseren muslimischen, jüdischen und buddhistischen Schwestern und Brüdern? Welchen inneren Kontakt haben Sie mit ihnen auf Ihren vielen Reisen?

Gaillot: Zunächst muss ich Ihnen sagen: Bei all denen, die ich täglich treffe, frage ich mich nie: »Sind sie Gläubige oder nicht? Welcher Religion gehören Sie an? Sind es Männer oder Frauen?« Wir sind Bürgerinnen und Bürger dieser Erde, Teile der Menschheitsfamilie, die zusammenlebt. Erst dann merkt man, dass es Buddhisten, Nicht-Glaubende, Moslems sind. Erst einmal sind wir zusammen, und zusammen sind wir mit denselben Ungerechtigkeiten konfrontiert. Das andere – würde ich sagen – kommt danach. Die Bande der Freundschaft, die zwischen uns wachsen, erlauben uns gegenseitig, uns achten zu lernen, uns zu begegnen. So können wir das Entscheidende ins Auge fassen: Was sie angeht, geht auch mich an.

Eicher: Ich höre schon, was die Glocken läuten werden! Der Bischof von »Partenia«[35], Jacques Gaillot, ist ein bloßer Humanist, ein Mensch, der die Menschen liebt. Aber das sei doch nicht die Aufgabe eines Bischofs! Ein Bischof müsse das Evangelium mit allen kirchlichen Konsequenzen der Moral und der Dogmatik verkünden. Wie kriegen Sie das zusammen?

Gaillot: Manchmal habe ich das Gefühl, den großen Spagat zu machen,...

Eicher: ... den großen Spagat...

Gaillot: ... weil das Evangelium nicht nur in den Kirchen verkündet wird, sondern überall: auf den Straßen, in den Medien, unter den von der Erde Verdammten. Ja, das ist manchmal schwierig. Was mich betrifft, so versuche ich, das Evangelium zu verkünden, indem ich bei den anderen Wohnung nehme. Natürlich ist es einfacher, das Evangelium in seinem eigenen Haus zu verkünden. Doch wenn man im Haus der anderen zu Gast sein darf, dann muss man eine andere Sprache lernen; man ist nicht bei sich, wo man einfach machen könnte, was man will.

Eicher: Sie reden oft von der Angst. Haben Sie selber Angst?

Gaillot: Ich kenne die Angst derer, die es nicht schaffen, in Würde zu leben. Die Angst von denen, die ungeliebt sind und ausgeschlossen, die wohnt in mir.

Eicher: Was besagt das politisch? Ganz Europa schließt sich gegenwärtig von den Menschen ab, die aus Angst um ihr Leben bei uns Zuflucht und Frieden suchen. Sie selber kämpfen in Frankreich gegen die Ausschließung der Flüchtlinge. Wie beurteilen Sie angesichts des weltweiten Flüchtlingsproblems die europäische Asylpolitik?

Gaillot: Die von den europäischen Gesellschaften entwickelten Gesetze verhärten uns gegenüber den Fremden. Diese Gesetze wollen glauben machen, dass die Fremden erst einmal verdächtig seien, dass es um Leute gehe, die uns die Arbeit wegnehmen wollen, ja dass sie Terroristen seien. In Frankreich gibt es einen Gesetzesentwurf, der alle mit Bußen und Gefängnisstrafen bedroht, die Flüchtlingen aus eigener Initiative den Aufenthalt ermöglichen. Das heißt, dass man, wenn man einen Fremden aufnimmt und ihm Gastfreundschaft gewährt, behandelt wird, als wenn man einem Terroristen geholfen hätte. Das sind Gesetze, mit denen wir uns selbst einschließen, Gesetze, die unsere Gesellschaft sterben lassen. Denn wirklich leben können wir nur im Austausch mit anderen. Wir brauchen die offene Gesellschaft.

Eicher: Das war es also, was Sie so zornig gemacht hat, als die Kirche der Polizei den Schlüssel übergab, um die Asylanten aus ihr zu vertreiben?

Gaillot: Allerdings! Man verteidigt sich nur, wenn man Angst hat. Und wenn man sich verteidigt, kann man nicht mehr hören. Und dann verrät man die Gastfreundschaft gegenüber den Fremden.

Eicher: Ich bin von den Bildern beeindruckt, die über die Medien zeigen, mit wem Sie zusammenleben. Sie wohnen in Gemeinschaft mit Leuten, die keiner Religion angehören und sie wohnen auch mit Moslems und Juden zusammen. Sie leben wirklich so, als seien die Religionen schon eins – und das als Bischof! Ist das für Sie die Konsequenz Ihres inneren Weges oder mehr ein Zufall?

Gaillot: Ich habe diese Lebensweise nicht gewählt; sie wurde mir geschenkt. So ist mein Mitarbeiter, der meine Schreibarbeiten erledigt, ein junger Algerier, Medib. Es ist wunderbar, mit jemandem zusammenzuleben, der Moslem ist. Er kümmert sich um mich, er zeigt mir andere Möglichkeiten des Reagierens und er sorgt oft genug dafür, dass ich auf meinem Weg als Bischof bleibe.

Eicher: Er als Moslem sorgt dafür, dass Sie auf Ihrem Weg als römisch-katholischer Bischof bleiben?

Gaillot: Aber ja! Neulich verbrachte ein anderer Bischof den Abend bei mir. Es war Winter, es lag Schnee. Als er gehen wollte, war es schon spät in der Nacht. Die Straßen von Paris waren wie leer gefegt. Da kam eine Gruppe Jugendlicher auf uns zu und bewarf uns mit Schneebällen. Der Bischof sagte: »Man kommt sich ja vor wie in den Vorstädten von Paris!« Da nahm ein junger Maghrebiner einen Schneeball von der Kühlerhaube eines Autos, sah mich an und rief: »Hallo! Sie sind ja der Bischof Gaillot!« Er rief die anderen: »He! Ich hab ihn erkannt! Das ist Bischof Gaillot! Hallo, ich, Tayeb, habe Sie erkannt!«[36] Da standen sie mit ihren Schneebällen, und ich schüttelte Tayeb und den anderen die Hand: »Heute ist euer Fest, das Ende vom Ramadan.« Und sie: »Woher wissen Sie denn das?« – »Na ja«, meinte ich ehrlich,« »was Euch angeht, geht auch mich an. Euer Fest ist auch mein Fest.« Das hat sie gefreut.

Tayeb, der mich erkannt hatte, fragte den Bischof, der neben mir stand: »Was halten Sie vom Kondom?« Und mein Kollege fragte zurück: »Und du, was hältst du davon?« Da sagte der junge Moslem: »Wissen Sie, wenn Sie als Bischof etwas über die Kondome sagen und Stellung beziehen, dann ist das sehr wichtig für uns. Denn Sie sind ein Mann der Religion, und das geht die anderen Religionen auch was an. Was Ihr in der Kirche sagt, ist auch wichtig für uns.« Voilà! So entsteht ein Band zwischen den Religionen. Auf dieses Band kommt es an.

Als ich von Rom abgesetzt wurde, haben die orthodoxe und die reformierte Kirche Frankreichs erklärt: »Was da geschieht, ist eine schmerzhafte Wunde auch für unsere Kirchen.« Solidarisch werden: Das ist die Ökumene.

Eicher: Wie gesagt, hat meine Frau in Brasilien den »Stern der Hoffnung« aufgebaut, das große Hilfswerk für sozial verelendete AIDS-Kranke. Natürlich beschäftigt uns dabei die Haltung der römisch-katholischen Hierarchie gegenüber den Präservativen sehr. Angesichts der vielen, die verzweifelt um ihr Leben und um ihre Liebe kämpfen, wirkt es unerträglich, mit ansehen zu müssen, wie katholische Bischöfe die Mittel verbieten, welche in der Situation des HI-Virus nicht nur die Liebe, sondern auch das Leben retten. Wie kann die Kirche wollen, dass Menschen sich im Lieben den Tod schenken? Wie kann sie die Liebe verbieten wollen? Ich muss Ihnen in aller Offenheit diese Frage stellen: Lädt die Kirche nicht schwere Schuld auf sich, wenn sie es in einer solchen Situation verbietet, das Leben zu schützen?

Gaillot: Die Bischöfe in Frankreich haben dazu Stellung genommen. Sie haben erklärt, dass Präservative ein notwendiges Mittel geworden seien. Ich freue mich sehr über diese klare Stellungnahme, die von der Freiheit des französischen Episkopats Zeugnis gibt. Ich nehme an, dass diese Erklärung auch anderen Bischöfen helfen wird – vor allem in Afrika.

Eicher: Sie betrachten Religionen wie eine Familie: Was die einen betrifft, geht auch die anderen an. Dagegen gibt es Druck von Theologen und von Bischöfen, die darauf drängen, dass wir immer auch die Wahrheitsfrage zu stellen hätten. Obwohl ich mit Ihnen darin übereinstimme, dass die Wahrheit des unmittelbaren Tuns oft wichtiger ist als das Nachdenken über die Kriterien unseres Handelns, bin ich doch auch sensibel für die Frage nach der Wahrheit. Ist für Sie die Auseinandersetzung um die Suche nach der christlichen, moslemischen oder buddhistischen Wahrheitserkenntnis, ist dies für Sie ein zentrales Thema oder überlassen Sie das den Theologen?

Gaillot: Die Wahrheit gehört doch nicht den Theologen! Die Leute auf der Straße suchen alle die Wahrheit. Für mich kann die Ökumene nicht einfach eine Ökumene der Kirchenfürsten sein: Sie ist Ökumene vor Ort, Ökumene der Basis, Ökumene der Gesichter. Das ist das Entscheidende: die Begegnung von Angesicht zu Angesicht. Was religiös zählt, kommt nicht durch Bücher und Zeitschriften und Sitzungen zustande. Es geschieht in den Gesichtern.

Kürzlich war ich bei einer Gruppe von Frauen eingeladen, die politische Verantwortung tragen. Es ging um ein Buch, das ich gegen die Ausgrenzungen geschrieben habe[37]. Ich stellte also das Buch und demgegenüber auch die neuen französischen Gesetze gegen die Ausländer vor. Die Frauen hatten Mühe mit dem, was ich vortrug: »Man muss sich doch schützen! Man muss sich verteidigen! Die Flüchtlinge nehmen uns die Arbeit weg! Wir lieben die Ausländer bei ihnen zu Hause und wir nehmen sie auch gerne auf, wenn wir sie eingeladen haben...«

Ich fragte: »Kennen Sie persönlich einen Flüchtling?«

Niemand kannte auch nur den Namen eines Flüchtlings. Es gibt die Vorstellung, die Einbildung, die Angst – doch eine wirklich menschliche Beziehung zu den anderen gibt es nicht. Wenn man den Islam kennen lernen will oder den Buddhismus, dann braucht man ein Gesicht, eine Freundschaft, ein Gespräch. Glücklicherweise beginnen wir durch die vielen Mischehen, die zwischen den Angehörigen verschiedener Religionen geschlossen werden, dieses menschliche Gewebe der Religionen besser kennen zu lernen.

Eicher: Welches Gesicht einer Person hat Sie so »erleuchtet«, dass Sie in ihm, in diesem Gesicht, eine andere Religion kennen gelernt haben?

Gaillot: Durch Freunde in Algerien lernte ich den Islam kennen. Durch befreundete Familien lernte ich das Judentum kennen und durch einzelne Buddhisten etwas vom Weg der östlichen Weisheit. Ich glaube, dass das Band der Freundschaft eine tragfähige Brücke schafft.

Eicher: Sie haben einen unglaublich langen Weg zurückgelegt. Nicht ohne Schrecken las ich, dass Sie als französischer Offizier im Krieg gegen Algerien kämpften. Nun gehen Sie in genau entgegengesetzter Richtung. Jetzt versuchen Sie den Mitmenschen, die Frankreich vorher bekämpft hat, freundschaftlich zu begegnen und den Krieg zu unterlaufen und zu bekämpfen. Wie erklären Sie sich, dass Sie in einem so kurzen Leben einen so langen Weg zurücklegten?

Gaillot: Ich brauchte Zeit, bis mich die inneren Anrufe erreichten. Viele Fragen sind mir tatsächlich erst sehr spät bewusst geworden. Erst nach dem Algerienkrieg bin ich zum kämpferischen Gegner der Gewalt geworden. Ich musste erst durch den Krieg, um später selber gewaltlos zu werden. Und offenbar musste ich erst meinen Militärdienst in Algerien absolvieren, um dem Islam von Angesicht zu Angesicht zu begegnen. So ist das mit der Schule, die das Leben ist. Erst wenn man mit bestimmten Ereignissen konfrontiert wird, kann man – zumindest anfanghaft – die neuen Anrufe hören.

Eicher: Was bedeutet es für Sie, jetzt Bischof einer Region in Algerien zu sein, und erst recht mit dem kirchlichen Titel »in partibus infidelium«, »bei Ungläubigen«? Für Sie sind Moslems doch Glaubende. Was bedeutet es also, Bischof von diesem »Partenia« zu sein?

Gaillot: Ich denke, dass es eine besondere Aufmerksamkeit von Rom ist, mich dorthin versetzt zu haben, wo ich meinen Militärdienst leistete. Partenia liegt auf der Hochebene von Setif. Es existiert nicht mehr[38] und ist daher überall und nirgendwo. »Partenia« bedeutet daher auch eine Welt ohne Grenzen, eine Welt, die da ist, wo man selber hingeht. Alle Frauen und Männer können zu »Partenia« gehören: Es bietet einen Raum der Freiheit. Es ist eigentlich wie bei Leuten, die eine doppelte Staatsbürgerschaft besitzen. Sie können da bleiben, wo sie in ihrem Engagement nun einmal sind, aber sie können gleichzeitig auch an diesem inneren Ort leben, wo sie aufatmen können.

Eicher: Auch wenn mein Wohnort weitab liegt, bin ich doch glücklich, Ihrer Diözese anzugehören.

Gaillot: Danke.

Eicher: Doch da beginnt – was Ihre eigene Zukunft betrifft – auch die kirchenpolitische Befürchtung. Der Vatikan wird sich auf die Dauer Ihr Verständnis von »Partenia« kaum gefallen lassen. Als Bischof von Évreux hatten Sie offiziell eine lokale Bedeutung; als Bischof von »Partenia« in Wahrheit eine weltweite. Also wird Ihre Stellung in den Augen Ihrer Gegner nur umso gefährlicher. Nun machen Sie gewissen Würdenträgern noch mehr Angst. Oder sehen Sie das anders?

Gaillot: Lieber Peter Eicher, Sie sollten auf keinen Fall Angst vor Rom haben. Als ich Évreux verlassen musste, bin ich ins dortige Gefängnis gegangen, um mich von den Gefangenen zu verabschieden. Da sagte Hervé, einer von ihnen: »Jetzt ist Gaillot der Bischof von Partenia. Das liegt in der Wüste. Ihr werdet sehen, in einem Jahr wird er dort eine ganze Oase zum Blühen bringen.« Und so versuche ich nun, zusammen mit all den Leuten, die in »Partenia« mitmachen, in der Wüste Bäume zum Wachsen zu bringen.

Eicher: Von Ihrem Freund, Jean-Pierre Bagot[39], hörte ich, dass er für Sie im Internet arbeitet. Erst war ich doch etwas erstaunt darüber, dass ein Bischof sich der modernen Telekommunikation bedient, um eine virtuelle Diözese aufzubauen. Ist das für Sie ein angemessenes Mittel der Evangelisierung oder lassen Sie sich von der modernen Technik dazu verführen, überall gegenwärtig sein zu müssen?

Gaillot: Internet[40] erlaubt, das Wort weithin zu tragen. Als ich Bischof von Évreux war, hatte ich ein Diözesanblatt. Für die riesige Diözese, die den ganzen Planeten umspannt, kann ich kein Diözesanblatt mehr herausgeben. Dafür ist das Internet notwendig. Also schreibe ich wie damals in Évreux jeden Monat einen Leitartikel, veröffentliche meinen Terminkalender, reagiere auf aktuelle Ereignisse und lasse Ausgeschlossene zu Wort kommen. Internet ist deswegen so interessant, weil man unverzüglich reagieren und auf horizontaler Ebene miteinander kommunizieren kann. Und das ist das Netzwerk der Kirche von heute[41]. Wir leben im Zeitalter der Vernetzung. Und wenn in einer Gesellschaft ein neues Medium auftaucht, dann schafft dies eine neue Beschäftigung, eine neue Art des Miteinanderseins, ein neues Bewusstsein...

Eicher: ... und also auch eine tiefgehende Veränderung in der Struktur von Kirche. Es sind plötzlich nicht mehr die Wenigen, die Elite, die Kleriker und die Theologen, welche durch ihre Auslegung der alten Tradition ein neues Volk Gottes aufzubauen vermöchten. Jetzt geht es, wie Sie sagen, horizontal zu. Die Herausbildung einer neuen Form von Kirche geschieht in einem Kommunikationsprozess. Sie werden dadurch eine Art von modernem Paulus, der zwischen den weit verstreuten Gemeinden Kommunikation herstellt.

Es scheint, als würde dieses weltweite Kommunikationsnetz eine besondere Faszination auf Sie ausüben.

Gaillot: Ich sage es nochmals anders: Wir müssen das Zeitalter der Geheimdiplomatie verlassen und in das Zeitalter der Transparenz eintreten. Wir können Informationen nicht mehr zurückhalten. Sie werden überall unmittelbar abrufbar sein. Der Buchdruck änderte die

Situation der Gesellschaft und der Kirche. Das Internet wird im dritten Jahrtausend sehr wichtig werden.

Eicher: Verstehe ich das richtig? Sie wollen im Grunde genommen sagen: »Offenbarung« im christlichen Sinn ereignet sich, wo die einen mit den anderen von Angesicht zu Angesicht offen miteinander sprechen. »Offenbarung« geschieht im authentischen Gespräch, da, wo durch das menschliche Reden hindurch das Geheimnis aufleuchtet: Gottes Gegenwart. Sehe ich das richtig oder meinen Sie es anders?

Gaillot: Ich weiß nicht, ob ich die Frage ganz verstanden habe. Aber wenn das Volk das Wort ergreift, dann ist das ein Ereignis. Und genau das geschieht heutzutage. Die Leute ergreifen das Wort, nicht nur bei uns, sondern überall.

Eicher: Sie vergleichen öfters den Fall der Berliner Mauer mit den Hoffnungen auf ein Ereignis, das auch in der römisch-katholischen Kirche stattfinden wird. Sie finden diese Hoffnungen gut begründet. Könnten sie nicht doch illusionär sein?

Gaillot: Dieses Ereignis muss eine internationale Dimension haben. Es geht nicht mehr um die Christen innerhalb eines einzigen Landes, sondern um die Überschreitung aller Grenzen. Wir haben immer noch unsere alten Barrieren im Kopf. All dies wird gesprengt.

Eicher: Wird auch unsere alte Idee von Gott gesprengt? Müssen wir auch ihn ganz anders denken? Was lässt dieses Wort »Gott«, das Sie oft verwenden, in Ihrem eigenen Herzen anklingen? Welche Dimensionen gehen darin auf?

Gaillot: Das Wort »Gott« bringt allererst eine Haltung zum Vorschein, die Haltung des Evangeliums: »Wenn ihr nicht werdet wie die Kinder...« Ich selber liebe dieses Bild: Ein Kind gibt einem Erwachsenen die Hand – und kommt doch auf seinen eigenen Füßen voran. Gottes Gesicht, das in mir aufscheint, trägt die Züge eines bescheidenen[42] Gottes, der mit uns auf dem Weg ist. Sein Antlitz ist brüderlich, es drängt sich nicht auf, es ist einfach da, damit wir die Richtung halten können.

Eicher: Wenn Sie so reden, spüre ich manchmal den Schmerz, der sagt: O ja, wie schön wäre das!

Ich sah Sie in der berühmt gewordenen Sendung von »Frou-Frou«[43], in der Sie nach dem Sinn der Auferstehung gefragt wurden. Sie zeichneten einfach eine Blume...

Gaillot: ... Nein: eine Sonne; ich zeichne schlecht, aber es war eine Sonne[44].

Eicher: Es hat mir jedenfalls eingeleuchtet. Aber zugleich musste ich an die Menschen denken, die Krebs haben, unheilbar an Unfallfolgen darnieder liegen, schuldlos vom HI-Virus zu Tode gequält werden und ihr Leben nur noch erleiden. Ich dachte an den gegenwärtigen Krieg, der äußerst brutal mitten in Europa geführt wird. Wo ist diese Sonne? Wie könnte etwas von dem, den Sie »Gott« nennen, in der modernen Gesellschaft aufscheinen?

Gaillot: Das Bild der Sonne, das mir so sehr gefällt, ist ein Bild für Jesus im Evangelium. Die Sonne scheint den Kranken und den Gesunden, sie scheint für die Guten wie für die Bösen. Die Sonne ist nicht den Christen vorbehalten[45]. Gott leuchtet allen.

Ich war in einem Supermarkt einkaufen. Ich habe mitten unter den vielen Leuten nach den Sachen gesucht, die ich brauchte, und, wie es sich gehört, die Preise verglichen. Da hörte ich hinter mir ganz plötzlich die Stimme eines Kindes. Es war vielleicht fünf Jahre alt und weinte. Es rief nach seinem Vater, den es verloren hatte, und es rief, als ob ich es wäre. Ich drehte mich um und gab ihm die Hand. Es hörte auf zu weinen. Nun gingen wir Hand in Hand, und als wir zur Kasse kamen, sagte ich: »Hier, ich habe ein Kind gefunden, was machen wir nun?« Und es war glücklich mit mir. – Vielleicht ist es ein bisschen so mit dem Vertrauen, das man in jeder Situation Gott entgegenbringen kann, ob wir nun gesund oder krank sind.

Eicher: Und Gott in der Natur? Gott, der uns durch die gesamte Evolution mit einer unglaublichen Grausamkeit begegnet? Es braucht ja den Tod von Millionen von Lebewesen, damit auch nur ein einziges überleben kann.

Ich habe Sie über die Medien auf der »Rainbow Warrior« gesehen, wie Sie gegen die französischen Atomversuche protestiert haben. Da kämpften Sie als Mensch für die Erhaltung einer Natur, die selber unfaßbar grausam wirkt[46]. Sie wollen zu Recht, dass wir die Natur nicht zerstören. In wessen Namen, mit welchem Recht greift die Natur – wie im Fall von AIDS – uns selber so erbarmungslos an? Nicht etwa im Namen des Schöpfers?

Wie halten Sie diese Spannung zwischen dem menschlichen Mitgefühl mit der leidenden Kreatur und der Realität einer Schöpfung aus, die keinerlei Mitgefühl für Individuen zeigt?

Gaillot: Auf der »Rainbow Warrior« war ich hingerissen von den Sternen. Stundenlang habe ich die Milchstraße betrachtet, es war einfach großartig, wunderbar. Und ich habe Wale gesehen, zum ersten Mal in meinem Leben. Leibhaftige Wale haben uns begrüßt, sie schwammen herbei und schwammen fort: Ich konnte nur staunen. Nicht die Grausamkeit der Natur hat mich getroffen, sondern das Gefühl für die Schöpfung: Da schwimmt dieses kleine Schiff in der Unermesslichkeit des Ozeans.

Mir war klar, dass wir auf der »Rainbow Warrior« nicht gerade viel ausrichten würden; und doch standen wir dank eines Satelliten mit der ganzen Welt in Kommunikation. Dank dieser Verbindung haben wir für den Frieden arbeiten können. Das war auch der Grund, warum ich die Einladung von Greenpeace angenommen hatte. Wir sind nicht dazu da, um uns Schuldgefühle einreden zu lassen, wir sind nicht gemacht, um in Angst zu leben, sondern um diese Beunruhigung und diese Angst zu überwinden.

Eicher: Hat es Sie nicht erschreckt, dass die französische Regierung keinen Deut nachgegeben hat?

Gaillot: Nein, ich hatte nie damit gerechnet, dass sie nachgibt. Aber ich wollte, dass sich die öffentliche Meinung ändert, zumindest in meinem Land. Die Franzosen demonstrierten nicht gegen die Atomversuche, weil Polynesien so weit weg ist, weil Atomversuche etwas Abstraktes sind und vor allem nicht, weil man uns eingeredet hat, sie seien notwendig für die Unabhängigkeit und für die Größe Frankreichs. Die Frage der atomaren Versuche ist nicht vor das Volk gebracht worden, der Präsident hat sich die Entscheidung vorbehalten. Und wir hatten uns damit abgefunden. Aber auch hier gilt: Das geht uns an, die Atomwaffen sind unsere eigene Sache. Es ist notwendig, dass die Bürger dafür verantwortlich werden. Die Aktion hat eine Veränderung bewirkt. Die internationale Verwerfung dessen, was in Mororua geschehen ist, hat den Franzosen die Gefahr und den Unsinn der Atomwaffen zu Bewusstsein gebracht. Und jetzt hat sich in Umfragen eine Mehrheit der Franzosen gegen die Atomversuche ausgesprochen.

Eicher: Welche Veränderung! Da existiert ein Bischof mitten unter denen, die gegen die Regierung für eine Erneuerung der ökologischen und militärischen Politik kämpfen. Da gibt es plötzlich einen Bischof der Gesellschaft! Sind Ihre Aktionen im Grunde nicht der Ausdruck dessen, was Ihr Freund Eugen Drewermann in all seinen Büchern uns nahe bringen möchte: dass die Kirche in einer anderen Sprache reden lernen kann, dass sie sich ganz anders mit dem verbinden kann, was menschlich ist, um in der Gegenwart ihren eigenen Platz zu finden?

Sehen Sie diese Verbindung zwischen Ihren Aktionen und dem Werk von Eugen Drewermann oder stehen Sie ihm eher kritisch oder – ich weiß es nicht – gar distanziert gegenüber?

Gaillot: Eugen Drewermann hat das Charisma, die Botschaft Jesu in die Sprache der Moderne zu übersetzen. Er ist nie stärker, als wenn er das Evangelium für die Menschen von heute auslegt. Ich bin etwas irdischer, mehr bodenständig, es kommt mir mehr auf das Handeln an. Eugen Drewermann bedient sich der Psychoanalyse und der immensen Kultur, die ihm eigen ist. Ich bedarf der Leute, um auszudrücken, was ich sagen will. Es ist so wichtig, dass wir heute der anderen bedürfen; wir können uns ergänzen.

Ich sollte an einem Sonntagmorgen in einem kleinen Dorf die Messe lesen, weil die Kirche restauriert worden war. Ich kannte diese Gemeinde von drei- bis vierhundert Einwohnern noch nicht. Nun komme ich da an, zehn Minuten vor der Messe, und finde die Kirche nicht. Ich finde überhaupt niemanden, offenbar waren alle schon in der Kirche. Ich fahre überall herum – und finde die Kirche nicht. Die Zeit vergeht – was soll ich nur machen? Da steht jemand in seinem Garten. Ich halte an und sage: »Gott sei Dank gibt es Leute, die nicht zur Kirche gehen.« – »Ja«, sagt er, »Sie haben Recht, ich bin kein praktizierender Katholik, ich bin nicht gläubig.« – »Aber können Sie mir bitte sagen, wo denn die Kirche ist?« – »Na klar: Sie drehen hier und nehmen die erste Straße rechts.« Ich wende in großer Eile – und fahre in die falsche Richtung. Er sah mich, holte seinen Wagen aus der Garage und fuhr mir nach. »Was ist denn nur mit diesem Wagen hinter mir? Er stört mich dauernd!« Schließlich zwingt er mich anzuhalten: »Sie sind falsch gefahren! Kommen Sie, fahren Sie hinter mir her.« Voilà! Der »Nicht-Praktizierende« führte mich auf den rechten Weg, auf den Weg zur Kirche. So geht es einem Bischof[47].

Nach der Messe fuhr ich zu diesem Mann zurück, um mich zu bedanken. Er hatte mir ein Zeichen gegeben. Das Zeichen, dass wir einander nötig haben, dass wir in der Kirche die »Nicht-Glaubenden«

brauchen und die Menschen aus anderen Religionen. Glücklicherweise gibt es nicht nur eine einzige Religion, glücklicherweise gibt es nicht nur Christen: Das wäre entsetzlich!

Eicher: Jetzt sprechen Sie von der Kirche. Vorher sagten Sie: »Ich brauche Boden unter den Füßen.« Was ist Ihr Boden? Auf welchem Terrain stehen Sie?

Gaillot: Mein Terrain, das sind – seit einem Jahr – die Leute, die selber in Schwierigkeiten stecken, Familien ohne Wohnung, Fremde ohne Papiere, Jugendliche ohne Arbeit, all jene, welche die Gesellschaft an ihren Rändern verkommen lässt.

Eicher: Ebendeshalb haben Ihnen die Bischöfe nun vorgeschlagen, Sie sollten entweder in einer psychiatrischen Klinik, in einem Krankenhaus oder in einem Gefängnis arbeiten. Warum haben Sie dies ausgeschlagen?

Gaillot: Ich habe den Bischöfen Nein gesagt, weil ich zu den Ausgeschlossenen bereits Ja gesagt habe[48] – seit meiner Absetzung im Januar 1995. Wenn man mit den Ausgegrenzten erst einmal zusammenlebt und solidarisch mit ihnen verbunden ist, dann fällt es nicht leicht, sie zu verlassen. Also sagte ich den Bischöfen: »Warum soll ich anderswo ein Aufgabenfeld suchen? Der Kampf gegen die Ausschließung ist in der Gesellschaft von heute wesentlich. Muss er nicht auch der Kampf der Kirche sein?« Also bat ich darum, da zu bleiben, wo ich nun einmal bin. Andernfalls hätte ich mich als Deserteur empfunden. Doch das Gespräch wird fortgeführt.

Eicher: Ich möchte Ihnen gerne eine letzte Frage stellen. Sie bezieht sich auf das lange Gedächtnis der Juden, der Christen und unserer moslemischen Schwestern und Brüder. Sie haben alle ein Buch, die Bibel oder den Koran. Sie hören nicht damit auf, sich darauf zu beziehen und ihr Leben immer aufs Neue im Lichte dieses Buches zu erhellen und zu klären.

Was bedeutet die Bibel für Sie?

Und was bedeutet die Bibel für die moderne Gesellschaft? Was macht ihre Eigenart im Zuge von Internet und Massenmedien und der ganzen Literaturfülle aus? Wie verhält sich dieses Buch zu all den anderen Büchern der Religionen?

Gaillot: Die Bibel... Die Bibel ist das Buch, das mir den Weg zeigt. Sie zeugt von der Hartnäckigkeit Gottes, mit der er für die Menschen Partei ergreift. Die Hartnäckigkeit Gottes, mit der er sich ein für alle Mal mit der Geschichte der Menschheit verbunden hat. Er ist mit allen. Er wird nicht verschwinden. Er bleibt an unserer Seite. Deshalb brauchen wir am Menschen und an seinem Kampf niemals zu verzweifeln. Gott ist mit uns allen. Auf jeder Seite sagt uns die Bibel von neuem: »Gott ist da, und ich wusste es nicht.« Nun hat aber nicht jeder die Möglichkeit, sich dieses Buches zu bedienen – es gibt auch Leute, die nicht lesen können. Das einzige Buch, das wirklich alle Menschen lesen können, ist das Leben der Christen.

So haben wir denn die Verantwortung, ein bisschen so ein Buch zu sein, in dem die anderen lesen können. Vielleicht werden sie dabei spüren, dass es darin etwas gibt, was uns gesagt ist und gleichsam in uns hineingeschrieben ist: die Bibel.

Eicher: Ich möchte Ihnen etwas sehr Persönliches sagen: Seit einer Stunde sehe ich nun Ihr Gesicht. Es ist eine sehr schöne Seite des Evangeliums. Ich danke Ihnen sehr.

Gaillot: Danke.

Dokument 1

Antwort von Jacques Gaillot auf die drei Vorschläge,
die ihm durch die Bischöfe Frankreichs
am 15. Januar 1996 gemacht wurden

Juni 1996

Man fragt mich oft: »Bischof Gaillot, was wird aus Ihnen?« Da ich niemals einen Hehl daraus gemacht habe, was mich leben lässt, antworte ich ganz offen. Ich antworte umso lieber als ein ganzes Volk von Ausgeschlossenen mich voller Vertrauen aufgenommen hat. Sie alle erwarten von mir, dass ich ihnen zuhöre und ihnen in ihren Schwierigkeiten mit einem Wort, einer Geste begegne.

Als ich Évreux im Januar 1995 verlassen musste, wurde ich eingeladen, um inmitten von wohnungslosen Familien, von Arbeitslosen und von Menschen ohne Papiere in der »Rue du Dragon« zu leben. Was für eine Chance, in einer solchen Nähe zu den Ausgeschlossenen zu leben, und sie nicht nur für einen Abend, für eine Demonstration oder einen Austausch zu treffen!

In diesem Jahr fand ich einen ungeahnten Ort des Schöpferischen, der Solidarität und des Wissensaustausches. Ausgeschlossene, welche den Dreck und die Misere kennen, gewannen wieder Selbstvertrauen, richteten sich auf, ergriffen das Wort und nahmen Verantwortung auf sich.

Als Kopräsident der Vereinigung »Mit Recht voran!« mit Léon Schwarzenberg, Albert Jacquard, Jacques Higelin und als Ehrenpräsident der Vereinigung »Recht auf Wohnung« nahm ich an zahlreichen Kämpfen teil, in denen wir die Würde und das Recht jener Frauen und Männer verteidigten, die von der Gesellschaft allein gelassen werden. Ist dieser Kampf gegen die Ausschließung nicht auch der Kampf der Kirchen? Die Bevölkerung von Évreux hat mich darin vorbereitet und geformt, sie hat mir diese positive Erfahrung, die ich mir nicht ausgesucht hatte, ermöglicht. Als Bischof von Partenia habe ich es jetzt mit einer riesigen Diözese und mit einem zahlreichen Volk zu tun. Partenia ist überall. Die Verwurzelung begünstigt die Öffnung zum Universellen. Nun bin ich eingeladen, das Wort immer weiter zu tragen, weit über die Grenzen hinaus. Täglich machen mich die vielen Hilfeschreie sensibler für die Misere der Armen. Die Aufgabe ist beträchtlich. Die Probleme, die durch die Ausschließung entstehen, haben viele Gesichter. Die Organisationen und Vereinigungen sind angesichts dieser großen gesellschaftlichen Herausforderung überlastet. In diesem Bereich hat niemand das Monopol für den Kampf gegen die Ausschließung.

Im Blick auf meine Begegnung vor Weihnachten schrieb ich Papst Johannes Paul II.: »Selbstverständlich verlange ich nichts für mich. Als Bischof inmitten der Wohnungslosen und der Flüchtlinge in einer schwierigen Situation leben zu dürfen, lässt mich an den Seligpreisungen und an der Kraft des › Magnifikat‹ teilhaben. Das ist mir eine Quelle des Friedens und der Freude.«

Die Bischöfe haben mir drei Vorschläge gemacht: die Seelsorge in einem psychiatrischen Krankenhaus, in einem allgemeinen Krankenhaus oder in einem Gefängnis. Freunde betonen, dass ich vielen in Frankreich und im Ausland sehr fehlen würde, wenn ich eine von den drei sehr anspruchsvollen Aufgaben annähme. Sie denken dabei an die Glaubenden, die sich seit Januar 1995 im Geist der Solidarität mit den Ausgeschlossenen und für die Erneuerung der Kirche erhoben haben. Soll ich all diese Gruppen und ihre Aktionen aufgeben? Heißt dies nicht, mich der erweiterten Verantwortung zu entziehen, die heute und morgen all die Frauen und Männer betrifft, die marginalisiert, vergessen und verleugnet sind?

Nachdem ich gebetet und um Rat gefragt habe, sehe ich nicht, wie ich auf ihr Angebot positiv eingehen könnte. Ich lehne es ab.

Das Gespräch mit den Bischöfen setze ich fort. Meine Türen bleiben weit offen. Die Ausgeschlossenen, die so sehr nach ihrer Würde verlangen, wären durchaus empfänglich für die Anerkennung meiner Arbeit durch die Bischöfe.

Heute, wo sich alles immer schneller verändert, kennen wir die Leiden und die Freuden der Geburt einer neuen Welt. Wie ich in meiner Abschiedspredigt von Évreux gesagt habe: »Wenn sich ein Volk das Wort nimmt, öffnen sich neue Wege. Es werden Initiativen ergriffen. Wenn sich ein Volk das Wort nimmt, gibt es nicht mehr Angst und Furcht, wohl aber neue Energien, die sich nach allen Seiten ausbreiten.«

Jacques Gaillot
Bischof von Partenia

II
Die öffentliche Provokation

»Ich wollte eine Türe öffnen, die sinnlos geschlossen worden war.«[49] *Neun Monate, bevor er selbst vor die Tore seiner Diözese gesetzt wurde, nahm Bischof Gaillot den schlichten Wunsch von Eugen Drewermann an, über die gegenwärtigen Probleme der christlichen Existenz miteinander zu sprechen – nicht heimlich und nicht unter amtlichen Vorbehalten, sondern öffentlich und von Person zu Person. Weil für Jacques Gaillot die Aufgabe der Kirche wesentlich darin liegt, Ausgeschlossene anzunehmen und ihnen selbst das Wort zu geben, erschien ihm die Ausschließung Eugen Drewermanns von seiner kirchlichen Lehrbefugnis und von seinem priesterlichen Dienst als inakzeptabler Selbstwiderspruch der Kirche. Das Evangelium, so formulierte er anlässlich seiner eigenen Ausschließung von der Diözese Évreux, ermutigt alle Menschen dazu, »bereit zu sein, dafür zu kämpfen, damit in der Gesellschaft und in der Kirche das Recht auf das Wort, der Respekt vor der Würde und der Verschiedenheit eines jeden, die Demokratie existieren können.«*[50]

Bischof Gaillot wusste, welche Kampfansage an das geschlossene Bischofskollegium es 1994 bedeutete, Eugen Drewermann die Tür zu öffnen. Ebendies hatte er schon kurz nach der Verurteilung Eugen Drewermanns durch den Erzbischof von Paderborn, Johannes Joachim Degenhardt, höflich und entschieden verlangt: »In Frankreich wächst sein Einfluss ständig und das Erscheinen seiner Werke wird seine Zuhörerschaft bald erweitern. Könnten Sie in diesem Kontext Herrn Drewermann nicht provisorisch predigen und an der Fakultät lehren lassen? Während dieser Zeit hätten die Theologen die Möglichkeit zu einer freien Auseinander-

setzung. So würde unsere Kirche ein anderes Bild von sich selber geben und auch glaubwürdiger erscheinen.«[51] *Unglaubwürdig ist eine Kirche, welche die Verurteilung an die Stelle der Diskussion setzt. Unglaubwürdig werden Bischöfe, welche sich in der Öffentlichkeit gerade jenen Auseinandersetzungen entziehen, die ihr traditionelles Verständnis von Menschlichkeit und Religion, von Evangelium und kirchlichem Auftrag in Frage stellen. Als sich Eugen Drewermann und Jacques Gaillot in Straßburg trafen, um miteinander auf ARTE öffentlich ins Gespräch zu kommen, da konnten sie noch nicht wissen, wie nahe sie sich in ihren fundamentalen Überzeugungen gegenüber dem Krieg und dem Waffenhandel, der Ökologie, der Asylpolitik, den Arbeitslosen, den AIDS-Kranken und der Gleichberechtigung der Frauen sind. Sie hatten nur wenige Texte des jeweils anderen zu diesen zentralen Menschheitsfragen gelesen. Doch sie fanden zu einer Gemeinsamkeit in der offenen Diskussion der Kirchenfragen, die für beide nur den Ausgangspunkt für die Frage nach der Menschlichkeit in der modernen Welt darstellt. Jacques Gaillot ahnte, dass »der erstaunliche Erfolg von Drewermann in Deutschland daher rührt, dass er den Finger sehr genau auf den tiefen Graben legt, der sich zwischen den Problemen des modernen Menschen und dem Wort der Kirche aufgetan hat.«*[52]

Als Eugen Drewermanns »Kleriker« 1993 unter dem Titel »Les fonctionnaires de Dieu«[53] *in Frankreich wie eine »Bombe«*[54] *einschlug, war Jacques Gaillot der Erste, der das Buch seiner Diözese positiv vorstellte: »Aufmerksam habe ich eben das Buch von Drewermann gelesen. Ich versuche zu hören, was der Theologe unserer Kirche und jedem von uns sagen will. Was für ein anspruchsvoller, was für ein schmerzlicher Weg: ein Weg der Wahrheit. Drewermann sucht die alten Tabus zu brechen, um den aktuellen Problemen ins Angesicht zu sehen und in Verbindung zu kommen mit der Menschheit von heute. Wenn er die strukturelle Unterdrückung der Affektivität und die Vereinsamung der Subjektivität bloßlegt, dann tut er es, um die Einsamkeit von vielen zu brechen. Heiligkeit kann nicht vom Leben abgetrennt sein. Wenn er unsere Sicherheiten erschüttert, indem er durch die Psychoanalyse das klerikale Funk-*

tionieren unserer Kirche erhellt, dann tut er es, um zu zeigen, dass Glauben befreit. Denn die wesentliche Frage ist die Frage Jesu: › Was sagst du heute, du selbst, wer ich bin?‹... Vor Gott kann nichts das eigene authentische Leben ersetzen... Das Buch verdient Achtung: Es eröffnet den Meinungsaustausch in einem Klima der Toleranz; es lädt ohne falsche Scheu dazu ein, unsere Praxis in Frage zu stellen und es erhellt unsere persönliche Lebensgeschichte, um das Evangelium einzuatmen und um wir selbst zu werden.«[55] Anders als alle anderen Bischöfe[56] ließ sich Jacques Gaillot von Drewermanns unerbittlicher Analyse der klerikalen Selbstentfremdung nicht irritieren. Er nahm sie an. Er erkannte, dass ohne die Bereitschaft zur therapeutischen Klärung der eigenen Lebensnot eine heilende Verkündigung und eine hilfreiche Begleitung der leidenden Mitmenschen nicht möglich ist.

Drewermanns Analyse der Psychodynamik von Priestern und Ordensleuten kam Jacques Gaillots eigener Erfahrung entgegen, hatte er doch sein eigenes Leben nach der familiär streng behüteten Kindheit bis zu seiner Bischofswahl von 1982 ausschließlich in den streng geschlossenen Milieus der kirchlichen oder militärischen Hierarchie verbracht. Er hatte am eigenen Leib gespürt, was die Absonderung des Klerus von der modernen Gesellschaft bewirkte. Als Bischof aber musste er zusehen, wie der überalterte Klerus von den modernen Anforderungen völlig überfordert wurde. Und gleichzeitig war er von Amtes wegen verpflichtet, den Verheirateten – den Frauen und Männern als Laien, den Priestern als »Abtrünnigen« – den priesterlichen Dienst zu verwehren. Deshalb plädierte er schon 1988 zum Entsetzen der Prälaten an der Bischofskonferenz von Lourdes dafür, auch verheiratete Laien zu ordinieren und verheiratete Priester im Amt zu belassen: »Ist es nicht angebracht, die Maßnahmen zu ergreifen, welche den gegenwärtigen Veränderungen Rechnung tragen und die Zukunft mit der Freiheit zu gestalten, welche das Evangelium gibt?... Bis wann noch beraubt man sich des Dienstes von verheirateten Priestern?... Warum schließen wir die Augen vor den Situationen der Seelsorge, in welchen die Bedürfnisse wie ein Schrei empfunden werden?«[57] Der Schock bei den Bischöfen saß tief, weil Jacques Gaillot seine Anfragen

75

nicht dem üblichen Abgrund der Verschwiegenheit und Geheimniskrä-
merei der Bischofskonferenz allein anvertraute, sondern auch der kirchli-
chen Zeitung »La Croix« und dem konservativen »Le Figaro«[58]. Die
öffentliche Antwort der Bischofskonferenz wiederholte in gewohnter Mo-
notonie nur das, was Jacques Gaillot angegriffen hatte: »Gemäß der
Disziplin der römisch-katholischen Kirche beabsichtigen die französischen
Bischöfe weder die Wiedereingliederung der verheirateten Priester... noch
die Weihe von verheirateten Männern.«[59]

Nun, nachdem fünf Jahre später Eugen Drewermanns Analysen zur
Psychologie der »Gottesfunktionäre« heftiger als jedes andere Buch aus
Deutschland in Frankreich debattiert worden waren, nahm die Bischofs-
konferenz im November 1993 die von Jacques Gaillot gestellten Fragen
– in homöopathischer Dosierung – wieder auf. Jetzt führte Bischof Gaillot
der Bischofskonferenz die unerträgliche Situation pointiert vor Augen,
und zwar öffentlich im Weltblatt »Le Monde«: »Warum so große Blo-
ckaden und so wenig Phantasie?... Dieses in der Kirchengeschichte einzig-
artige Defizit ist nur das Symptom einer viel tiefer liegenden Krise. Die
Beziehung zwischen der modernen weltlichen Gesellschaft und der Kirche
kann nicht bleiben wie sie ist; auch der Status des Priesters hat sich radikal
verändert. Kümmert das die Verantwortlichen in der Kirche wirklich? In
welche Regression müssen wir noch geführt werden, bevor es zu einer
wahren Diskussion kommt und bis wirklich Lösungen gesucht werden?...
Wird es in unserer Kirche endlich eine offene Aussprache über das Gesamt
dieser Fragen geben? Wer hört auf den Ruf der Christen und der priester-
lichen Gemeinschaften? Wer wird dem Verlangen des Volkes Gottes Ge-
rechtigkeit widerfahren lassen und seine Fähigkeiten in Kraft setzen? Wer
hat den Mut zur Zukunft?«[60]

Für alle, welche die geschlossenen Strukturen der römisch-katholischen
Hierarchie für das Evangelium in der modernen Gesellschaft öffnen wol-
len, stellt die öffentliche Diskussion in den Medien die einzige Möglichkeit
dar, auch innerhalb des autoritären Apparates Gehör zu finden. Die
Strafandrohungen und die Strafmaßnahmen, mit denen die allerheiligste
Bürokratie gegen solche Kritiker und Kritikerinnen zu Felde zieht, werden

von den Medien jedoch gerade als Zutrittsbedingungen für ihr öffentliches Interesse gewertet. Die kirchliche Exkommunikation funktioniert deshalb nicht mehr, weil sie das Gegenteil von gesellschaftlichem Ausschluss bewirkt: Die ausschließenden Inquisitoren grenzen sich von der Öffentlichkeit aus, die Ausgeschlossenen werden von ihr erst recht anerkannt. Die größere Popularität und Wirksamkeit der medial gewordenen »Outsider« lässt jeweils für eine Weile die Hoffnung aufkommen, dass die verdrängten Probleme nun endlich auf die Tagesordnung kämen und dem gerechten Verlangen der Ignorierten, Unterdrückten oder Ausgeschlossenen endlich Rechnung getragen würde. Dann aber setzt im Zentrum der geistlichen Macht die archaische Verachtung der »plebs«, des ungebildeten oder nicht erwählten »Volkes« ein. Die Öffentlichkeit wird dann als Masse diffamiert und die Anstrengung der Kritisierenden als eitle Ruhmsucht. Das ARTE-Gespräch zwischen Jacques Gaillot und Eugen Drewermann steht dafür als klassisches Beispiel.

Daniel Leconte, der für die Sendung »Transit« in ARTE verantwortliche Redakteur, liess sich trotz vieler Vorgespräche nicht dazu bewegen, seine Sendung vom 12. April 1994 allein dem Gespräch zwischen Jacques Gaillot und Eugen Drewermann zu widmen. Ihn interessierten die »Tabus« der Kirche, wobei er dem Allerweltsglauben huldigte, dass die Fragen nach dem Zölibat und der Homosexualität der Priester innerhalb der Kirche nie besprochen würden (man ist versucht zu fragen: was mehr als dies?). Also liess er im ersten Teil Pierre Pitette zu Wort kommen, der als ehemaliger Priester mit einer sechsköpfigen Familie glücklich lebt und nicht verstehen kann, dass er nicht weiterhin als Priester tätig sein darf. Und im zweiten Teil schilderte ein Mitarbeiter von Abbé Pierre, der Priester Jacques Perotti, wie er mit achtzig anderen homosexuellen Priestern in der Kirche arbeitet, Eucharistie feiert und unter dem Druck der kirchlichen Obrigkeit darunter leidet, die Liebe zu einem Mann nur im Geheimen leben zu können. Jacques Gaillot und Eugen Drewermann, welche die verbleibenden 13 Minuten ganz dazu nutzen wollten, miteinander ins Gespräch zu kommen, hatten schon vor der Sendung verlangt, dass sie keine Stellungnahme zu diesen angeblichen Tabus in der Kirche *abgeben müssen. Und sie hielten sich daran, weil für sie die »Tabus« ganz woanders liegen und jedenfalls tiefer anzusetzen sind als an diesen Symptomen der Kirchenkrise.*

Es ist wahrscheinlich, dass Bischof Gaillots Teilnahme an dieser Sendung jenen einen Wassertropfen ausmacht, der das Fass zum Überlaufen brachte. Jedenfalls setzten nach der Ausstrahlung die Drohungen ein, welche acht Monate später zu seiner Absetzung als Bischof von Évreux führten. Für Eugen Drewermann war es dieses Gespräch, das ihm klarmachte, dass es »zwischen uns im voraus ein vorbehaltloses Verständnis gab.«[61] Und was bedeutete es für Jacques Gaillot, nachdem er wusste, dass dieser Dialog dazu beitrug, ihn als Bischof in die Wüste zu schicken? »Also gut, ja, ich bekenne ohne weiteres, dass ich gerne zu jenen gehe, die am Rand der Straße stehen. Es ist mir wichtig, meine Freundschaft mit jenen zu zeigen, die abgewiesen werden. Wenn ich zu Drewermann gehe, gehe ich zu einem Freund.«[62]

1. Das Fernsehgespräch in »ARTE«
12. April 1994

Daniel Leconte zu Jacques Gaillot: Eugen Drewermann hat den Dialog vorgeschlagen. Warum sind Sie darauf eingegangen?

Gaillot: Weil mir dieser Dialog notwendig schien. Die Tür zu Eugen Drewermann ist zugeschlagen worden. Jetzt muss sie wieder aufgetan werden. Denn Eugen Drewermann hat etwas zu sagen. Ich bewundere seine Art, wie er das Evangelium nahe bringt. Er öffnet ihm die Zunge. Und er spricht selbst jene an, die abseits der Kirche leben oder von ihr enttäuscht sind. Er gibt ihnen die Möglichkeit, von neuem zu entdecken, was sie in sich tragen. Warum soll dies schlecht gemacht werden, wie es eine gewisse katholische Presse tut? Ich denke besonders an einen Artikel in »La Croix«, den ich für unerträglich halte, weil er Drewermann verleumdete und ihn niedermachte. Ich glaube zu wissen, dass es »ein Recht auf eine Antwort« gibt: doch seine Erwiderung konnte nie erscheinen. Welche Freiheit, sich zu verteidigen, gibt man denn Drewermann in der Kirche? Wo gibt es überhaupt Meinungsfreiheit in der Kirche? Der Augenblick ist gekommen, um die Türen aufzutun, den Dialog aufzunehmen und die Botschaft von Eugen Drewermann zu hören. Die Kirche von heute braucht diese seine Botschaft.

Leconte: Und Sie, Herr Drewermann, warum betrachten Sie diesen Dialog als die letzte Chance? Warum haben Sie ihn gewünscht?

Drewermann: Ich bin Bischof Gaillot sehr dankbar, dass er auf mich als Mensch antwortet und nicht als Kirchenbeamter. Ich glaube, dass er das Gespräch genauso suchen würde, wenn er nicht der Bischof von Évreux wäre. Es zeichnet ihn aus, dass er sich nicht zunächst von der Institution her versteht, sondern für die Menschen engagiert ist. Genau danach habe ich gesucht.

Ich habe dem Bischof von Paderborn in den letzten zwei Jahren über zwölfmal geschrieben: »Lassen Sie uns über theologische Fragen theologisch und menschlich reden. Wir können die Fragen des Glaubens nicht zu Machtfragen erniedrigen.« Er hat diesen Vorschlag nie akzeptiert und mich nie zu einem solchen Gespräch eingeladen. Das zeigt, in welchem Zustand sich die Kirche befindet. Der Bischof von Paderborn ist ja schließlich nichts weiter als der Vorposten für die manipulierten Maßnahmen, die Rom verhängt, um nicht mehr laut und weltweit diskutieren zu müssen, was die Leute bewegt. Allem Anschein nach geht es dabei wesentlich darum, von der Diskussion zur bloßen Verwaltung zurückzukehren. Da verwandelt sich am Ende Glauben in eine Zugehörigkeitsfrage zu einer bestimmten Institution.

Unsere Zuschauer fragen sich wahrscheinlich schon seit einer halben Stunde: »Was macht die Kirche denn mit Menschen?«

Die Kirche sagt: »Wir glauben, dass Gott die Liebe ist.« Aber wenn die Menschen die Liebe spüren, verbietet sie diese.

Die Kirche sagt: »Wir möchten die Freiheit der Menschen.« Aber kaum suchen Menschen, wie sie frei werden können, spricht sie: »Im Namen Christi – im Falle von Homosexuellen, Geschiedenen oder verheirateten Priestern kann unsere Institution das nicht erlauben!«

Jesus selber sagt: »Ihr sollt Gott lieben mit allen Kräfen, die in euch leben.« Doch die Kirche splittert diese Kräfte ständig auf, spaltet das »Ich« zur Doppelbödigkeit und zwingt zur Heuchelei im Triebleben und im Denken. Das alles kann so nicht länger gut gehen. Die Lösung, die zur Spaltung der Christenheit führte, ist im Grunde vor 500 Jahren von Martin Luther bereits formuliert worden: Wir müssen den päpstlichen Patriarchalismus auflösen und wir müssen den Menschen erlauben, glücklich zu sein in ihrer Individualität.

Die Kirche bekämpft die Sexualität eigentlich nur deshalb, weil die Liebe der Seele Flügel schenkt, weil sie den Menschen frei macht. Weil sie ihnen die Kraft gibt, an ihre eigene Person zu glauben. Sie bekämpft die Sexualität, weil sie Mut macht zu eigenen Lebenserfahrungen wie dieser: dass sich eine Frau nicht länger mehr als Versucherin zur Sünde betrachtet, sondern als eine Befreiung. Die Kirche greift die Sexualität an, weil sie Mut macht zu sagen: »Ich möchte ich selber werden dürfen.« Wenn die Kirche verkündet, dass Gott dies nicht wolle, dann begreifen die Menschen, dass die Kirche ihn falsch vertritt. Denn Gott ist nun einmal die Kraft, die uns geschaffen hat und uns zuinnerst ist. Er ist die Kraft, die möchte, dass wir uns erlauben, einen Weg miteinander zu finden. Er ist die Kraft, welche die Liebe fördert und das Glück vermehrt. Er ist die Kraft, die uns dazu ermutigt und uns darin bestärkt, die wirklichen Probleme anzugehen.

Ich stehe genau wie Bischof Gaillot im engagierten Kampf gegen die Aufrüstung und gegen die Waffenschieberei: Die Bundesprepublik steht darin an der dritten Stelle. Wir stehen gemeinsam im Kampf gegen die Zerstörung der tropischen Regenwälder: In der Stunde, in der wir hier sitzen, wird ein Gebiet von der Größe Straßburgs in den tropischen Regenwäldern verbrannt sein. Wir streiten gegen die Vernichtung der ökologischen Schutzgebiete in Deutschland und in Frankreich. Wir stehen im Kampf gegen die Zerstörung der »Dritten Welt« durch ein absurdes Wirtschaftssystem. Wir stehen im Kampf gegen die Todesstrafe. In all diesen Brennpunkten sehe ich, dass der Weltkatechismus von 1993 die falschen Optionen trifft. Er lehrt: »Die Todesstrafe ist erlaubt.« Er lehrt, dass der Mensch die Tiere ausbeuten darf. Einfach, weil er sie braucht, dürfen Tiere trotz millionenfachen Leids geschlachtet, gequält und benutzt werden. All das sind absurde Standpunkte.

Zwischen uns gibt es eine tiefe Verständigung: Wir stehen aufseiten des Menschen. Und das ist die ganze Schwierigkeit für die Priester der Kirche: Zwei Wochen nach der Priesterweihe müssen sie eine geheime Wahl treffen: ob sie weiter die Propagandisten eines unfehlbaren Systems bleiben wollen, oder ob sie bereit sind, von der Not der Menschen zu lernen, auf die sie oft gar keine Antwort haben. Was wir also tun? Einzig dies: Menschen in ihren Ausweglosigkeiten begleiten und ihnen die offene Hand Gottes zeigen, die über den Abgrund trägt.

Leconte zu Gaillot: Sind Sie einverstanden?

Gaillot: Ich bin es umsomehr, als die Ungerechtigkeit überall zuschlägt. Die Aufgabe der Kirche ist es, mit den Männern und Frauen unserer Zeit ganz einfach auf dem Weg zu sein, sie freundlich aufzunehmen, ihnen zuzuhören im Widerstand gegen das, was sie erdrückt. Wenn die Kirche die Zahl der Ausgeschlossenen selbst noch vermehrt – wohin kommen wir dann?

Ich denke, Eugen Drewermann, dass Sie der Kirche einen großen Dienst zu erweisen haben. Und nicht nur der Kirche. Ihr Dienst besteht in der Verkündigung des Evangeliums. Sie können von Gott sprechen, weil Sie selber sehr menschlich sind, menschlich nach Jesu Art: Er war zärtlich zu den Menschen und gab jedem die Möglichkeit, in Würde zu leben.

Ich habe Ihnen in Paris zugehört, in der medizinischen Fakultät, die voll war, als Sie sprachen. Sie haben eine Seite des Markusevangeliums vorgestellt, die ich sehr gerne mag: Jesu Gang über die Wasser. Sie haben den Fundamentalismus gesprengt, mit dem wir uns allzu oft vor der Welt verschließen. Und deshalb konnten Sie den Text selber sprechen lassen und ihm Sinn verleihen. Die Zuhörer fühlten sich verstanden. Heute entzieht sich vielen Leuten der Boden unter den eigenen Füßen. Sie spüren den Abgrund. Sie fühlen sich bedroht. Der Orkan bricht aus, und sie spüren, wie sie untergehen. Wie kommt man an das andere Ufer? Wie findet man die Dimension des Unendlichen? Sie zeigen auf einleuchtende Weise, warum man allein in der Wahrheit und in der Liebe dem Leben standhalten kann. Es genügt nicht, das Boot zu retten. Wichtig ist, ans Ufer zu gelangen. Wenn Jesus da ist, gibt er uns das notwendige Selbstvertrauen und führt uns zum Frieden. Und Sie, Eugen Drewermann, Sie begleiten die Leute ans Ufer, Sie eröffnen ihnen einen neuen Horizont, Sie entzünden Hoffnung und lassen das Gespür für die Liebe aufkommen.

Drewermann: Es ist für mich etwas Wunderbares, wie Jesus nach dem Neuen Testament – von Gott her – oft viel mehr an die Menschen glaubt, als diese an sich selbst glauben. Er kann die fieberheiße Stirn eines Menschen auf eine Weise berühren, die ihn anfangen lässt, seine eigenen Gedanken wiederzufinden. Er kann einen Menschen, der in Angst verkrüppelt dasitzt, mitten am Sabbat sich aufrichten lassen, gegen das Dreinreden der Theologen seiner Zeit. Er kann den Menschen Mut machen, indem er mitunter heilige Gesetze viel lieber bricht als das Herz eines Menschen. Diese Güte Jesu lässt mich Gott vertrauen. Sonst wüsste ich oft nicht, an was ich glauben sollte.

Für die Menschen in unserer Zeit ist die Zuwendung eines anderen Menschen oft der letzte Halt. Sie sind wie Ertrinkende. Aber sie fassen die Hand, die sich nach ihnen ausstreckt und ihnen sagt: »Wir versuchen es gemeinsam. Wir wissen es zwar beide nicht, aber wir werden es gemeinsam versuchen.« Das ist doch das ganze Evangelium! Wenn auch nur zwei oder drei Menschen dies miteinander versuchen, dann ist Christus gegenwärtig. Das ist Kirche.

Die Kirche darf nicht länger eine Institution mit einem unfehlbaren Lehranspruch bleiben. Im Grunde mutet sie den Menschen ja fundamentalistische und fast abergläubische Kommentare zur Bibel zu. Das geht nicht länger gut. Denn die Leute begreifen, dass die Zerstörung der Freiheit zu denken und die Zerstörung der Freiheit zu fühlen, dass dieser Aberglaube und diese Triebunterdrückung eine bloße Einheit zum kirchlichen Machtgewinn bilden. Das ganze System muss sich ändern.

Wir haben in den letzten fünfzehn Jahren in Deutschland fünfzig Prozent der Sonntagsbesucher in den Kirchen verloren. Da mir diese Entwicklung schon als jungem Priester in die Augen fiel, sagte ich mir: »Ich versuche jetzt, eine Sprache zu reden, welche die Leute draußen verstehen, auch die achtzig Prozent, die von der Kirche verschreckt sind und auch die Jugendlichen, die mit den Eltern nicht mehr zurechtkommen.« In den Neuen Bundesländern verstehen sich jetzt über neunzig Prozent der Leute als atheistisch. Sie interessieren sich nicht für die Kirche. Aber sie möchten wissen: »Welche Antworten gibt es gegen die Verzweiflung? Und welche Antwort auf die zerbrechende Ehe?« Bei vier Millionen Arbeitslosen steht ihre Frage im Mittelpunkt: »Wie komme ich über den morgigen Tag hinaus? Wie kann es eine Zukunft für mich geben?« Ich vermeide zumeist, direkt von Gott zu reden. Aber in den Feldern, wo menschliche Gefühle wahr werden, lebt jene kleine Pflanze Hoffnung, die Gott gesät hat. Davon bin ich überzeugt.

Gaillot: Es ist eine dringliche und wunderbare Aufgabe, in der Sprache der Moderne zu reden, nahe an dem, was gelebt und was gesucht wird, mit der ganzen Leidenschaft, die Jesus für den Menschen in sich hatte. Die Erfahrung hat mir gezeigt, dass es schwerer ist, an den Menschen zu glauben als an Gott. Sie hat mir aber auch gezeigt, dass beides zusammengehört. Wie kann man an Gott glauben, wenn man nicht an den Menschen glaubt? Jesus war erfüllt von dieser Leidenschaft zum Menschen und von dieser Leidenschaft zu Gott. Jetzt ist es an uns, dieser Leidenschaft eine Sprache zu geben, die alle verstehen! An Ihrer Art des Redens, Eugen Drewermann, gefällt mir, dass Sie nicht nur das Alte wiederkäuen und dabei Vorschriften machen, wie das die Kirche ständig praktiziert – und dabei von den Leuten nicht einmal verstanden wird. Wenn man Ihnen zuhört, spitzt man die Ohren. Sie haben die Gabe, eine Botschaft zu verkünden, die hoffen macht. Und Sie können mit einer wunderbaren Zärtlichkeit erzählen, dass wir von Gott geliebt sind.

Drewermann: Deshalb ist es für mich schon lange unerheblich, was die Leute über mich denken; ob sie meinen, ich sei ein Priester oder ein abgefallener Priester, ob sie mich für einen Verführer oder für einen Propheten halten. Ich habe ein bestimmtes Bild vor mir. Ich sehe, dass Jesus im Neuen Testament nie in der offiziellen Beamtensprache redet. Ich sehe, wie sicher er in seiner Unmittelbarkeit zu Gott auftritt, die er uns allen schenken möchte. Und dann findet er Worte, die so dichterisch tief sind, dass es die Seele der Menschen berührt und sie von den Ängsten erlöst, die ihre Körper und ihr ganzes Leben bis zum Krankheitswert verwüsten können.

Diese Einheit, mit der er von Gott als Dichter so redet, dass seine Worte zu heilen vermögen, diese Einheit von Poesie und Therapie, sollte unser Vorbild sein. Das wäre für mich der Inbegriff des Priesterlichen. Dies sollten wir tun, und die Kirche dürfte uns nicht länger daran hindern. Wenn sie findet, es nütze ihr, ist es gut; wenn sie findet, es schädige sie, ist es schade – für die Kirche.

Gaillot: Ja, es ist notwendig, dieses heilende Wort zu befreien und das Evangelium aufzuschließen. Es liegt allzu oft begraben. Das Wort Gottes enthält eine Sprengkraft zur Befreiung, von der wir zumeist keine Ahnung haben.

Leconte: Lassen Sie uns träumen! Ich finde es großartig, welche Wahrheit zwischen Ihnen aufkommt. Tausende, ja Hunderttausende, hören Ihnen heute Abend zu, Christen und zweifellos auch Mitglieder der katholischen Hierarchie. Was werden sie sagen?

Gaillot: Doch wohl Gutes, hoffe ich! Jetzt ist die Gelegenheit da, miteinander zu sprechen, sich zuzuhören und es zu lernen, sich gegenseitig zu achten. Wenn niemand mehr vor niemandem Angst hat, wenn die Zeit der Verdächtigungen und der Verurteilungen vorbei ist, dann wird alles möglich: Die Türen werden sich öffnen, und der Dialog beginnt. Dann wird die Kirche zu einem Raum der Freiheit und der Toleranz.

Leconte: Und Ihr Traum, Eugen Drewermann?

Drewermann: Es ist klar: Für die Kirche von heute ist die Sprache zu einer Propagandaangelegenheit geworden. Sie glaubt, sie könne dieselben Phrasen weiter dreschen wie im Mittelalter, wenn sie diese nur über Satellit, europa- und weltweit zu verkünden vermöchte. In Wirklichkeit ist die Sprache jedoch ein Ausdruck des Lebens. Man kann nur so sprechen, wie es die eigene Lebensform erlaubt. Und das finde ich wunderbar bei Ihnen, Jacques Gaillot: Sie reden nicht nur freimütig. Sie sind frei. Und Sie reden, wie Sie sind. Das wünsche ich sehr, das wäre ehrlich mein Traum: Ein einziger Bischof in Deutschland wie Sie, und schon kommt alles in Bewegung.

Leconte: Sie sprachen beide vom Inneren und vom Äußeren. Wenn man Ihnen zuhört, hat man zu Ende dieses Gesprächs den Eindruck, dass Sie, Jacques Gaillot, und vielleicht noch mehr Sie, Eugen Drewermann, – und Sie gehen mit der Kirche hart ins Gericht –, dass Sie sich mehr an die Menschen außerhalb der Kirche und weniger an die Menschen innerhalb der Kirche wenden. Ist das so?

Gaillot: Wenn es stimmt, umso besser! Das Evangelium ist vor allem den Leuten draußen verkündet worden.

Drewermann: Ja, es stimmt. Fragen Sie bitte das Neue Testament! Was Jesus getan hat, war doch nicht, dass er den Theologen seiner Zeit auf die Sprünge geholfen hat. Er hat sie als hinderlich auf dem Wege zu Gott betrachtet. Das Einzige, was er getan hat, war, den lauter armen Teufeln zu begegnen, die dringend der Botschaft der Vergebung bedürfen, ohne dass sie Vorleistungen erbringen müssen. Er hat sie gesehen wie Schafe ohne Hirten. Und er hat ganz deutlich gesagt: »Die Kranken brauchen den Arzt. Nur deswegen bin ich gekommen.« Die Leute, die jene Fragen überhaupt nicht in sich spüren, die über Verzweiflung oder Gesundheit entscheiden, die brauchen auch keine Rede von Erlösung. Sie brauchen Jesus nicht. Sie begnügen sich mit den zehn Geboten. Oder soll ich sagen: mit dem

Bürgerlichen Gesetzbuch!? Die ganze Aufregung der Religion geht an ihnen vorbei. Sie zahlen ihre Steuern und werden beerdigt. Sie haben gelebt, wie man muss! Nur: An Persönlichkeit, an Kreativität, an großer Entfaltung der Person und an wirklicher Genialität der Existenz ist bei ihnen nie etwas vorhanden gewesen. Und dagegen müssten wir im Namen der Religion dem Menschen heute eine Chance geben: Sich zu finden in der Massenkultur! Wir müssten das, was im Alten Testament einmal ein Tempel war, eine Asylstätte für jeden, wo ein verfolgter Mensch von niemandem mehr erreicht werden konnte, im Namen Jesu wieder einrichten.

Es wären Stellen, an denen die Menschen die erste Frage an sie als Menschen wieder vernehmen könnten: »Wer bist du selber? Was hat man aus dir gemacht? Was sind die Wünsche in der Tiefe deiner Seele?«

Aber nicht: »Was können wir mit dir machen? Wie können wir dich weiter einsetzen, um bestimmte Parteien zu vermehren oder um Geldressourcen zu gewinnen? Wie können wir dich manipulieren, damit du uns nützlich wirst?«

Das alles waren nie die Fragen Jesu.

Leconte: Das war Ihr Schlußwort, Eugen Drewermann. Und Ihr Schlußwort, Jacques Gaillot? Was bedeutet es für Sie, heute Abend hier gesehen und gehört worden zu sein?

Gaillot: Die Kirche ist nicht für sich selbst geschaffen. Wir dürfen selbstlos in den Dienst des Menschen treten. Das ist der wesentliche Kampf. Ich bin glücklich, dass Jesus gekommen ist, um den Menschen zu sich selbst zu bringen, zu seiner Wahrheit, zu seiner Freiheit, zu seinem Vertrauen. Er hat uns gezeigt, dass wir von Gott unbändig geliebt werden.

2. Die kirchliche Zensur des Gesprächs

Es war reiner Zufall, dass das Datum dieser Sendung mit dem Termin der französischen Bischofskonferenz vom Frühjahr 1994 zusammenfiel. Das von »ARTE« ausgestrahlte Gespräch war schon einige Wochen früher anlässlich eines Vortrags von Eugen Drewermann in Straßburg aufgenommen worden. Jacques Gaillot sah es sich denn auch nach den Sitzungen des Tages zusammen mit einigen Bischofskollegen an; sie machten keinerlei Einwendungen. Die Bischofskonferenz stand ja immerhin unter dem Titel: »Solidarität«! Und dies nicht in Lourdes, sondern mitten in Paris. Zum ersten Mal suchten die Bischöfe durch die Form und durch den Inhalt ihrer Zusammenkunft aus der Isolation auszubrechen, die ihre üblichen Jahrestagungen in Lourdes jahrzehntelang geprägt hatte. Eine Gruppe der Bischöfe diskutierte die brennenden Themen der sozialen Solidarität, welche die französische Kirche mit den Arbeitslosen und Flüchtlingen, mit den Strafgefangenen und Prostituierten, mit den AIDS-Kranken und den Behinderten, den benachteiligten Alten und den gedrückten Kleinbauern verbinden sollte. Eine andere Gruppe stellte sich den Problemen, die Priester untereinander haben. Beinahe schien es, als ob die Stimme von Jacques Gaillot das Kollegium erreicht hätte. Im Anschluss an die Tagung versuchten die Bischöfe sogar als Einzelne in verschiedenen Ecken von Paris mit den von der Gesellschaft Ausgeschlossenen ins Gespräch zu kommen...

Doch genau an diesem Abend des 12. April 1994 zerbrach die Solidarität der Bischöfe selber. Das Gespräch in »ARTE« war der Skandal. Wie konnte sich ihr Mitbruder Jacques Gaillot ausgerechnet mit einem von der Kirchenleitung Ausgeschlossenen in der Öffentlichkeit sehen lassen! Es ging doch um die Solidarität aller Bischöfe mit den von der Gesellschaft Ausgeschlossenen! Die Solidarität mit einem von der Kirche Ausgeschlossenen wurde als »Provokation« empfunden.[63] Und Provokationen führen bekanntlich nicht zur Analyse dessen, was der Unruhestifter aufzeigt: Sie führen zur Ausgrenzung des Störenfrieds. Die Gelegenheit dazu bot die

Machart der Sendung selbst, die in den zwei Teilen vor dem Gespräch, nicht ohne reißerische Zuspitzungen von Daniel Leconte, zwei Reizthemen für konservativ Glaubende angerissen hatten. Bischof Gaillot, dessen Interviews im Herrenmagazin »Lui«, in der Zeitschrift der Pariser Homosexuellen »Gay Pied« und in populären Sendungen wie »Frou-Frou« für prüde Laien und Bischöfe moralische Skandale waren, bedauert, dass auch die Sendung mit Eugen Drewermann zum Objekt solcher bigotter Kritik werden konnte: »Schließlich glaube ich, dass die Vorwürfe, die wegen meines Dialogs mit Eugen Drewermann auf ARTE gemacht wurden, mit diesen Geschichten um den Sex zusammenhängen. In der Sendung ›Transit‹ wurden an diesem Abend drei Sequenzen nebeneinander gestellt: die verheirateten Priester, die homosexuellen Priester und mein Dialog mit Drewermann. Die drei Reportagen waren unabhängig voneinander, doch viele in der Kirche – allen voran die Bischöfe selbst – machten daraus einen einzigen Mischmasch. Da Drewermann und ich auf diese zweideutigen Reportagen nicht eingingen, hieß es, wir würden sie akzeptieren. Das Nicht-Gesagte wog schwer.«[64]

Zwei Tage nach dem Gespräch mit Eugen Drewermann erhielt Bischof Gaillot vom Vorsitzenden der französischen Bischofskonferenz, Erzbischof Joseph Duval, eine interne Abmahnung, die im Ton der Freundschaft scharfe Drohungen formulierte. Die um die Kirche Frankreichs sehr besorgte Hierarchie war nun nicht länger um ihre Solidarität mit Jacques Gaillot bemüht und sorgte für die Veröffentlichung ihrer Drohbotschaft. Schon zehn Tage später zeigte sich, dass einzelne Bischöfe – ohne Jacques Gaillots Antwort auch nur abzuwarten – sich zu handeln bereits entschlossen hatten. Der Erzbischof von Straßburg, Charles Amarin Brand, war über die bloße technische Aufnahme des ARTE-Gesprächs in seiner eigenen Stadt so empört, dass er Jaques Gaillot kurzerhand jeden Auftritt in seiner Diözese untersagte. Als die Gruppe »Glaubende in Freiheit« aus der Diözese Metz ihrem Bischof Pierre Raffin mitteilte, sie hätten Jacques Gaillot eingeladen, erfuhren sie zu ihrem Entsetzen, dass ihr Oberhirte dem Bischof von Évreux kurzerhand untersagte, in seiner Diözese das Wort zu ergreifen...[65]

Da die beiden Schreiben nicht nur den Kommentar der französischen Hierarchie zum ARTE-Gespräch mit Eugen Drewermann dokumentieren, sondern auch ihr Solidaritätsverständnis, werden die beiden offiziösen Schreiben hier – in deutscher Übersetzung – vollständig wiedergegeben.

Dokument 2
Die Reaktion des Vorsitzenden der französischen Bischofskonferenz auf das ARTE-Gespräch

Der Erzbischof von Rouen

Rouen, 14. April 1994

Jacques,

Durch diesen Brief möchte ich dir helfen, dass du dir einige Fragen stellst.

Obwohl ich anerkennen muss, dass einige deiner Aktionen und öffentlichen Erklärungen – ohne damit dein Wirken als Bischof von Évreux beurteilen zu wollen – durchaus dem Evangelium entsprechen, bin ich gezwungen, dir mitzuteilen, dass dein Verhalten in den Medien immer unerträglicher wird. Dass deine Teilnahme in der Sendung von Frou-Frou für viele ein Skandal war, hat man dir schon deutlich zu verstehen gegeben.

Deine Teilnahme an der Sendung auf dem ARTE-Kanal am Abend des 12. April während der Vollversammlung hat erneut den ganzen Abstand deutlich gemacht, den du zwischen dir, dem Papst und den Bischöfen aufbaust.

Hast du in dieser Sendung ein einziges Mal die Forderungen des Evangeliums, das doch nicht nur eine Aufforderung zum Sich-wohl-Fühlen ist, ins Gedächtnis gerufen? Hast du ein einziges Mal deine Solidarität mit deiner Kirche, mit den anderen Bischöfen erwähnt? Nicht ein einziges Mal.

Du willst mit Eugen Drewermann im Dialog stehen. Ein Dialog setzt voraus, dass man sich gegenseitig in Wahrheit begegnet. Vielleicht kennst du Drewermanns Positionen gegenüber der Kirche, den Sakramenten... Hast du Drewermann zu sagen versucht, dass auch er seine Positionen in Frage stellen könnte? Nicht ein einziges Mal. Gibst du dir Rechenschaft darüber, dass du damit die Fernsehzuschauer täuschst? Vor aller Augen bist du mit Drewermann solidarisch. Wie aber zeigst du deine Solidarität mit uns, mit deinen bischöflichen Brüdern und dem Papst?

Bist du dir klar darüber, dass deine Position untragbar wird? Die Distanz, die du gegenüber deinen Brüdern im Episkopat herauskehrst, macht uns leiden und ist für viele Katholiken ein Skandal geworden. Es gibt Leute, die dir zustimmen, das ist wahr. Doch worauf willst du hinaus? Auf deinen persönlichen Erfolg oder auf die Einheit, die es herzustellen gilt?

Du hörst anderen zu, das ist wahr. Aber Bischof sein heißt auch, Zeuge Christi zu sein, der zur Bekehrung ruft und uns die Mittel schenkt, um sie zu verwirklichen.

Ich äußere mich schriftlich, um meinem Mahnruf eine feierlichere Form zu geben. Ich sag dir noch einmal: Jacques, du kannst den Weg, den du eingeschlagen hast, nicht mehr weitergehen. Hör auf damit, so viel Distanz zwischen dir und den anderen Bischöfen zu demonstrieren. Du hast einen anderen Dienst zu leisten; du hast ihn uns zu leisten.[66]

Ich sage dir meine Gemeinschaft im Gebet zu.

† J. Duval

Dokument 3

Jacques Gaillots Antwortschreiben an alle Bischöfe

Évêché d'Évreux, 26. April 1994

An alle Bischöfe

Cher Père,

Sie haben einen Brief von Joseph Duval an mich erhalten. Meine Teilnahme an zwei Fernsehsendungen warf Fragen auf. Ich möchte Sie gerne auf einige Punkte hinweisen.

1. Die drei aufeinander folgenden Teile der ARTE-Sendung waren voneinander unabhängig. Es war ausgemacht, dass sie sich nicht aufeinander beziehen würden; wir (Drewermann und ich) haben die zwei ersten Teile erst während der Aufnahme zu sehen bekommen. Es war deshalb unmöglich, auf sie einzugehen.

2. In meinem Gespräch mit Drewermann bemühte ich mich, diesem gequälten Menschen offen zu begegnen und das Positive seines Werkes herauszustellen, wie es der intellektuellen Redlichkeit und der Nächstenliebe entspricht. In den dreizehn Minuten war es nicht möglich, auch theologische Bedenken zu äußern, die man für notwendig halten mag.

3. Was die Sendung in Frou-Frou betrifft, muss ich (...) hinzufügen, dass es dabei drei Stunden Aufnahmen für eine Sendestunde gab, und dass ich für den Schnitt nicht zuständig war: Das erklärt mein Schweigen in bestimmten Szenen.

Mehrere unter Ihnen stellen sich grundlegender die Frage, was ich in solchen Sendungen zu suchen habe. Ich versuche schlicht, da präsent zu sein, wo niemand von uns anwesend ist. Indem ich damit einverstanden bin, von ihnen empfangen zu werden, wende ich mich an Leute, die wir ansonsten nie erreichen. Und darauf erhalte ich ein überwältigendes Echo.

Im Frieden von Ostern.

In Freundschaft,   *Jacques Gaillot*

Dokument 4
Die Reaktion des Erzbischofs von Straßburg auf die ARTE-Sendung

Der Erzbischof von Straßburg

25. April 1994

Père Gaillot,
mehrfach haben Sie mir mitteilen lassen, dass Sie ins Elsass kämen, obwohl in Wahrheit alles schon arrangiert und mit der Presse ausgemacht war.

Ihr letzter Aufenthalt in Straßburg war äußerst schmerzlich für das christliche Volk hier. Ich erhielt und erhalte noch immer viele Reaktionen, die den Unmut und Skandal von dem wiedergeben, was über ARTE gelaufen und in Straßburg aufgenommen worden ist. Viele unserer Priester fühlten sich gedemütigt und verletzt. Einige wenige freuten sich darüber.

Die Kirche hat schon genug Mühe, wirklich offen und in der Welt präsent zu sein, ohne sich dieser Welt vollständig anzugleichen oder sich von ihr vereinnahmen zu lassen. Durch dieses Schreiben fordere ich Sie dazu auf, in der Diözese Straßburg – die bekanntlich die beiden Rhein-Departemente umfasst – nicht mehr aufzutreten. Täten Sie es dennoch, müsste ich dies als eine Provokation betrachten, so dass ich mich gezwungen sähe, meine abweichende Meinung und meine Entrüstung öffentlich bekannt zu machen. Kommen Sie mir nicht mit der kirchlichen Gemeinschaft und mit der bischöflichen Brüderlichkeit. Beide sind bereits grausam verletzt. Doch durch wen?

Empfangen Sie, Père Gaillot, den Ausdruck meiner Bekümmerung, aber auch meiner Einheit in unserem einzigen und gemeinsamen Herrn.

Charles Amarin Brand
Erzbischof von Straßburg

Die Schreiben von Erzbischof Joseph Duval und von Bischof Jacques Gaillot wurden Mitte Mai 1994 in der Zeitschrift »Golias« öffentlich bekannt gemacht. Erzbischof Duval hielt es, wie er seinem Amtsbruder persönlich mitteilte, inzwischen für möglich, dass Rom ihn entlassen würde, was rückblickend zeigt, dass er von den Maßnahmen des Vatikans schon damals informiert war. Bischof Gaillot suchte deshalb den Nuntius auf, um ihn zu fragen, ob es notwendig sei, zu einem klärenden Gespräch nach Rom zu fahren. Die Antwort war eisig: »Nein, das scheint mir nicht notwendig. Aber ich glaube, dass es besser wäre, wenn Sie nicht mehr in den Medien sprechen würden. Schreiben Sie mir einen Brief, in welchem Sie sich darauf verpflichten, an Rundfunk- und Fernsehsendungen nicht mehr teilzunehmen. Machen Sie nichts mehr in den Medien. Schweigen Sie!«[67]

Einen Augenblick zögerte Jacques Gaillot damals, ob er zurücktreten sollte: »Ein Bischof ist dazu da, um zu reden, um anderen voranzugehen. Wenn ich nun wirklich nicht mehr sprechen kann, mich nicht mehr ausdrücken darf, dann wäre es besser, zurückzutreten.«[68] Es waren Insassen des Gefängnisses von Évreux, die ihm Klarheit verschafften: »Moslems, die vom Sport kamen, eilten ganz außer Atem zu mir und sagten: › Wir hören, was jetzt geschieht, wir wissen, dass sie im Dreck stecken. Doch sie müssen bleiben, wir brauchen sie. Man darf nicht weichen. Was sie machen, ist wichtig.‹ «[69] Auch die Verleihung des Preises »Freiheit in der Kirche« durch die Herbert-Haag-Stiftung zu Ende dieses bedrückenden Monats gab ihm neuen Mut, seine bischöfliche Verpflichtung zum öffentlichen Gespräch mit allen Mitgliedern der Gesellschaft fortzuführen. Und dann trat das Unerwartete ein. Als ob die französische Öffentlichkeit schon geahnt hätte, was das Schreiben von Mgr. Duval für die Zukunft bedeuten würde, erhielt Jacques Gaillot über 40.000 Briefe aus allen Schichten der Bevölkerung: »Ja, wahrhaftig. Diese unerwartete Welle von solidarischen Briefen hat mich gestärkt... Was für eine Summe von menschlichen Erfahrungen!«[70]

Elisabeth Coquart und Philippe Huet haben die Briefe veröffentlicht.[71] Was Statistiken über den Kirchenschwund und über die allgemeine Kir-

chenkritik aussagen, verblasst vor der Fülle des Leidens, des Zorns und der Enttäuschung in den konkreten Lebenserfahrungen mit der autoritären Kirche. Ob eine achtjährige Schülerin oder eine pensionierte Lehrerin, ob ein achtzigjähriger Bauer mit acht Kindern oder eine alte kampferprobte Atheistin Bischof Gaillot versichern, dass er nicht allein sei, immer klingt trotz aller Empörung über das kirchliche »Schweigen Sie!« die unentwegte Hoffnung durch, dass die Stimme des Evangeliums nun erst recht öffentlich laut werden könne. Die demütigende Abkanzelung von Bischof Gaillot hat genau das bewirkt, was sie verhindern wollte. Sie hat bewusst gemacht, dass die moderne Meinungsfreiheit von der autoritären Kirche unterdrückt wird und von den Glaubenden selbst in aller Freiheit wahrgenommen werden kann. Denn in der Form des Briefes kommt das »Ich« zur Sprache, das im System nicht aufgeht: Das Individuum triumphiert im Konflikt über das System. »Jetzt«, kommentierte Jacques Gaillot, »ist das Problem der Meinungsfreiheit in der Kirche gestellt. Jetzt stellt sich die Frage, wie Kirche heute gelebt werden soll.«[72]

Der Grund, warum dieser innerkirchliche Konflikt in einem modernen demokratischen Staat eine solche Öffentlichkeit beansprucht, liegt darin, dass er exemplarisch deutlich macht, wie der moderne Mensch in seinem Wunsch nach Selbstwerdung und eigenständiger Würde von der Gewalt des ökonomischen Systems und von der davon abhängigen Politik, die vom sozialen Schicksal des Einzelnen absieht, sich zutiefst verletzt fühlt. Paradoxerweise wird in einer solchen Situation die Kirche geradezu zum Hoffnungsträger für eine Vergemeinschaftung, in welcher die Individuen ihre Würde zurückerhalten und die vom System Ausgeschlossenen ihre Stimme wiederfinden können. Genau dies hat Bischof Jacques Gaillot als den Sinn des Evangeliums in der modernen Gesellschaft erkannt: »In der Kirche ist eine öffentliche Meinung entstanden... Durch euch zeigt sich, was Kirche ist...: eine Kirche der Freiheit, in der man sich ohne gegenseitige Verurteilung offen austauschen kann, eine Kirche des Wagemuts, in welcher die Dynamik des Evangeliums gelebt werden kann.«[73] Jacques Gaillot wusste genau, dass es weniger um die innerkirchlichen Dauerkonflikte wie Zölibat, Pille, Kondom oder Scheidungsverbot ging, sondern um die

gesellschaftlich zentrale Frage nach der Gerechtigkeit für die vom wirt-
schaftlichen Imperialismus Ausgeschlossenen. Die Zustimmung zu seiner
medienwirksamen Intervention galt primär seiner heftigen Polemik gegen
die neuen Ausländergesetze, gegen die »Gesetze von Herrn Pasqua«[74] und
für ein humanes Asylrecht. Die Bevölkerung begriff sofort, dass mit der
innerkirchlichen Zensur die gesellschaftspolitisch entscheidende Frage nach
den von der Gesellschaft Ausgeschlossenen, den Arbeitslosen, den abgescho-
benen Alten, den Flüchtlingen und Diskriminierten aller Art gestellt war.
So machte der Konflikt offenbar, was die Gesellschaft von der Kirche in
der modernen Gesellschaft erwartet. Die Erwartung aber kann nur erfüllt
werden, wenn in der Kirche die moderne Meinungsfreiheit endlich Raum
gewinnt. Darum ging der Konflikt.

Die Antwort des Vatikans war brutal. Papst Johannes Paul II. sind
die Prinzipien der kirchlichen Ordnung wichtiger als die Menschen in
der Kirche. Er glaubt, dass die Kirche die Lösung der gesellschaftlichen
Fragen ohne die Beteiligung der Betroffenen selber schon besitzt: mit ihrer
prinzipiellen Moral. Deshalb fordert er Gehorsam und nicht Diskussion.
Unter dem Vorwand, dass Bischof Gaillot selber um ein Gespräch im
Vatikan ersucht habe, teilte ihm der Nuntius kurzfristig mit, dass er
Anfang Januar 1995 unverzüglich vor dem Kurienkardinal Gantin zu
erscheinen habe. Ein Thema wurde nicht genannt.[75] So traf Bischof
Gaillot, nachdem er seinen Freund Aristide, den Präsidenten von Haiti,
besucht hatte, um ihm im Kampf gegen die Armut beizustehen, am 11.
Januar 1995 ahnungslos in Rom ein. Am Nachmittag besuchte er einen
der bestens informierten Kardinäle, Roger Etchegaray, der ihm nur mit-
teilte, er möge vor seinem Besuch in Bagdad den Verantwortlichen im
Staatssekretariat des Vatikans informieren. Sonst wisse er von nichts. Aber
als er am nächsten Morgen Punkt 9.00 Uhr in seinem schlichten Pullover
im Prachtbüro des Vorsitzenden der Kongregation für die Bischöfe er-
schien, stand er drei farbig uniformierten Würdenträgern gegenüber.
Gnadenlos und ohne jede Möglichkeit für Rückfragen oder gar Verteidi-
gung wurden Bischof Gaillot alle Warnungen, alle Drohungen und alle
offiziellen Mahnungen vorgehalten, die ihn seit 1987 zum Schweigen

bringen sollten. Seine Schuld? Dass er den Repressionen nicht nachgegeben habe. Die Anklage? Er singe nicht im Chor, wie ihm der Papst geraten habe. Jacques Gaillots Protest, der Papst habe ihm 1992 maliziös gesagt, er möge nicht nur »extra chorum«, nicht nur außerhalb des Chores singen, sondern auch »in choro«, half nichts. Es gebe sehr viele Anzeigen gegen ihn. Welche es seien, wurde nicht bekannt gegeben. Er trete in anderen Diözesen auf, ohne die Ortsbischöfe zu benachrichtigen. In welchen, wurde nicht gesagt. Die französischen Bischöfe würden ihn nicht mehr unterstützen. Welche und weshalb, wurde nicht gesagt. Seine Teilnahme an der Sendung »Frou-Frou« sei unerträglich. Weshalb und was er darin verbrochen habe, wurde nicht gefragt. Kurz: »Zu viel ist zu viel«. Das war die Anklage, die ganze Untersuchung, die Beratung und das Urteil:

»Es ist beschlossen, dass Ihnen Morgen ihre Aufgabe als Bischof von Évreux entzogen wird. Am Mittag..., wenn Sie ihre Demission unterzeichnen, wird ihnen der Titel eines emeritierten Bischofs von Évreux verliehen. Wenn Sie nicht unterzeichnen, werden Sie versetzt. Tragen Sie all dies im Gebet.«[76]

Bischof Gaillot konnte nur noch sagen, dass er nicht demissioniere. Damit war der Prozess abgeschlossen. Am nächsten Tag wurde vom Vatikan bekannt gegeben, Bischof Jacques Gaillot sei versetzt und zum Titularbischof von Partenia ernannt worden. Nach der Raffinesse des vatikanischen Rechts war er nicht bestraft, sondern nur versetzt worden.[77] Der Papst hatte die offenkundige Rechtsbeugung, die Jacques Gaillot nicht einmal die Prozessrechte zugestand, wie sie sogar in Hexenprozessen vorgeschrieben waren, selbst kaschiert. Die autoritäre Bestrafung wurde als Versetzung ausgegeben. Jacques Gaillot hat in der Folge aus dieser Lüge eine Wahrheit gemacht, weil er seine Versetzung in die Wüste der Welt radikal ernst nahm und deshalb heute zum Bischof der weltweit Ausgeschlossenen geworden ist. Die Versetzung hat ihn nicht zum Schweigen gebracht. Und dafür beruft er sich auf die Maxime der Alten Kirche: »Was alle betrifft, muss von allen diskutiert werden.«[78]

Dokument 5
Mitteilung des Heiligen Stuhls bezüglich Seiner Exzellenz,
Bischof Jacques Gaillot vom 13. Januar 1995

Die Bischofskonferenz von Frankreich
Generalsekretariat

Paris, 13. Januar 1995

1. S. Exz., Mgr. Jacques Gaillot, Bischof von Évreux seit dem 20. Juni 1982, hat im Verlauf der letzten zehn Jahre die Ratschläge und Beobachtungen, die seine bischöfliche Amtsführung in der lehrhaften und seelsorgerlichen Gemeinschaft mit der Kirche betreffen, niemals beachtet.

2. Der Kardinalpräfekt der Kongregation der Bischöfe hat sich dreimal, in Nancy 1987 und in Rom 1992 sowie 1995, mit ihm unterhalten, um ihm die Fragen, die Unruhen und die negativen Reaktionen, die sein Verhalten, seine Stellungnahmen und seine häufigen Reisen außerhalb der Diözese überall hervorrufen, bekannt zu geben.

3. Anlässlich des »ad limina« Besuchs hat der Heilige Vater es nicht unterlassen, eine ernsthafte Mahnung an ihn zu richten, nicht mehr außerhalb der kirchlichen Gemeinschaft zu handeln.

4. In ihrer Eigenschaft als Vorsitzende der französischen Bischofskonferenz haben nacheinander im Jahr 1989 Kardinal Albert Decourtray und im Jahr 1994 S. Exz. Mgr. Joseph Duval Mgr. Gaillot an seine Verpflichtungen als Bischof der katholischen Kirche erinnert. In einer gemeinsamen Erklärung mit Kardinal Decourtray vom 15. Februar 1989 hat sich Mgr. Gaillot selbst zu gewissen Punkten verpflichtet, die den Glauben, das Lehramt des Heiligen Vaters und die kanonische Disziplin betreffen.

5. Leider hat sich der Prälat als nicht geeignet erwiesen, das Amt der Einheit auszuüben, welches die erste Verpflichtung eines Bischofs ausmacht.

III
Der Dialog
der Ausgeschlossenen

Dem Erzbischof von Paderborn, Johannes Joachim Degenhardt, steht von Amtes wegen die Vollmacht über die »Theologische Fakultät Paderborn« zu, also über das bischöfliche Priesterseminar, das mit päpstlichem und staatlich anerkanntem Fakultätsrecht ausgestattet ist. An dieser kirchlichen Fakultät hat Eugen Drewermann mit »summa cum laude« promoviert, und an dieser Fakultät wurde er 1977 aufgrund seines inzwischen weltweit bekannten dreibändigen Grundlagenwerks »Die Strukturen des Bösen« auch habilitiert; damit hatte er sich die Befähigung verschafft, zum Hochschullehrer berufen zu werden. Es war Erzbischof Johannes Joachim Degenhardt, der Eugen Drewermann noch im selben Jahr mit der Erteilung der »venia legendi« an der Theologischen Fakultät Paderborn zum Lehren als Privatdozent verpflichtete. Vierzehn Jahre später, am 7. Oktober 1991, entzog er ihm nach einem – kirchenrechtlich und rechtsstaatlich gesehen – völlig willkürlichen Prozess das Recht, an der kirchlichen Fakultät von Paderborn zu lehren. Der Bischof duldete nicht länger, dass Eugen Drewermann Gottes Menschlichkeit auf ganz realistische Weise auch in der Kirche gelebt wissen wollte. Nach dem üblichen Verfahren bedeutet sein Verdikt gleichzeitig, dass Eugen Drewermann an keiner Universität mehr Theologie wird dozieren können, da sich der Vatikan durch die staatlichen Konkordate ein Vetorecht gegen die Ernennung von Theologen und Theologinnen vorbehält, die der römischen Hierarchie nicht genehm sind.

Heribert Mühlen, der als Charismatiker bekannt gewordene Doktor-
vater von Eugen Drewermann, zollte seinem Bischof wegen der Entlassung
seines Schülers unverzüglich Beifall. Und so nicht anders alle die anderen
Kollegen von der Theologischen Fakultät Paderborn, obwohl deren Rektor,
Hubertus Drobner, noch vier Tage vor der Amtsenthebung öffentlich
erklärt hatte, er kenne den Kollegen Eugen Drewermann weder persönlich
noch aus seinen Schriften. Die bürokratische Ergebenheit von »Theologen«
und die eidlich beschworene Gehorsamspflicht des Bischofs gegenüber
römischen Weisungen hatte über den Sachverstand und über die Pflicht
zur wissenschaftlichen Argumentation gesiegt. In dem Verfahren, das in
der Folge zu Drewermanns Suspension als Priester führte, hatte ihm der
Bischof selbst das kirchenrechtlich zwingend vorgeschriebene Anhörungs-
recht verweigert. Er durfte sich weder selber noch durch einen Anwalt
mündlich verteidigen, obwohl die Kirche dieses Recht in den Hexenpro-
zessen und in den früheren Inquisitionsverfahren noch gewahrt wissen
wollte. Vergleichbare Verfahren sind nur aus der Nazizeit und aus Pro-
zessen in der stalinistischen Sowjetunion bekannt.

Nur die staatliche Universität Paderborn folgte den kirchlichen Ver-
dikten von 1991 nicht und ermöglicht es Eugen Drewermann bis heute,
seine bekannten Vorlesungen – wenn auch unentgeltlich – in ihren Räu-
men zu halten. Eugen Drewermann hatte an dieser Universität im Fach
Katholische Theologie seit 1983 immer wieder Lehraufträge zur Ausbil-
dung von Religionslehrerinnen und Religionslehrern wahrgenommen. Die
Universität hielt ihm auch nach der kirchlichen Verurteilung die Treue,
obwohl Eugen Drewermann nach dem bischöflichen Verdikt nun offiziell
keine Studierenden im Fach »Katholische Religionslehre« mehr ausbilden
durfte. Ein breiter Kreis von Interessierten hört ihn seither »frei«, was nur
heißt, dass die Kirchenbehörde diese universitäre Veranstaltung nicht als
Bestandteil katholischer Theologie anerkennt. Im gegenwärtigen Streit um
die problematisch gewordene kirchliche Bindung des Religionsunterrichts
stellt diese absurde Situation einen ironischen Kommentar zu Artikel 5
des Grundgesetzes für die Bundesrepublik Deutschland dar: »Jeder hat
das Recht, seine Meinung in Wort, Schrift und Bild frei zu äußern und

zu verbreiten... Kunst und Wissenschaft, Forschung und Lehre sind frei.«
Zwar nehmen sich unzählige Pfarrer, Religionslehrerinnen und Religi-
onslehrer ihre bürgerliche Freiheit, Eugen Drewermanns Auslegungen der
Bibel, seine pertinenten Kommentare zu den sozialen Brennpunkten und
seine tiefenpsychologischen Analysen zum Stoff ihrer Verkündigung und
ihres Religionsunterrichts zu machen — an der Universität bei ihm zu
lernen und kritisch mit ihm zu diskutieren, bleibt von der Kirche jedoch
verboten.

Der ersten Verurteilung durch den Erzbischof folgte eine kirchliche
Strafe nach der anderen: Eugen Drewermann wurde zu Beginn des Jahres
1992 von seinem Bischof das Amt als Hilfskaplan und das Recht zu
predigen entzogen, wenig später auch die Befugnis, die Messe zu lesen,
und schließlich auch noch das Recht, Wortgottesdienste zu halten. Seine
Verkündigung findet seither jeden Samstag Abend außerhalb des Kirchen-
raums in einem Paderborner Gymnasium als »biblischer Vortrag« statt.
Da Eugen Drewermann nun als Priester all seiner Funktionen enthoben
ist und jedwede regelmäßigen Bezüge verloren hat, lebt er seither als
Schriftsteller, als kostenlos arbeitender Therapeut und als Vortragsreisen-
der.

Es ist wahr, dass die römisch-katholische Kirche die Vergebung aller
Schuld verkündet: Aber die Bischöfe wollen Eugen Drewermann nicht
verzeihen, dass er die Lebensform des Evangeliums zum Maßstab seiner
Kritik an der Struktur der römischen Kirche und an ihren real existie-
renden Zuständen genommen hat. Es ist auch wahr, dass die römisch-ka-
tholische Kirche die Liebe zu den Feinden fordert: Doch die Bischöfe
verweigern Eugen Drewermann bis heute jeden Dialog. In Deutschland
sind alle katholischen Akademien und Weiterbildungseinrichtungen von
Steuermitteln abhängig, die zwar von Glaubenden und Nichtglaubenden
bezahlt werden, über welche in letzter Instanz jedoch allein die Bischöfe
verfügen. Also hat es der deutsche Episkopat allen katholischen Bildungs-
trägern verboten, Eugen Drewermann ihre Räume für einen Dialog, für
die Verkündigung und für Vorträge zur Verfügung zu stellen.
Eugen Drewermann blieb bei seiner Zuversicht, mit Jacques Gaillot

einmal mehr ins Gespräch kommen zu können. Und er täuschte sich nicht. Trotz der Rüge, die Bischof Gaillot für das Fernsehgespräch in ARTE hatte einstecken müssen, lud er Eugen Drewermann kurzerhand zum freundschaftlichen Dialog in seine eigene Diözese ein. Das Datum: der 6. Februar 1995; der Ort: Évreux. Dazu kam es nicht mehr. Bischof Jacques Gaillot wurde am 13. Januar 1995 seines Amtes als Bischof von Évreux enthoben.

Nun lebt Jacques Gaillot als Bischof der Wüstenregion »Partenia« mitten in Paris, in einem kleinen Zimmer eines von Wohnungslosen besetzten Hauses in der »Rue du Dragon«. Eugen Drewermann kam nach Paris, und dort fand, hundert Meter von der behelfsmäßigen Wohnung Jacques Gaillots entfernt, in einem Büroraum des liberalen Verlages Desclée de Brouwer das folgende Gespräch statt. Auch das ein Symbol. Denn nachdem der Verlag Albin Michel an Stelle des katholischen Verlags Du Cerf Eugen Drewermanns »Kleriker« unter dem Titel »Die Gottesfunktionäre« mit großem Erfolg herausgebracht hatte, entschloss sich der Verlag Desclée de Brouwer, Eugen Drewermanns Grundlagenwerke, die dreibändigen »Strukturen des Bösen« und seinen zweibändigen Markuskommentar, herauszubringen. Da in Frankreich seit der Trennung von Staat und Kirche die theologischen Werke fast nur noch in isolierten Kirchenverlagen und in konfessionellen Buchhandlungen aufgelegt wurden, war und ist dies ein Ereignis. Der Ausbruch aus dem Getto von gesellschaftlicher Isolierung und kirchlicher Zensur gelang! Und so erfüllte sich der Wunsch von Eugen Drewermann und Jacques Gaillot dank der kirchlichen Verurteilungen fast wie von selbst: Das Gespräch über die Menschwerdung fand ohne jede öffentliche Vorzensur und ohne den Druck kirchenrechtlicher Vorbedingungen statt. Die hochgezogenen Mauern konnten fallen. Denn in »Partenia« gibt es keine Zensur und auch keine »Ausgeschlossenen«.

Für Jacques Gaillot kommt alles darauf an, dass weder Eugen Drewermann noch der Bischof, der ihn verurteilte, sich in der Kirche »ausgeschlossen« fühlen. Und am wenigsten er selbst, wie er ein Jahr später während einer Pressekonferenz in Paderborn erklären wird: »Glauben Sie nicht, dass ich mich als Ausgeschlossener in der Kirche fühle. Ich habe Arbeit, ich habe eine Wohnung, ich habe Papiere, ich habe einen Pass... Ich habe dem Erzbischof von Paderborn geschrieben, wie wichtig es wäre, im Dialog zu bleiben, gemeinsam zu sprechen und niemanden auszuschließen. Also ist es der Bischof von Paderborn, der es möglich gemacht hat, dass ich Herrn Drewermann kennen lernte.«[79] Die kirchlichen Strafmaßnahmen haben es Jacques Gaillot und Eugen Drewermann ermöglicht, die Radikalität der christlichen Existenz erst recht bewusst zu machen. Indem sie von der Hierarchie ihrer Ämter enthoben wurden, wurden sie zu den Zeugen einer wahrhaft »katholischen«, d.h. zu Deutsch »menschheitlichen«, Kirche. Die Millionen von Katholikinnen und Katholiken, die aufgrund moralischer oder lehrhafter Zensuren von Rom und seinen Bischöfen von der vollen Teilnahme am kirchlichen Leben ausgeschlossen sind – ich denke an alle, die ihre Homosexualität leben, sich nach der Scheidung wieder verheiratet haben, an einzelne Dogmen nicht glauben, den Zwang zur regelmäßigen Teilnahme an den Sakramenten ablehnen oder auch nur als Priester geheiratet haben –, all diese normalen Christenmenschen können zu Jacques Gaillot und zu Eugen Drewermann nach ihrer Absetzung nur sagen: »Wir begrüßen euch in der Kirche der Ausgeschlossenen«. Diese Kirche dürfte weltweit die weitaus größte Zahl der römisch-katholisch getauften Christenmenschen ausmachen. Nur deshalb habe ich dieses Gespräch nach der Absetzung Jacques Gaillots als Bischof seiner Diözese »das Gespräch der Ausgeschlossenen« genannt. Es trifft die paradoxe Situation von allen, die das Christentum als den Versuch verstehen, das wahrhaft Menschliche der jüdisch-christlichen Religion in der Moderne hervorzuheben – und deshalb von der Hierarchie mit dem Entzug kirchlicher Rechte bestraft werden. Die »Strafe« lässt die Amtskirche verarmen und die betroffenen Glaubenden ernsthafter nach dem Kern ihrer Menschlichkeit suchen.

Hier das Gespräch, das von Jean-Pierre Bagot eingeleitet wurde, vom priesterlichen Freund und Begleiter Jacques Gaillots und dem wichtigsten Übersetzer und Verteidiger Eugen Drewermanns in Frankreich:

Der Dialog von Partenia
29. März 1995

Jean-Pierre Bagot: Nun ist es endlich zu der Begegnung gekommen, die Sie beide so sehr gesucht haben. Ich freue mich darüber. Bis jetzt, Jacques, war es so: Kaum hast du versucht, die Türen zum Dialog aufzutun, stürzten andere herbei, um sie wieder zu schließen. So ging es dir auch in Deutschland. Und trotzdem war der Austausch, den ihr in ARTE begonnen habt, faszinierend. An diesem denkwürdigen Tag habt ihr euch über nichts anderes unterhalten als über Jesus. Ich weiß nicht, was ihr euch heute sagen wollt, aber ich weiß, dass ich von diesem Gespräch sehr viel erwarte.

Eugen Drewermann zu Jacques Gaillot: 1992 haben Sie mir eine kleine Karte zugesandt. Die wenigen Zeilen haben mir damals so viel Mut zurückgegeben, dass der innere Gesprächsfaden seither für mich geknüpft war. Etwas später haben Sie den Erzbischof von Paderborn darauf aufmerksam gemacht, dass er mit meiner Verurteilung der Kirche insgesamt Unrecht tue. Sie baten ihn, die Sanktionen zurückzunehmen, die er gegen mich bereits gefällt hatte. Damals hat man Ihnen geantwortet, Sie sollten sich um Ihre eigenen Angelegenheiten kümmern, und so nahmen die Dinge den Lauf, den sie nehmen sollten. Doch Sie sind der einzige Bischof geblieben, der mir auf diese Weise geschrieben hat. Und ich bekenne, dass ich eine Wallfahrt zu Fuß gemacht und alles darum gegeben hätte, wenn ich Priester in Ihrer Diözese Évreux hätte sein können.

Gaillot: Ich glaube in der Tat, dass man die Kirche Christi nicht auf Verwerfungen und nicht auf Ausgrenzungen bauen kann. Sie gründet immer im Gespräch, im gemeinsamen Suchen, in der Zusammenarbeit und in der Wende zur Zukunft. Nahe fühlte ich mich immer nur denen, die, von der Institution verworfen, am Rande der Straße leben. Deshalb habe ich mich an Sie gewandt. Ich wollte zeigen, dass es keineswegs unvorstellbar ist, das Wagnis einzugehen, eine Tür zu öffnen. Deshalb bin ich sehr glücklich, mich mit Ihnen zusammenzufinden. Wie sehr wünschte ich, dass wir an diesem Morgen und am Abend ein Gespräch von Brüdern anfangen könnten, von Brüdern, die sich wieder finden.

Was mich betrifft, so möchte ich Ihnen danken für die Zeugnisse der Freundschaft und der Solidarität, die Sie mir anlässlich meiner Absetzung haben zukommen lassen. Sie haben mir mehr Sympathie und Brüderlichkeit entgegengebracht als manche meiner Mitbrüder.

Drewermann: Danke schön, danke! Seit langem spüre ich, dass uns vieles miteinander verbindet, vor allem menschlich, aber auch als Priester und Seelsorger. Das schätze ich sehr.

Sie wissen ja, wie ich zu meiner Auffassung über den priesterlichen Dienst gekommen bin. Es war vor allem der Druck der Leute, die mit mir sprechen wollten. Sie hatten das Vertrauen, dass ich sie verstehen würde, egal, ob sie an Gott glauben oder nicht, ob sie mit der Kirche in Verbindung stehen oder nicht. Sie hatten die Hoffnung, dass ich ihre Gefühle, ihre Ängste und ihre Nöte verstehen würde. Anfänglich konnte ich dies viel zu wenig, und so habe ich den Weg zur Psychoanalyse gefunden. Wir haben beide ganz offensichtlich eine bestimmte Art, die Leute in ihrem Leiden wahrzunehmen, sei ihr Leiden nun psychisch oder sozial. Ihnen nahe zu sein, ist alles, was wir tun können. Ich nehme an, dass Sie so wenig wie ich geahnt haben, dass wir gerade damit der Kirche verdächtig oder sogar gefährlich werden könnten. Die Kirche Jesu Christi müsste eine Sammlung für die Menschen werden, die keine Chance haben. Ich denke, dass die Kirche in ihren Anfängen nichts anderes getan hat. Es wäre bitter nötig, dass sie es von neuem täte. Natürlich gibt es Leute, die sich für gut und für rechtgläubig halten; natürlich gibt es Leute, die alles schon zu wissen glauben, die mächtig sind und reich; und natürlich gibt es die Leute, die glauben, sie hätten die Macht erhalten, darüber bestimmen zu können, was wirkliche Menschen seien. Alle die anderen kommen unter die Räder. Und für diese anderen wollte Jesus da sein. Das ist unser Vorbild.

Gaillot: Ich habe mich sehr gewandelt. Das sehe ich schon, wenn ich auch nur ein bisschen meinen Lebensweg betrachte. Ich bin in der Kirche groß geworden, in einer traditionellen, klassischen Kirche, so wie ich sie in meiner Familie, in meinen Studien und im Priesterseminar kennen gelernt habe. Darin fühlte ich mich wohl. Es gab in mir keinen Aufstand gegen ihre Disziplin und gegen die kirchlichen Umgangsformen. Doch dann hat sich diese Kirche mit dem 2. Vatikanischen Konzil geöffnet. Und ich öffnete mich mit ihr. Ich ging weiter und weiter, weil mir nun zunehmend aufging, was die wirklichen Probleme der Leute und was die neuen Fragen sind. Langsam fand ich aus dem alten Gebäude heraus. Aber ich brauchte Zeit, um mich dieser Suche der Kirche zu öffnen.

Doch dann, fünfzehn Jahre später, begann sich die Kirche Schritt für Schritt wieder zu verschließen. Sie folgte von neuem dem Trend zur Abkapselung. Was mich betrifft, so blieb ich dem Ziel der Öffnung treu; ich fühlte mich getragen von den Impulsen des 2. Vatikanischen Konzils. Damals begannen die Schwierigkeiten. Offenbar begannen damals auch die Zweideutigkeiten.

Es waren die Begegnungen, es waren die Fremden, es waren die Fragen der Leute, die mich entdecken ließen, dass es auch eine Schule des Lebens gibt. Wenn man auch nur ein bisschen auf die menschliche Verzweiflung hört, so fängt man an, ein anderer zu werden. Ich habe mich tatsächlich stark verändert. Und so scheint mir, dass sich die Kirche heute dahin begeben muss, wo das Volk leidet. Die Kirche muss auf ihre Selbstbehauptung verzichten, sie besitze die Wahrheit und wisse alles im Vorhinein. Ich mag die Haltung, mit der Jesus der Samariterin begegnete. Er ist müde; er hat Durst: Das spielt er nicht vor, das macht er nicht absichtlich. Er bittet schlicht und einfach um

Wasser. Bevor er sich selbst als Quelle des Lebens anpreist, zeigt er, wie sehr er der anderen bedarf. Das Erste, was er tut, ist nicht, von Gott zu reden, sondern um Wasser zu bitten. Ich glaube, dass die erste Haltung, zu welcher die Kirche heute finden müsste, nicht darin liegt, immerzu und im Vorhinein »Gott« zu sagen, sondern endlich wahrzunehmen, dass sie selber die anderen nötig hat.

Drewermann: Ich kann gut begreifen, dass das 2. Vatikanische Konzil für Sie und für eine ganze Generation von Priestern sehr wichtig war. Obwohl es paradox erscheint, habe ich selber diese Zeit sehr anders erlebt. Denn das Konzil tagte zu einer Zeit, als ich bereits zuvor zwei wichtige Erfahrungen mit der offiziellen Kirche gemacht hatte.

Die erste Erfahrung: Ich war damals vierzehn, und man brachte mir in der Schule bei, dass die Bibel in allen Teilen historisch wahr berichtet und dass die Bibelkommission des Papstes die Richtlinien festgelegt hat, wie man sie richtig zu verstehen habe. Tatsächlich las ich damals jedoch auch Albert Schweitzer und Theologen, die aus der historisch-kritischen Schule kamen. Ich merkte, dass sich die Kirche auf Kriegsfuß mit den Forschungsergebnissen befindet, die in der liberalen Wissenschaft längst Allgemeingut waren. Für mich als Junge war das ein schockierendes Erlebnis: Ich begegnete einer Kirche, die verbietet, frei zu denken. Albert Schweitzer war damals in Deutschland eine große Persönlichkeit; man benannte Schulen nach ihm. Er galt als Genie der Menschlichkeit. Für mich war er ein ideales Vorbild, und ich glaubte einfach seiner Wahrhaftigkeit. Mein Denken stand plötzlich in einem Konflikt. Zudem erfuhr ich, dass man Albert Schweitzer von protestantischer Seite in Lambarene die größten Schwierigkeiten machte, als Prediger des Evangeliums tätig zu sein. Ich verstand zum ersten Mal, dass von Jesus zu sprechen nichts weiter heißen kann als die Armen zu suchen. Und das wollte ich für all mein Leben. Kein Dogma und keine Kirche sollten mich daran hindern: Das war mein erster, weithin tragender Traum von Menschlichkeit.

Die zweite Erfahrung: Drei Jahre später begann Deutschland mit der Zustimmung der katholischen Kirche unter Adenauer die Bundeswehr aufzubauen. Das war für mich ein wirklicher Schock. Der Papst und alle Bischöfe erklärten damals, dass kein Katholik das Recht habe, den Wehrdienst aus Gewissensgründen zu verweigern. Dies gelte obligatorisch und ausnahmslos. Kein einziger Moraltheologe durfte diesem Standpunkt widersprechen. Ich war ganze siebzehn Jahre alt, als ich mir sagte, dass ich mich für immer auf mein eigenes Gewissen berufen werde: Niemals werde ich es lernen, auf Befehl zu töten, niemals, egal, was passieren wird.

1963 kam das 2. Vatikanum auf diesen Punkt zurück und erklärte aus heiterem Himmel, es gebe ein Recht auf die Wehrdienstverweigerung. Für mich kam diese offizielle Erleuchtung sieben Jahre zu spät. Außerdem war die Tatsache, dass nun auch die katholischen Theologen und Bischöfe urplötzlich die Möglichkeit auf eine wirklich freie Gewissensentscheidung zulassen mussten, für mich weniger ein Beweis für ihre Öffnung zur Freiheit. Ihre plötzliche Wende erschien mir vielmehr als eine Offenbarung der Angst, die Menschen haben müssen, wenn sie wesentlich im Amt leben. Insofern habe ich es verlernt, für eine Entscheidung auf die Erlaubnis zu warten, sei es nun die des Staates oder die der Kirche. Ich vermute, dass es in Ihrem Leben eine ähnliche Erfahrung gibt: die Schlacht von Dien Bien Phu, der Krieg in Algerien, die nukleare Aufrüstung Frankreichs. Das alles wurde mitgetragen von der französischen Kirche in der »grande nation«, der großen Nation. Wie will man an der Seite Jesu Frieden finden, wenn man angesichts all dieser schrecklichen Leiden gleichzeitig zum Krieg ermutigt und die Aufrüstung gutheißt? Was könnte den Armen größeren Schaden zufügen? Die Elenden dieser Welt bräuchten etwas ganz anderes. Das ist für mich ein elementarer Widerspruch.

Und noch etwas, das mir sehr wichtig ist: die ökologische Option. Ich habe es nie verstanden, dass man Tiere quälen kann und dass man sie millionenfach töten darf. Die Kirche hält noch immer daran fest, dass die Menschen das Recht dazu hätten; der liebe Gott höchstpersönlich habe es ihnen erlaubt. Albert Schweitzer und Arthur Schopenhauer, die ich damals las, bestärkten mich in der Überzeugung, dass dies so einfach nicht sein kann.

Ja, ich habe früh gelernt, der Kirche zu misstrauen, wenn sie lehrt, was sicher ist – und so viel Leiden schafft.

Gaillot: Ich war nicht so frühreif wie Sie. Ich erlebte eine Kindheit ohne Geschichte, eine fromme Kindheit. Auch als Priester existierte ich ohne Geschichte. Ich habe mich erst sehr spät geöffnet. Die eigentlichen Fragen wurden mir erst durch schwerwiegende Ereignisse und durch schlimme Situationen bewusst: Algerien. Ich stand zwei Jahre im Krieg. Ich bin mit Blei in den Füßen eingerückt, aber ich glaubte dies tun zu müssen, einfach weil es um den Militärdienst ging. Ich hatte keine Ahnung, dass die Möglichkeit zu einer Verweigerung aus Gewissensgründen überhaupt existierte. Auf dieses Ereignis, auf den Krieg und auf all das, was mich dabei erwartete, war ich überhaupt nicht vorbereitet. Und so zog ich mit der Überzeugung los, dass Algerien französisch sei und deshalb auch französisch bleiben müsse – bloß, weil man mir es so gesagt hatte. Doch nach und nach wurde mir bewusst, wie unmöglich dies alles ist: Man hatte mich angelogen. Ja, die Gesellschaft und die Kirche haben mich betrogen. Denn es war unmöglich, dass die Algerier je zu Franzosen würden, weil die Gewalt die Franzosen von den Algeriern trennte. Ich begriff, dass durch Gewalt nichts zustande gebracht wird. Jede Tötung, jede Steigerung der Barbarei, jede Folterung vergrößert den Abgrund des Hasses innerhalb der Bevölkerung. Der Krieg löst nichts. Die Armeen zerstören. Und die Lösung? Ich hatte sie nicht, ich suchte. Nach dieser Erfahrung stellte sich mir die Frage nach einem anderen Weg zur Konfliktlösung. Der Weg der Gewaltlosigkeit drängte sich auf. Doch ich musste auf Martin Luther King und auf meine verspätete Lektüre von Gandhis Schriften warten, bis ich diesen Weg zu beschreiten wagte. Deshalb habe ich später gegen die Aufrüstung und gegen den Krieg Stellung bezogen. Und ich bedaure, dass es in Algerien keine

Stimme der Kirche gab, ausgenommen natürlich die Stimme des mutigen Erzbischofs von Alger, Mgr. Duval. Doch da, wo ich stationiert war, erreichte uns das Echo seiner Aufrufe nur in sehr abgeschwächter Form. Die Militärseelsorger gaben das, was er sagte, gar nicht erst weiter. So habe ich erst später davon erfahren.

Die Kirche hat seither auch andere Tragödien der Menschheit achtlos an sich vorübergehen lassen. Den Golfkrieg zum Beispiel. Ich bedauere sehr, dass sich die französischen Bischöfe zu keiner gemeinsamen und kritischen Stellungnahme gegen diesen Krieg bereit fanden, der niemals hätte stattfinden dürfen. Außerdem wird in der französischen Kirche nur wenig über das Problem der nuklearen Abrüstung nachgedacht.

Es war also der Algerienkrieg, der mich nach und nach mit der Wirklichkeit in Berührung brachte. Heute bin ich davon überzeugt, dass die Kirche der Gegenwart eine prophetische Größe zeigen muss: Sie muss aufhören, nur zu wiederholen, was die für ein Land verantwortlichen Politiker ohnehin schon sagen. Wie können wir glaubwürdig sein, wenn wir – in welchem Land auch immer – die Nuklearwaffen rechtfertigen? Ich begann, eindeutig Stellung für die Wehrdienstverweigerung aus Gewissensgründen zu beziehen. Ich bedauere immer noch, dass die Wehrdienstverweigerer bei uns eine doppelt so lange Zeit Zivildienst zu leisten haben wie die zum Militärdienst bereiten Männer. Doch wiederum: Die Kirche schweigt dazu. Und der Militärbischof ebenfalls.

Drewermann: Ich glaube, dass wir beide eines begriffen haben: Es ist unmöglich, erst auf die Erlaubnis oder auf die offizielle Unterstützung der Kirche zu warten, wenn es darauf ankommt, sich für die Not der Menschen vor Ort zu engagieren. Das gilt für das Elend jeder sozialen Schicht; es gilt für jede nationale, internationale und regionale Not; es gilt für das finanzielle und psychologische Unglück gleich welcher Art. Wir werden das, was Jesus wollte, einzig durch den Kommentar der Menschen begreifen, die leiden. Das, was ihnen fehlt, und das, was sie brauchen, zeigt uns, wie wir als Christen zu leben haben.

Das Thema des Golfkrieges hat mich sehr berührt; ich habe mich seit dem Beginn des Jahres 1991 ganz konkret gegen die Position der Kirche in diesem Krieg gewandt. So paradox es klingt: Damals hätten wir beide uns mit dem jetzigen Papst ganz gut verstanden. Hat er doch im Januar 1991 die Amerikaner ermahnt, zu verhandeln statt zu schießen. In Genf hatten die Iraker durchaus seriöse Vorschläge gemacht, doch sie fanden kein Gehör mehr. Gleichzeitig erklärten die deutschen Bischöfe jedoch ganz wörtlich, dass sie machtlos seien; sie könnten nichts tun, als »für den Frieden zu beten«! Ich erklärte damals in aller Offenheit, dass wir in solch heuchlerischer Weise Gott um nichts bitten dürfen. Wir sind überhaupt nicht schwach, wenn wir nur den Mund aufmachen. Wieso unterstützen wir Deutsche die Pläne der Amerikaner, wenn sie wegen Erdölquellen Hunderttausende von Menschen zu töten beabsichtigen?

Heute ist die Situation noch eigenartiger. Sie erinnern sich sicher daran, wie die Vereinigten Staaten zu Ende des Golfkrieges erklärten, dass die Kurden der lebendige Beweis für die Grausamkeit von Saddam Hussein seien. Dass er ein abscheulicher Diktator ist, stimmt ohne Zweifel. Doch auch die Amerikaner haben das Kurdenproblem nicht lösen wollen. So konnte man kürzlich der Tageszeitung entnehmen, dass Türken mit Hilfe deutscher Waffen kurdische Dörfer beschießen und dass amerikanische Flugzeuge dabei die Aufklärungsarbeit für die Angriffsziele leisten. Gleichzeitig haben wir einen deutschen Innenminister, der die Kurden zu Tausenden in die Türkei »abschiebt«. Ich kenne kein schlimmeres Wort im Deutschen als dieses: »Abschiebung« – oder »Ausschaffung«, wie die Schweizer sagen. Handelt es sich um »Fremde«, werden solche Wörter von den Politikern amtlich eingesetzt. Es sind vollkommen faschistoide Wörter. Und was tut unsere mutige römisch-katholische Kirche in Deutschland angesichts einer solchen Lage? Sie sagt, dass sie die Asylantengesetze bedaure, tut jedoch nichts, um in Schärfe zu protestieren. Sie tut vor allem nichts in jenem Bundesland, das so gut wie geschlossen katholisch ist, in Bayern. Das einzig beinahe exklusiv katholische Land der Bundesrepublik praktiziert das Programm der Ausländerfeindlichkeit am allerstrengsten, was durch Bayerns »Abschiebe«-Praktik belegt wird.

In diesen dramatischen Fragen ist es unmöglich, keine Stellung zu beziehen. Es gilt, im Namen der Menschen und im Namen Jesu Partei zu ergreifen. Auch die offizielle Kirche steht vor der Wahl: Will sie den menschlichen Weg unter die Füße nehmen oder will sie eine Mauer gegen die Humanität errichten?

Sie sind nicht mehr Bischof Ihrer Diözese. Und ich bin ein suspendierter Priester. Das ist gewissermaßen unsere Chance. Denn nun können wir uns frei bewegen und uns frei äußern – gerade in diesen zentralen Fragen. Jetzt ist es an uns, diese Freiheit zu nutzen, ohne unsere Energie weiterhin damit zu verschwenden, dem christlichen Volk die Welt nach den überlebten Positionen der Hierarchie verständlich zu machen. Nun stehen wir an der Seite der Menschen und können tun, was dran ist. Wie die Kirche damit zu Rande kommt, können wir ihr überlassen.

Gaillot: Ich war stets davon fasziniert, wie Jesus sein Leben gestaltet hat und wie frei er sich von den Institutionen und Strukturen gezeigt hat. Er ist der Mensch, der die sozialen, die liturgischen und die rituellen Schranken gesprengt hat. Mehr und mehr möchte ich mir diese Freiheit selber nehmen; auch mir ist längst klar geworden, dass ich aufhören muss, ständig um die Erlaubnis zu bitten, dies oder jenes tun zu dürfen. Der Augenblick kam, wo ich mir die Freiheit genommen habe.

Ich spreche aus Erfahrung, wenn ich sage, dass die Bibel nicht den Exegeten gehört und dass wir die Kraft des Wortes Gottes neu zu entdecken haben. Wie oft waren es die Kleinen, die Armen und die Fremden, die mir geholfen haben, Gottes Wort und Jesu Handeln zu verstehen. Ich wünschte sehr, dass die Christen, aber auch viele andere Leute, das wunderbare Evangelium der Befreiung wieder erkennen können.

Für lange Zeit wollte ich den Kampf innerhalb der Kirche führen, im Innern ihrer Institutionen. Aber ich musste erfahren, dass die Institution es nicht duldet, wenn man ihren Betrieb stört. Sie ist sehr nachsichtig gegenüber den persönlichen Schwierigkeiten, die man haben mag: »Für jede Sünde eine Barmherzigkeit«! Doch wenn man an der Institution rüttelt, dann hört das Verständnis auf. Als Bischof hatte ich nun jedoch genau dies im Sinn: Ich wollte im Herzen der Institution ein Mensch sein, der den amtlichen Betrieb zu verändern vermöchte. Das hat zu meinem Scheitern geführt. Denn ich wollte der Meinungsfreiheit Raum geben. Nicht nur für mich, sondern auch für die Männer und die Frauen in der Kirche. Sie sollten selbst das Wort ergreifen können, sie sollten über alles reden können, wozu sie Lust hatten. Diese Freiheit zum offenen Meinungsaustausch stellt den Glauben an Christus überhaupt nicht in Frage. Sie berührt auch nicht das Dogma als solches, sondern einzig und allein die Probleme der Gesellschaft. Ob es nun um die priesterliche Existenz von heute, um die Rüstung oder um die »Fremden« geht, all dies sind gesellschaftliche Probleme, die ohne Meinungsfreiheit nicht gelöst werden können. Und genau dies will die Kirche nicht zulassen. Die Institution, die sich nur an dem orientiert, was sie für die Leute für gut hält: Ihr galt mein Kampf. Und diesen Kampf werde ich fortsetzen.

Doch nun bin ich nicht mehr der Bischof einer Diözese, nun sitzen wir im selben Boot. Vielleicht verstärkt das jetzt unsere Brüderlichkeit. Da mich die Pflichten für eine Diözese nicht mehr zurückhalten, werde ich mit noch mehr Freiheit weiterreden. Ich denke, dass ich gerade so der Kirche einen Dienst erweisen werde: Würde sie sich dem Evangelium mehr und mehr öffnen, was könnte sie für eine wunderbare Botschaft verkünden! Die Entscheidung für die Enterbten und Benachteiligten ist doch nicht fakultativ. Die Kirche muss dahin gehen, wo sich heute das Schicksal des leidgeprüften Menschen entscheidet. So hat es Christus gehalten. Ihn zog es von vornherein zu den Leuten, deren Situation tragisch war. Selbstverständlich stellt dieser Weg Jesu den üblichen Kirchenbetrieb in Frage.

Drewermann: Ich bin vollkommen derselben Meinung. Meines Erachtens hat die Kirche schon sehr früh in ihrer Geschichte einen folgenschweren Fehler begangen. Es mag sein, dass dieser Irrtum kulturgeschichtlich damals unvermeidlich war, aber er hatte schwere Konsequenzen. Sehr früh schon hat man die liberale Art, in der Jesus sprach und mit den Leuten zusammenlebte, um ihnen Gott durch die persönliche Güte seines Umgangs nahe zu bringen, in ein Gedankengebäude und in eine starre Lehre verwandelt. Natürlich brauchte man dann eine Institution, die stark genug war, die Wahrheit dieser dogmatisch gewordenen Lehre aufrechtzuerhalten. Ein Schritt mehr, und schon brauchte man die unfehlbare Behörde des kirchlichen Lehramtes, um die Wahrheit nun auch noch amtlich beglaubigt unter die Leute zu bringen. Seitdem diese Fehlentwicklung eingesetzt hat, steht sich die Kirche zunehmend selbst im Wege. Heute haben wir keine andere Wahl mehr, als dem Beispiel Jesu wieder näher zu kommen.

Ich sehe, dass die Eltern heute ihre Kinder religiös nicht mehr in der Sprache der Kirche erziehen können. Selbst der Religionsunterricht, der in den deutschen Schulen obligatorisch ist, kommt mit den kirchlichen Begriffen nicht mehr zurecht. Wir werden eine Generation erleben, welche die Kirche nicht mehr kennt. Sie wird – was nun wirklich schlimm ist – auch so etwas wie Religion nicht mehr kennen lernen. Sie wird Jesus nicht mehr begegnen, weil er in der Kirchensprache nicht mehr lebt. Das ist der Grund, weshalb ich sehr früh versucht habe, eine Sprache zu finden, die auch außerhalb der Kirche verstehbar ist.

In den neuen Bundesländern halten sich 80% der Leute für atheistisch. Das mag die Folge der Kulturpolitik der ehemaligen DDR und ihrer kommunistischen Machthaber sein. Wenn ich in diesen Teil Deutschlands eingeladen bin und Vorträge halte, so kann ich nicht von der Kirche sprechen, ja nicht einmal von Gott im ausdrücklichen Sinn. Aber genau dies ist eine wunderbare Chance, um zu den Leuten von ihren Nöten, von ihren Ängsten, von ihren Hoffnungen, von ihren Enttäuschungen und von ihren Visionen zu reden. Wenn die Leute morgens die Zeitung lesen, fragen sie sich, woran sie noch glauben sollen. Gibt es auf die Angst der Menschen in Bosnien oder Somalia oder Ruanda oder sonstwo keine andere Antwort als Waffenlieferungen, Krieg und Bombardierungen? Gibt es für die Armut keine andere Lösung als den Kapitalismus? Für die Arbeitslosigkeit nichts als den Gang zum Sozialamt? Für die Scheidung niemanden als den Rechtsanwalt? Gibt es wirklich keinen anderen Ausweg? Für jeden Einzelnen ist es unerlässlich, dass er für sich selbst, in seinem eigenen Leben, eine Hoffnung findet. Und dafür braucht es Räume, in denen Menschen wieder Vertrauen zu sich selber fassen können. An dieser Stelle ist für mich der atheistische Jude, der Sigmund Freud hieß, sehr wichtig geworden. Denn er hat schon vor hundert Jahren erlebt, dass man anderen Menschen nur helfen kann, wenn man seine eigenen moralischen und gesellschaftlichen Vorurteile relativiert. Er zeigte, wie die Welt mit den Augen jener anderen gesehen werden kann, die vor einem sitzen und am meisten leiden. Um sie zu verstehen und ihnen wirklich nützlich zu sein, müssten wir ihnen zuhören; und dazu, so lehrte er, müssten wir uns auch selbst in Frage zu stellen lernen. Jedes dieser Gespräche stellt mich in der Tat auch selbst in Frage.

Im Osten Deutschlands begegne ich Leuten, die glauben, dass sie nicht mehr an den lieben Gott glauben, Menschen, die seit Jahrzehnten keine Bibel mehr in der Hand hielten, und mir nun plötzlich ganze Teile aus der Bibel erklären. Sie erinnern mich daran, wie Mose die Seinen aus Ägypten führte. Sein Volk, so erfahre ich, zog die Not der Unterdrückung vor, indem es das Land der Sicherheit verließ und den Weg durch die Wüste in Angriff nahm. Sie lassen mich erfahren, was es heißt, dass Jesus in den Wogen des Sturms über die Wasser ging und dem Petrus, der aus lauter Angst im Abgrund zu versinken drohte, das Vertrauen wiedergab, auf seinen eigenen Füßen über die Wasser schreiten zu können. Dieser Jesus, der durch den Wind und die Wellen über die Wasser schreitet und einem Menschen dazu verhilft, nicht zu ertrinken und sich selber aufzurichten, dieser Jesus rührt mich am meisten. Er macht den Menschen Mut, aus dem Boot auszusteigen und sich zu trauen, egal, was dabei herauskommt. Diesen Jesus liebe ich und von ihm lebe ich. Doch wer er wirklich ist, das erklären mir die Leute, die nie etwas von ihm gehört haben, und das ist eine wunderbare Sache.

Ich kann und muss die Leute nicht auf die Bibel hin erziehen. Es bleibt buchstäblich nur zu tun übrig, was Jesus selbst versucht hat: eine Sprache zu finden, die aus dem Augenblick heraus stimmt. Nur diese Sprache führt zum Vertrauen in die Hände, die uns führen. Nur sie schafft die Atmosphäre, in der die Leute es wagen, alles auf die Güte zu setzen, die das einzige Gegengewicht zur Angst bildet. Denn die Angst blockiert. Sie macht ohnmächtig. Die Güte aber befreit von der Lähmung.

Ich weiß nicht, ob diese Leute jemals eine Kirche im Sinne der Institution bilden werden. Albert Schweitzer oder Mahatma Gandhi konnten ohne eine römische Genehmigung menschlich sein. Recht besehen, hat auch Martin Luther King nichts anderes getan, als auf prophetische Weise in der Hoffnung des Exodus, des Auszugs aus den unterdrückerischen Verhältnissen zu leben. Wenn wir uns aufmachen, werden wir irgendwann ankommen: Das ist eine göttliche Verheißung und eine menschliche Pflicht. Die Aufgabe des Menschen besteht nur darin, sich auf den Weg zu machen. Mehr brauchen wir nicht zu wissen.

Gaillot: Ich habe gelernt, wie wichtig die Sprache des Handelns ist. Reden genügt nicht. Die Kirche ist voll von schönen Worten. Was Not tut, ist der Einsatz vor Ort. Und wenn wir mitten in den massiven Problemen der Armut vor Ort engagiert sind, dann hören die Leute auch zu. Wie oft habe ich die Zeugnisse von Nichtglaubenden vernommen. Sie sagten mir: »Die Tatsache, dass Sie an den Menschen glauben, dass Sie für die Menschen kämpfen, hat uns von neuem dazu gebracht, nach Gott zu fragen.« Nach meiner Erfahrung ist heute der

Kampf um den Menschen absolut notwendig, um das Evangelium zu verkünden.

Vor einigen Wochen bat man mich, in der rue du Dragon in dem besetzten Haus, in dem ich mit vielen Wohnungslosen zusammenlebe, eine Messe zu lesen[80]. Es war meine erste Messfeier in dieser Wohngemeinschaft. Mit einem Mal fanden sich sehr viele Menschen ein, die ansonsten nie zu einem Gottesdienst gehen. Man sprach von einer Messe der Ungläubigen. Moslems waren da, aber auch ganz »gewöhnliche« Leute. Nach der Messe fanden sich zwei erfahrene Journalisten ein, die inzwischen Schriftsteller geworden sind: »Wir haben den Text des Evangeliums von der Verklärung gehört. Für uns hört sich das sehr kompliziert an, wir verstehen überhaupt nichts. Warum Moses, warum Elias, warum der Berg, warum diese Verklärung? Das ist nicht die Sprache unserer Zeit. Wie verschlossen das doch alles wirkt!«

Es stimmt: Für Gottes Wort muss der Mensch erst einmal offen werden. Ich musste mich also erklären: »Moses, das ist der Mensch, der sein Volk befreit, sein unterdrücktes, den Ägyptern unterworfenes Volk. Er ist der Retter, der Mann der äußeren Befreiung, der sich an alle unterdrückten Völker wendet. Und dann begegnen wir Elias, dem Propheten der inneren Befreiung. Er ist der Mensch, der uns von allen Dämonen erlöst, von den Baalen, die uns zu Gefangenen von uns selber machen. Jesus erscheint als der Mensch, der diese doppelte Befreiung erlebt, die äußere und die innere. So wird er zum Meister über sich selbst, zum Herrn im eigenen Haus. Und deshalb kann er den Weg zur Freiheit bahnen.«

Ich glaube, dass es heute für viele Menschen, ob sie nun Christen sind oder nicht, dringend erforderlich ist, dass sie die Symbolik der Sprache wieder entdecken. Das ist etwas anderes als diese fundamentalistische Denkungsart, an die wir uns nur zu sehr gewöhnt haben. Die symbolische Sprache birgt nicht nur eine große und lebendige Kraft in sich, sie ist auch authentischer als die fundamentalistische Sprechweise, die alles auf einfältige Weise als äußere Geschichte missversteht.

Auch ich mag diesen Gang über die Wasser. Ich möchte, dass die Menschen ihr Schiffchen verlassen und ihre Absicherungen aufgeben, um auf den Wellen gehen zu lernen. Man kommt nur im Vertrauen voran, wenn man die eigene Furcht loswird, wenn man sich Gott anvertraut. So hat Jesus gelebt, und so haben seine Jünger zu leben angefangen. Das Vertrauen hält uns über den Wassern. Das können wir durch die Gleichnisse Jesu verstehen lernen.

Es gibt eine Stelle im Evangelium, an der Jesus sich darüber beklagt, dass man die Leute daran hindere, in Gottes Reich einzutreten, und dass man die Türen zum Reich verschlossen halte. In der Tat haben viele Menschen gar keinen Zugang zur Bibel, weil Spezialisten das Evangelium für sich reserviert haben. Doch das Evangelium gehört den Armen. Ihnen steht die Tür zum Evangelium offen, und wir dürfen sie nicht wieder schließen. Denn es ist ihre eigene Erfahrung, die es den Armen erlaubt, sich in den Worten Jesu wiederzufinden.

In Ihrer Auslegung des Markusevangeliums hat mich eine Passage sehr berührt, und das ist der Abschnitt über Judas[81]. Man kann Judas nicht einfach übergehen. Doch Sie zeigten ihn mir von einer Seite, die mir bisher unvorstellbar war: Judas war jemand, der bis zum »Geht-nicht-mehr« alles miteinander vermitteln wollte. Er wollte alles versöhnen, um der Katastrophe zu entgehen; er wollte verhindern, dass das Schlimmste eintrete. Er hat Jesus wirklich verstanden, er hat verstanden, was sein Meister wollte und wovon er träumte. Doch gleichzeitig sind auch die anderen da: die Autoritäten, die Institution, die Hohen Priester und die Gesetzeshüter. Also versuchte Judas, das Unvereinbare miteinander zu vereinbaren. Das ist ein Aspekt, an den ich nie gedacht hatte: Es ist der Versuch, sich an beiden Enden des Seils festzuhalten, um der Katastrophe zu entkommen. Aber Jesus ließ sich nicht aufhalten auf seinem Weg. Niemand konnte ihn aufhalten. Wahrscheinlich hatte Judas noch nicht begriffen, dass man den Weg Jesu mit den Wegen der Mächtigen, der Institution und der Gesetze gar nicht vereinbaren kann. Jesu Weg ist einzigartig. Also kann es auch nicht unsere Pflicht sein, in der Kirche alles versöhnen zu wollen und mit den Mächtigen und den Ordnungshütern alles gut zu arrangieren. Der Lauf des Evangeliums zielt in eine andere Richtung als der Gang der Mächtigen. Der Weg des Evangeliums ist mühsam: Es ist der Weg der Freiheit.

Drewermann: Solange wir innerhalb der Kirche eine offizielle Funktion innehaben, sind wir in einen strukturellen Konflikt verstrickt. Denn im Rahmen der römisch-katholischen Kirche müssen die Priester tatsächlich in restloser Übereinstimmung mit ihrem Bischof leben und die Bischöfe in vollständiger Übereinstimmung mit dem Papst. Das bringt es mit sich, dass man stets sorgfältig auf das bedacht sein muss, was weiter oben befohlen wird, immer muss man nach oben hören. Der liebe Gott hat nun allerdings die Säugetiere so geschaffen, dass ihnen Ohren nicht nach oben, sondern seitwärts angewachsen sind. Also haben wir sie zu gebrauchen, um zu hören, was die anderen neben uns, nicht die anderen über uns, von Gott zu sagen haben. Ich bin überzeugt, dass in jedem menschlichen Wesen eine eigene Melodie und ein eigenes Wort liegt, welche es der Welt zu geben hat. Jedes Individuum hat seine Melodie und sein eigenes Wort zu finden, oder es hat umsonst gelebt. Deshalb ist mir die symbolische Sprache so wichtig. Sobald jemand die Augen schließt und träumt, wird ein jeder der Shakespeare, der Goethe oder der Victor Hugo seines eigenen Lebens. Nun haben jedoch unsere Theologen keinen Zugang zur Sprache der Träume, zur Sprache der Mythen und Märchen. Sie fürchten förmlich die vorwärts drängenden Kräfte des Unbewussten und die schöpferische Freiheit unserer Seele. Und sie fürchten die Kraft der Liebe. Sie sagen, Gott sei Liebe. Doch mit ihrer Moral und mit ihren Vorurteilen zeigen sie, wie sehr sie das alltägliche Lieben fürchten, oder genauer gesagt: wie sehr sie Angst haben vor der Liebe zwischen Frau und Mann.

Sie sagten eben sehr schön, das Leben sei zu kompliziert, um kurzerhand mit einfachen Lösungen abgetan zu werden. Wir müssen auf andere zugehen und ihnen ernsthaft zuhören. Je mehr wir uns auf die anderen einlassen, umso mehr fangen wir folgerichtig auch an, von unten her zu denken und also von der Basis auszugehen. Wenn wir uns dabei auf Jesus berufen, dann versuchen wir in der Kirche doch nur das zu formulieren, was die politische Öffentlichkeit längst weiß: dass alle Macht, wenn sie wirklich den Menschen dienstbar sein will, vom Volk ausgehen muss. Natürlich sind wir damit eine Bedrohung für das absolutistische Regime, das die Kirche im Namen Gottes aufgerichtet hat, und zwar vom Papst als dem »Stellvertreter Gottes« bis zur letzten Pfarrei. Um die Reichweite dieser Macht zu demonstrieren, müssten wir uns als Christen gleichsam ständig von uns als Menschen trennen. Weder dürften wir die Messe mit Moslems' feiern noch dürften wir uns der Sache Jesu zusammen mit den »Gottlosen« anvertrauen.

Ich hatte neulich einen Vortrag in Westberlin zu halten. Ich freute mich, über die Bergpredigt sprechen zu dürfen. Eine Frau, die ein Bildungshaus in Potsdam leitet – Potsdam liegt zwar nur fünfzig Kilometer von Berlin entfernt, ist kulturell gesehen jedoch eher fünfzig Jahre vom Westen entfernt –, diese Frau erklärte mir ungeschminkt, sie glaube nicht an Gott. Doch alles, was ich vortrug, erschien ihr so einleuchtend, dass sie mich unbedingt nach Potsdam einladen wollte, um dort dasselbe vorzutragen. Ich war glücklich, weil ich dachte, dass die Art meiner Betrachtung doch etwas mit dem zu tun haben muss, was viele bewegt, und die in ihrer Not nicht aufhören, weiter zu suchen. Und ich glaube, dass dies auch etwas zu tun hat mit der Art und Weise, wie Jesus auf die Menschen zuging.

Gaillot: Das stimmt. Die Ausgeschlossenen haben die Botschaft Jesu am besten verstanden, weil sie erfahren haben, was es heißt, verworfen zu sein, im Elend zu existieren und in Ängsten leben zu müssen. Jesus ist ihnen selber nahe gekommen. Er hat Brücken über schwindelerregende Abgründe zu schlagen gewusst, er war kommunikativ offen und durchbrach die Mauern des Misstrauens, vor allem durch seine Gleichnisse.

Ich spüre immer mehr, wie schwer es ist, frei zu sein. Freiheit kommt teuer zu stehen. Man hat einen hohen Preis für sie zu bezahlen: Man muss frei werden für seine eigenen Überzeugungen und also frei von seinen eigenen Interessen.

Ein Priester schrieb mir neulich: »Ist man erst einmal durch Jesus Christus befreit, dann kann man sich keiner Diktatur mehr beugen, vor allem keiner klerikalen.« Da, wo ich wohne, in der Rue du Dragon, gibt es einen großen Innenhof. Seine Mauern sind voll gemalt; mitten hinein hat jemand einen Spruch gesprüht, den ich enorm gut finde: »Wer auf die anderen verzichtet, verzichtet für immer auf sich selbst.« Ich habe keine Ahnung, wer das geschrieben hat, ob es ein Christ war oder nicht. Doch die Lebensweisheit, die aus diesem Satz spricht, ist ungemein schön, schlicht und einfach menschlich: Weisheiten wie diese nähren mich täglich.

Drewermann: Schön! Vielleicht darf ich einen anderen Aspekt hinzufügen: Es dauert sehr lange, bis wir uns von den Ängsten befreien, in die man uns in unserer Kindheit hineintrieb. Denn später projizieren wir diese Angst in den Himmel, indem wir uns Gott und also auch Christus als den Richter der Welt vorstellten. Dass Jesus Menschen befreit, das geschieht jedoch durch Menschen und durch die Art, wie wir selber unsere Menschlichkeit wagen. Das bedeutet das Ende jeder klerikalen Bevormundung und jeder institutionellen Priesterherrschaft über den Menschen. Psychologisch würde man sagen, dass wir in der Kirche ständig Gefahr laufen, den Glauben im Überich zu verankern. Freisein bedeutet, aus der eigenen Person zu leben, aus dem eigenen Ich, und deshalb schöpferisch im Augenblick sein zu können. Das setzt voraus, dass es uns erlaubt ist, Zugang zu uns selbst zu finden und zu unserer eigenen Persönlichkeit und Individualität Ja sagen zu dürfen.

In diesen Tagen las ich folgenden Spruch: »Wenn du selber mit dir einverstanden bist, trägst du dazu bei, dass andere es auch sind.«

Gaillot: O ja! Wir werden uns noch sehr viel zu sagen haben.

Drewermann: Wie schön die Kirche wäre, wenn wir in ihr brüderlich und nicht als Beamte miteinander reden dürften!

Bagot: Voilà, das ist der gemeinsame Weg: mit den Gesprächen fortzufahren!

IV
Kirche ohne Zukunft –
Zukunft ohne Kirche?

Nach der Verurteilung von Eugen Drewermann verschlossen ihm die katholischen Akademien ihre Türen. Weil die Herder-Buchhandlung in Köln den religiösen Schriftsteller weiterhin zu Lesungen einlud, musste sie auf Druck des Kölner Kardinals geschlossen werden. Der öffentliche Protest gegen diese und andere repressive Maßnahmen der deutschen Bischöfe in der Gesellschaft blieb – anders als in Frankreich – kleinlaut. Eine einzige Akademie bemühte sich – das war zu Beginn des Jahres 1994 – zusammen mit dem Südwestfunk Baden-Baden die Verbotsschranken zu durchbrechen und den Dialog mit Eugen Drewermann wieder aufzunehmen: die katholische Akademie Freiburg i.Br. Ich hatte damals die Aufgabe, Jacques Gaillot, Eugen Drewermann und einen Bischof aus dem süddeutschen Raum zu einer öffentlichen Veranstaltung einzuladen, an der die zentralste Frage des Christentums im Mittelpunkt stehen sollte. Wir wollten diskutieren, wie Gottes Menschwerdung und wie die Selbstwerdung des Menschen heute einander herausfordern.

Was geschah?

Bischof Walter Kasper verweigerte den Dialog, der Vorsitzende der Deutschen Bischofskonferenz, Karl Lehmann, sah seine diplomatische Rolle gegenüber dem Vatikan gefährdet und der Ortsbischof von Freiburg, Oskar Saier, »ersuchte« die Akademie um die Absage der Veranstaltung. Angeblich fürchteten die süddeutschen Bischöfe, die sich beim Vatikan vergeblich um die Wiedereingliederung der wieder verheirateten Geschiedenen in das normale Gemeindeleben bemüht hatten, dass sich der Vati-

kan in dieser Frage noch mehr verhärten würde, wenn sie als Bischöfe gleichzeitig in einen Dialog mit Eugen Drewermann eintreten würden. Auch wenn es Wahn ist, so hat es doch Methode. Denn wenn die Menschen, die um der Liebe willen die harten kirchlichen Gesetze zu brechen wagen, von der Teilnahme am vollen Leben Jesu Christi ausgeschlossen werden, dann hat es tatsächlich auch keinen Sinn, in aller Öffentlichkeit weiterhin von Gottes Menschwerdung zu reden. Das wäre Heuchelei. Durch ihren Gehorsamseid gegenüber dem Papst lassen sich die Bischöfe zu unglaublichen Maßnahmen hinreißen: Der Eid macht sogar ein einfaches Gespräch und die von den Bischöfen selbst geforderte Diskussion unmöglich. Die Menschwerdung des Menschen und die Menschwerdung Gottes dürfen in der römisch-katholischen Kirche Deutschlands der Gegenwart also nur noch mit amtlich genehmen Personen diskutiert werden. Während in den römisch-katholischen Akademien der Dialog mit Atheisten, mit Moslems, Juden oder Buddhisten durchaus selbstverständlich geworden ist und Generälen, Politikern und Industriemanagern die katholischen Räume für Vorträge und Diskussionen weit offen stehen, darf der scharfsichtigste und fruchtbarste katholische Theologe der Gegenwart in ihnen nicht selber zu Wort kommen. Er weiß zu viel von der Not und der befreienden Kraft der Menschwerdung.

Jacques Gaillot jedoch hatte lebhaft den Wunsch geäußert, an der Freiburger Akademie mit Eugen Drewermann ins Gespräch zu kommen. Streng genommen hätte es ihm kirchenrechtlich untersagt werden können, außerhalb seiner Diözese ein öffentliches Gespräch mit dem ausgestoßenen Priester aufzunehmen. Und als ich versuchte, die abgesagte Veranstaltung in den Räumen des Südwestfunks Baden-Baden trotzdem stattfinden zu lassen, nahm Bischof Gaillot aus Rücksicht auf seine Bischofskollegen auch tatsächlich Abstand von dem ganzen Vorhaben. Ich war damals, ehrlich gesagt, über diesen Rückzug bestürzt. Denn seine Rücksichtnahme respektierte zwar das Kirchenrecht und die Kollegen im bischöflichen Amt, wo aber blieb die so offen verkündete Achtung vor den Leuten? Wo der Respekt vor den sehr vielen Katholikinnen und Katholiken, für welche diese Diskussion die Hoffnung wieder hätte aufleben lassen, dass Dialog in der

Kirche möglich sei? War der Platzverweis des Straßburger Erzbischofs dem mutigen Bischof doch wichtiger als das Bedürfnis der Katholikinnen und der Katholiken, mit ihm die brennenden Fragen der christlichen Solidarität in der Gegenwart zu diskutieren?

Erst die eigene Absetzung hat es Bischof Gaillot möglich gemacht, in aller Freiheit auch in Deutschland das Gespräch mit allen, auch mit Eugen Drewermann, anzunehmen. Deshalb nahm Jürgen Hoeren vom Südwestfunk Baden-Baden kurz nach der Versetzung von Jacques Gaillot zum Bischof von »Partenia« das alte Projekt einer öffentlichen Diskussion zwischen dem Bischof und dem Schriftsteller wieder auf. Dass die Diskussion schließlich in den Räumen der Universität Freiburg stattfinden konnte, heißt nicht, dass die Katholische Theologische Fakultät mit Eugen Drewermann ins Gespräch kommen wollte. Die Theologen mieden die Auseinandersetzung. Dafür aber ergriffen jene das Wort, welche die Zukunft der Kirche sind: die Leute, welche jenseits von amtlicher Zensur und theologischer Furchtsamkeit ihr Leben im Lichte des Evangeliums reflektieren.

Die Kontroverse an der Universität Freiburg [82]
13. Oktober 1995

Jürgen Hoeren: Direkt ins Thema: Bischof Jacques Gaillot, nicht nur die katholische Kirche steckt in einer schweren Krise. Wenn man die anglikanische Kirche anschaut, die protestantischen Kirchen oder die Altkatholiken, dann sieht der Zustand nicht viel besser aus. Viele Menschen wenden sich von den Kirchen ab, sie gehen ihre eigenen Wege und halten Kirchen für überflüssig. Beginnen die Kirchen als Gefäße und als Transportmittel zur Bewahrung und Weitergabe des Glaubens zu zerbrechen? Sind sie überhaupt noch hilfreich für die Menschen von heute?

Gaillot: Die Kirchen stehen heute vorwiegend in der Konfrontation mit der Moderne. Wie könnte eine katholische Kirche, welche die Moderne verwirft, das Evangelium verkünden? Der moderne Charakter einer Gesellschaft lässt sich an ihrer Fähigkeit erkennen, die Autonomie des Individuums zu würdigen. Und der moderne Charakter des Individuums liegt in seiner Befähigung, sich seiner eigenen Freiheit zu bedienen und es zu wagen, »Ich« zu sagen. Ein menschenwürdiges Ethos kann sich in der Gegenwart nur in der ersten Person singular ausdrücken. In der weltlichen und pluralistischen Gesellschaft kann keine Institution allen Leuten einen einzigen Leitfaden von Verhaltensregeln vorschreiben wollen. Deshalb suchen heute die meisten Menschen nach dem Sinn ihres eigenen Lebens. Sie achten mit großer Sensibilität auf die Frauen und auf die Männer, welche durch ihre befreienden Optionen nicht nur dem eigenen Leben einen Sinn verleihen, sondern Zeugnis geben für das, was die Würde der Menschheit heißen könnte. Ihnen vertraut man und von ihren Werten lässt man sich wirklich inspirieren.

Heute gibt es in der Kirche eine öffentliche Meinung, die man nicht missachten kann, weil sie etwas zu sagen hat. Doch die öffentliche Meinung und die römische Autorität stehen miteinander im Konflikt. Die Leute verlangen nach Sinn, und man schreibt ihnen Normen vor. Wir leben in einem ganz außergewöhnlichen Zeitalter. Alles ist in Bewegung geraten. Wir sind kopfüber in eine neue Welt gefallen.

Klaus Nientiedt: Bischof Gaillot, Sie sagten, dass sich das menschenwürdige Ethos immer in der ersten Person singular ausdrücke. Nun gibt es jedoch in unserer Kirche so etwas wie eine Tradition, die uns vorgegeben ist, etwas, was wir zunächst als Einzelne wie als Gemeinschaft in uns aufnehmen müssen; wir stehen in einer Traditionskette von Menschen, die mit diesem gleichen Glauben bereits zu einem früheren Zeitpunkt zu leben versucht haben. Dies wird noch spannungsreicher dadurch, dass der Einzelne dieses ihm von der Tradition, von einem bestimmten kirchlichen Umfeld des jüdisch-christlichen Gottesglaubens Vorgegebene, selbst realisieren muss. Wie kann es unter den heutigen Bedingungen gelingen, diese Spannung kreativ auszuhalten und damit zu leben?

Gaillot: Immanuel Kant hat uns als Philosoph daran erinnert, wie wichtig es ist, »Ich« zu sagen. Heute leben wir alle gut verwurzelt in einer demokratischen Kultur. Die einen lernen von den anderen, was die Werte sein könnten, die uns zu einem wahren Leben verhelfen. Das ist der Grund, warum das permanente Debattieren zum gesellschaftlichen Leben gehört.

Jesus hat nach dem Evangelium keinerlei Zwang ausgeübt. Seine Botschaft ist das Evangelium der Freiheit und nicht das der Pflicht. Und was haben wir daraus gemacht? Jesus sagte: »Wenn jemand mich liebt... Wenn jemand mir folgen will... Wenn jemand mein Wort vernimmt...« Es sind stets Aufrufe zur Freiheit.

Nientiedt: Ist das nicht eine stark auf den katholischen Raum hin ausformulierte Problematik? Ich sehe da eine gewisse Spannung: Während wir in der katholischen Kirche möglicherweise gerade mit diesem Ich-Sagen-Können und Ich-Sagen-Dürfen große Probleme haben, entdeckt die säkulare Gesellschaft zum jetzigen Zeitpunkt zunehmend, dass das »Ich-Sagen« alleine nicht ausreicht. Besteht darin nicht eine sehr deutliche Spannung, die gerade für Katholiken die Situation sehr schwierig macht, nämlich in der eigenen Kirche lernen zu müssen, »Ich« zu sagen und im gesellschaftlichen Kontext die Schattenseiten des Ich-Sagens heute massiv zu erleben?

Hoeren: Herr Drewermann, können Sie sich vorstellen, dass wir in der Kirche, in dieser Kirche, es lernen, »Ich« zu sagen?

Drewermann: Ich glaube, dass Religion heute genau in diesem Punkt gesucht wird, dass Menschen wissen möchten und wissen müssen, wer sie selbst sind. Es liegt in einem jeden von uns: ein bestimmtes Wort, ein bestimmter Ton; wir haben die Pflicht, das Wort zu einem eigenen Gedicht und den Ton zu einem eigenen Lied, zu einer Symphonie werden zu lassen. Verfehlten wir dieser Aufgabe, hätten wir umsonst gelebt, egal wie hoch wir auf der Leiter der Erfolge klettern mögen. Wir können im Raum von Kirche oder Politik alles Mögliche werden: Wenn wir das verfehlen, was Gott nur durch uns der ganzen Welt sagen möchte und sagen kann, dann wäre alles vertan. Das ist der Sinn, den die Menschen brauchen, um Gott zu erleben.

In der Psychoanalyse, am Rande der kirchlichen Praxis, sehe ich vor allem, wie viel Mühe es kostet, einen Menschen dahin zu begleiten, dass er aus all den Verformungen der Kindheit, aus den Abhängigkeiten von fremden Autoritäten und Zwängen, langsam sein eigenes Ich wieder zu finden vermag. Das ist nur möglich, wenn es an seiner Seite einen Menschen gibt, der oft mehr an ihn glaubt, als er selber das vermag. In der Bergpredigt hat Jesus zu einem wunderbaren Wort gefunden: »Nötigt dich jemand, eine Meile Wegs mit dir zu gehen, dann geh zwei mit ihm.« Jesus wollte sagen, dass die Menschen, wenn sie in ihrer Not ihren Hilferuf herausschreien, bestenfalls die Hälfte von dem verlangen, was sie wirklich brauchen. Du musst für den anderen nicht wissen, wo er zu Hause ist, aber mit vier Augen sieht man im Dunkeln besser als mit zwei Augen – das ist alles, worauf es ankommt. Was Sie sagen, Jacques Gaillot, ist in meinen Augen die beste Umschreibung für das, was den Menschen gut tut, wenn sie einander begegnen. Jedes Moralisieren, jedes Zensieren und Dirigieren von außen, stört diesen Prozess der Menschen, in welchem sie zu sich selbst finden können. Im Raum der Kirche haben vor allem wir Theologen viel zu sehr gelernt, immer wieder im Voraus schon die fertigen Antworten aus der Tradition und aus dem »Schatz des Lehramtes« bis in jedes Detail bereitzuhalten. Darf man eine Ehe scheiden oder nicht? Natürlich nicht. Egal, wie sehr die Menschen leiden. Darf man homosexuell sein oder nicht? Natürlich nicht, selbst wenn man es von Geburt an ist. Darf ein Priester heiraten? Natürlich nicht, selbst wenn er dabei eine Frau und ein Kind verrät. In allen Punkten hat die Kirche ihre fertigen Schemata. Und daran zerbrechen die Menschen, weil sie deutlich spüren, dass Gott sehr viel größer ist als diese Kirche.

Nientiedt: Herr Drewermann, heißt das, zugespitzt gefragt, dass die Kirche, so wie sie heute real existiert – zumindest die katholische Kirche –, für Sie kaum noch Heimat sein kann?

Drewermann: Was Jesus wollte, war eine bestimmte Lebensform der Güte und der Liebe. Dass Menschen ihren Sinn finden, ist nur möglich im Erfahrungsraum einer unbedingten Zuwendung. Nennen wir diese Zuwendung Liebe, dann ist es alles, was Jesus uns vermitteln wollte. Was wir heute Kirche nennen, ist eine Institution, die aus dieser Zuwendung eine Lehre, eine Doktrin, ein Dogma gemacht hat. Und schlimmer noch: Sie hat eine Beamtenschaft eingerichtet, die im Status wahnhafter Unfehlbarkeit darüber wacht, dass wortgleich und silbengleich ihre eigene Doktrin als Jesu Wort anerkannt werde.

Hoeren: Aber zu dieser Beamtenschaft gehörte ja zumindest zwölf Jahre lang auch Bischof Jacques Gaillot!

Drewermann: Und 25 Jahre lang ich als Priester...

Hoeren: Da möchte ich gerne hören, ob Bischof Jacques Gaillot dieser Definition der Kirche als bloßer Institution zustimmen würde...

Gaillot: Ich verstehe gar nicht, warum Sie darüber lachen. Das Wort »Kirche« ruft in mir das Bild von Frauen und Männern hervor, die mich auf meinem Weg begleiten. Sie kämpfen, sie lieben, sie glauben, sie zweifeln... Ohne sie kann ich mir keine Begegnung mit Christus vorstellen. Ich habe als Bischof mit ihnen gelebt und viel von ihnen empfangen. Es ist die neue Art und Weise der Kommunikation in allen Gesellschaften, welche die Kirche dazu herausfordert, anders zu leben und sich anders zu organisieren. Die Sprache der moralischen Belehrung ist tot. Wir haben den anderen nicht mehr zu sagen, was für sie gut ist, sondern ihnen zu helfen, sich selbst zu finden. Ohne den Respekt vor dem Gewissen des anderen können wir ihm nicht helfen, sein eigenes Gewissen zu klären. Was Jesus tat, ist nichts anderes als das: Er hat sein Leben damit zugebracht, Frauen und Männer aufzurichten, ihnen den Sinn für ihre eigene Verantwortung zurückzugeben und ihnen nahe zu bringen, dass sie von Gott geliebt sind.

Nientiedt: Bischof Gaillot, wie hat sich nach dem 13. Januar 1995, nach Ihrer Absetzung als Bischof von Évreux, Ihr Verhältnis zu dieser Kirche verändert? Hat die Art und Weise, in der man mit Ihnen verfahren ist, Ihr Verhältnis zu dieser Kirche selbst verändert, deren Bischof Sie ja weiterhin sind? Und wenn ja, wie? Wie stehen Sie zu dieser – Ihrer – Kirche?

Gaillot: Die römische Entscheidung hat mich dahin geführt, wo ich nun in Paris lebe: in einem von Wohnungslosen besetzten Haus. Da lebe ich mit Familien zusammen, die obdachlos waren; mit Jugendlichen, deren familiäre Beziehungen zerbrochen sind; mit Arbeitslosen und mit Ausländern, die keine Papiere haben. Früher, als ich im bischöflichen Haus von Évreux wohnte, versuchte ich mit den Ausgegrenzten zusammenzukommen. Heute lebe ich mit ihnen: Dafür kann ich dem Vatikan nur dankbar sein.

Ich trage diese Entscheidung niemandem nach. Da meine Diözese heute viel größer geworden ist, trage ich auch eine größere Verantwortung. Ich kann es kaum fassen, wie wahr doch das Wort Jesu ist: »Das Evangelium wird den Armen verkündet.«

Hoeren: Aber Bischof Gaillot, dennoch möchten Sie ja mit Rom ins Gespräch kommen. Sie haben heute auf der Pressekonferenz gesagt, dass Sie vorgestern dem Papst einen Brief geschrieben haben[83], um mit ihm wieder zusammenzukommen. Sie möchten eigentlich wieder voll integriert sein als Bischof mit einer Herde. Wie vereinbart sich das? Glauben Sie denn, dass Sie mit den Vorstellungen, die Sie hier entwickelt haben, in Rom je auf offene Ohren stoßen könnten? Wäre es nicht konsequenter zu sagen: Mit diesem System habe ich abgeschlossen?

Gaillot: Nein, der Dialog ist immer notwendig. Und mit Rom darf man es nicht eilig haben. Die Liebe ist geduldig. Ich habe dem Papst am 5. März geschrieben. Ich dachte mir, dass die Antwort zu Ostern kommen würde. Ostern war sie nicht da; und so dachte ich, sie käme zum Dreifaltigkeitssonntag. Dreifaltigkeit ging vorüber: immer noch nichts. Der von Ihnen erwähnte zweite Brief ging am 11. Oktober ab. Ich hoffe weiter. Denn diese Begegnung ist für die glaubwürdige Bezeugung des Evangeliums wichtig. Viele sprechen mich darauf an; sie warten auf diese Begegnung. Neulich sagte mir jemand: »Der Papst empfängt Brigitte Bardot; Jacques Gaillot empfängt er nicht.«

Nientiedt: Bischof Gaillot, Sie wirken überhaupt nicht verbittert. Ihre Einstellung gegenüber der Kirche ist unverändert positiv geblieben.

Sie nannten das Stichwort »Geduld«. In unserer Kirche ist das genau das Problem: Sehr viele drohen diese Geduld zu verlieren. Es hat Synoden gegeben, es hat Konferenzen gegeben, es hat Papiere gegeben. Seit Jahren werden stets die gleichen Themen vorgebracht. Nun ist man es leid geworden, immer wieder die gleichen Themen vorbringen zu müssen. Nicht, weil die Themen unwichtig wären, sondern weil man keine Hoffnung mehr hat, dass sich etwas verändert. Was sagen Sie den Menschen, die – zumindest bei uns in Deutschland – in der Kirche diese Geduld zu verlieren drohen?

Gaillot: Ich würde Ihnen sagen, dass sie die Arme nicht sinken lassen sollen. Ich habe die Erfahrung gemacht, dass es dringlichere Probleme gibt als die der Kirche. Jedes Mal wenn ich mich auf die ungerechten Zustände unserer Gesellschaft einlasse, hört der Ärger mit den Kirchensorgen auf, mich umzutreiben. Der Kampf zugunsten der Ausgeschlossenen und der »Fremden« tritt an die erste Stelle. In dem Maße, in dem man sich den Herausforderungen der Gesellschaft öffnet und stellt, wird man auch geduldiger gegenüber der Kirche.

Hoeren: Herr Drewermann, Bischof Gaillot ringt noch mit dem Papst und mit der Kirche. Er will noch Dialog und Gespräch: Er will nicht aufgeben. Sie haben diese Phase, glaube ich, schon hinter sich.

Drewermann: Ja, ich sage mir: Das Leben ist kein Wartesaal. Und man kann nicht darauf warten, dass einem die Freiheit erlaubt wird. Die erlaubte Freiheit ist nichts weiter als eine gemäßigte Abhängigkeit. Wir warten in Deutschland vielleicht schon länger als in Frankreich: Seit einem halben Jahrtausend warten wir auf die Erfüllung der Forderungen, die wir an jedem Reformationstag in der protestantischen Hälfte Deutschlands feierlich immer wieder von neuem ausrufen. All die Dinge, die das sogenannte »KirchenVolksBegehren« jetzt auf Zettel schreibt[84], sind samt und sonders Desiderate aus der Zeit der Reformation, des 16. Jahrhunderts. Wenn eine Kirche ein halbes

Jahrtausend lang die Stirn hat, wesentliche Fragen nach Autorität, nach Freiheit, nach Leben, nach Personalität auszusitzen und sie Punkt für Punkt nur mit dem Tridentinischen Konzil dahingehend zu beantworten, dass die Sakramente und dass die Ämter wichtiger sind als alle persönliche Erfahrung, was hat sie dann noch mit dem Evangelium zu tun? Im Ersten Vatikanum, Ende des 19. Jahrhunderts, wurde gesagt, dass der Papst wichtiger sei als alle Gläubigen; dass sämtliche Fragen seit der Aufklärung, dass der Aufschrei der Arbeiterbewegung und die dringlichen Anliegen der Frauenbewegung null und nichtig seien, nur weil die Kirche so sein müsse, wie sie ist. Deshalb verstehe ich die Leute, die es leid sind, zu warten. Keine geschiedene und wieder verheiratete Frau kann darauf warten, dass im Jahr 2070 eine Gruppe von 70 Kardinälen – durchschnittlich 70 Jahre alt – darüber befindet, ob sie im Jahre 1995 sich vielleicht doch mit Recht hat scheiden lassen. Die Kirche kann nicht weiter bleiben, wie sie ist.

Ich frage mich, ob in unseren Tagen Jesus etwas anderes täte, als was er damals auch schon tat. Er hat sich nicht im Raum des Tempels an der Seite der Priester aufgehalten oder an der Seite der Schriftgelehrten; er hat sich um die vier Fünftel seines Volkes gekümmert, die im Schatten der verfassten Theologie auch damals schon keine Chance hatten. Genau das sollten wir heute tun. Wir sollten zu den Menschen gehen, die mit offenen Fragen, mit offenen Augen, mit offenem Herzen durch die Welt gehen – das wäre Kirche. Entweder schließt sich die verfasste römische Kirche dem an, dann hat sie vielleicht eine Chance zu überleben oder sie lässt es bleiben, dann ist das ihr Problem. Wir können diese Frage nicht lösen. Aber wir können und müssen fragen, was wir unseren Kindern angesichts von Krankheit, von Verzweiflung, Alter und Einsamkeit zu sagen haben. Wie viel Licht bringen wir in die Welt, wenn die Schatten länger werden in unserem Leben?

Nientiedt: Wenn ich dieses Bild aufnehme, Herr Drewermann, dann lässt sich das, was wir unseren Kindern zu sagen hätten, doch auf den einfachen Satz bringen: Liebes Kind, schau in die Ecken der Städte; schau auf die, die niemand beachtet; dann begreifst du, was Leben ist; dann begreifst du, wie und wo du handeln musst. Dazu brauchst du letztlich weder die Bibel noch gar das Lehramt oder einen Katechismus oder den Papst. Hat denn die Kirche in ihrer zweitausendjährigen Geschichte nur versagt? Hat sie denn nur den falschen Weg beschritten? War sie niemals eine Hilfe? Und gibt es nicht auch doch noch viele Menschen heute, die auf ein richtungweisendes Wort warten? Gibt es nicht die Menschen, welche die Krücke Kirche brauchen, so brüchig diese Krücke manchmal auch ist?

Drewermann: Bischof Jacques Gaillot hat die ganze Schwierigkeit eben schon benannt. Religion besteht heute darin, den Menschen zu sich selber zu führen: ihm die Chance zu geben, dass er wird, was mit ihm gemeint ist. Aber genau da bricht die größte Angst, die einen Menschen erfassen kann, in unseren eigenen Herzen aus: die Angst, ein Individuum zu sein. Die römische Kirche löst diese existentielle Angst durch die Institution auf. Sie erklärt: Wir sind von Amts wegen von Gott, und wenn du tust, was wir dir sagen, kannst du in Zeit und Ewigkeit nicht mehr irren. Doch genau an diesem Punkt irrt sich die römische Kirche strukturell und chronisch. Das war die Meinung des Mannes Martin Luther um 1520, dass es durchaus möglich sei, dass anderthalb Jahrtausende von Kirchengeschichte ein grandioser Verrat an der Bibel sein könnten. Mir geht es dabei nicht um eine biblische Autorität als solche. Doch morgens, wenn ich die Zeitung zur Hand nehme und jeden Tag aufs Neue lesen muss, wie die Politiker nichts anderes zu sagen wissen als dass man Bomben gegen Bomben setzen müsse, gegen Hass die Militanz und gegen das Verbrechen die Polizei und das Gefängnis, dann tröstet mich das Evangelium: Es ist einzig der Mann aus Nazaret, der mich glauben macht, man könnte gegen die Gewalt die Güte setzen und gegen das Verbrechen das Verstehen. Diese Botschaft brauchen die Menschen.

Hoeren: Also, da würde ich aber doch noch einmal Bischof Gaillot fragen! Bischof Gaillot, verdunkelt die Kirche, so wie sie ist, das Bild des Jesus von Nazaret und seine Botschaft?

Gaillot: Ich möchte Ihnen eine kleine Geschichte erzählen. Vor kurzem war ich in einem Pariser Vorort zum Mittagessen eingeladen. Ich bin mit der Metro hingefahren. Als ich ausstieg, schüttete es aus allen Kübeln. Ich suchte unter einem Torbogen Schutz, da ich weder einen Regenmantel noch einen Schirm bei mir hatte. Da kam jemand auf mich zu und fragte, ob ich seinen Regenmantel wolle. Ich sagte ihm, dass er ihn doch selber benötige: »Behalten Sie ihn, aber herzlichen Dank für Ihr Angebot«. Bevor er weiterging, erfuhr ich, dass er Jude sei. Da kam eine Frau mit ihrem Regenschirm auf mich zu und erklärte frei heraus: »Herr Bischof, kommen Sie unter meinen Regenschirm, ich begleite Sie bis dahin, wo Sie hingehen müssen.« Voilà! Da gehen wir Arm in Arm und schwatzen miteinander. Plötzlich sagt sie mir: »Wissen Sie, wer Ihnen den Schirm hält? Eine Muslimin.« Aha, sagte ich mir, wie gut hab ich doch daran getan, weder einen Regenmantel noch einen Regenschirm mitzunehmen; denn nun brauchte ich die anderen. Wenn die Kirche den anderen nicht braucht, wenn sie die Wahrheit besitzt, wenn sie weiß, was für die anderen gut ist, dann hat sie nichts mehr zu empfangen. Wenn man den eigenen Mangel zulässt, wird man bereit zu empfangen. Jesus hat die Samariterin zuerst darum gebeten, ihm zu trinken zu geben, bevor er ihr das lebendige Wasser anbot. Die Kirche von heute muss sehr bescheiden werden, um von der modernen Gesellschaft etwas zu empfangen. Und es sind an allererster Stelle die Ausgegrenzten, die ihr vieles zu geben hätten.

Drewermann: Was Sie sagen, Jacques Gaillot, weist auf den Irrtum hin, in dem wir befangen sind, wenn wir dauernd von der Kirche sprechen und uns von ihr die Fragen vorgeben lassen. Was Sie und was ich wirklich glauben, ist doch, dass die Fundamente der Menschlichkeit nicht in einer einzigen Institution liegen. Sie liegen in uns selber. Sie liegen in der Fähigkeit, menschliches Mitgefühl zu haben. Und sie liegen deshalb zentral in der Orientierung an dem Beispiel Jesu. Würde jemand sagen, er sei menschlich zum anderen und leihe ihm seinen Regenmantel, weil es die Kirche ihm so befehle, so wäre er weniger Mensch. Das begreifen alle Leute.

Gewiss gibt es wunderbare Leute wie den hl. Franziskus. Doch das Problem von heute ist, dass wir allzu lange mit einem hl. Franziskus Leute wie Innozenz III. entschuldigt haben. Wir haben immer so getan, als ob wir die Kirche noch reparieren könnten mit ein paar Heiligen, die es natürlich auch gibt. Aber der Grund dafür, dass es diese wunderbaren Menschen gibt, liegt, genau besehen, nicht in der Kirche: Sie tun das, was menschlich ist. Und wenn ihr Lebensraum die Kirche ist, dann handeln sie, wenn es gut geht, innerhalb der Kirche. Notfalls handeln sie jedoch auch ohne die Kirche oder gegen die Kirche – einfach weil sie Menschen sind. In der deutschen Literatur gibt es dafür ein Beispiel, das jedes Schulkind kennt: Nathan den Weisen. In diesem Stück bringt Sittah, die Jüdin, Saladin, dem Moslem, bei, was Christen sind: »Du kennst die Christen nicht, willst sie nicht kennen. Ihr Stolz ist: Christen sein; nicht Menschen. Selbst das, was noch von ihrem Stifter her, mit Menschlichkeit den Aberglauben würzt, das lieben sie, nicht weil es menschlich ist: Weil's Christus lehrt; weil's Christus hat getan. – Wohl ihnen, dass er ein so guter Mensch noch war! Wohl ihnen, dass sie seine Tugend auf Treu und Glauben nehmen können! – Doch was Tugend? – Seine Tugend nicht; sein Name soll überall verbreitet werden; soll die Namen aller guten Menschen schänden, verschlingen. Um den Namen, um den Namen ist ihnen nur zu tun.«

Sittha will in der Zeit der Aufklärung offenbar zeigen, dass die Christen dauernd eine Instanz brauchen, die ihnen von außen sagt, was sie tun müssen. Sie können nicht menschlich werden, weil es ihnen darum geht, einer Institution zu gehören, um in Massen zu marschieren. Schon deshalb werden sie nie Individuen. Darüber hi-

naus besitzen sie ein famoses Handlungsprogramm, das ihnen bestenfalls selbst keinen Schaden zufügt; doch es ist grundlegend verderbt,
weil es keine Freiheit kennt. Lessings Stück ist 200 Jahre alt und gibt
die beste und schlimmste Beschreibung dessen, was heute römische
Kirche heißt. Wir müssen damit Schluss machen! Es ist uns erlaubt,
Menschen zu werden! Wenn wir damit beginnen, mag es sein, dass
die römische Kirche auf ihre Gläubigen hören lernt und sich an uns
ändert – oder sie lässt es bleiben und versteinert weiter und wird zum
Museum. Diese Fragen müssen nicht wir lösen. Was die Menschen
jedoch dringend brauchen, ist das Beispiel des Mannes aus Nazaret.
Wo irgendein Ton seiner Güte fällt, sind die Säle voll, werden die
Augen feucht und die Herzen öffnen sich. Doch was die Leute nicht
länger brauchen, ist eine Institution, die ihnen bei der Begegnung mit
dem Nazarener im Wege steht, weil sie erklärt, sie sei der fortlebende
Christus. Diese Institution hat eine Weltherrschaftsbühne aufge-
macht, welche die Menschen überhaupt nicht mehr meint und auch
nicht mehr erreicht. Was Jesus wollte, ist jedoch gerade die Individualität der Gottesbeziehung. Lasst ihr euch, sagt er, nicht »Vater«
nennen und nicht »Meister« und nicht »Lehrer«. Die Gottunmittelbarkeit, welche die Kirche römischer Ausprägung mit System verhin-
dert, soll in der Botschaft Jesu erreicht werden. Das Programm des
Mannes aus Nazaret war nicht die Gründung einer Kirche, sondern
Gottes Nähe, die er unter den Begriff der »Gottesherrschaft« brachte.
Die Protestanten haben völlig Recht, wenn sie seit einem halben
Jahrtausend sagen, dass sich jede beliebige Kirche an diesem Beispiel
messen lassen müsse. Stattdessen erklärt die römische Kirche, wir
sollten lieber auf den Papst hören, um uns nicht zu irren; denn die
Worte die Bibel seien stets missverständlich.

Nientiedt: Es fällt schwer, Herr Drewermann, in Ihren Ausführungen
die grundsätzliche Kritik an einer Institution Kirche von Ihrer Kritik
zu unterscheiden, die Sie an der Kirche üben, insofern sie mit konkreten Inhalten historisch gewissermaßen befleckt ist. Solange der

Glaube ein kollektives Geschehen ist und eine ganz elementare Wir-Dimension hat, braucht er doch Gemeinschaft. Und wenn man »Gemeinschaft« sagt, ist man sehr schnell auch bei so etwas wie Institution.

Drewermann: Damit machen wir gleich zwei Fehler auf einmal. Der erste liegt darin, dass wir dauernd danach fragen, was die Kirche macht. Die einzig christlich legitime Frage ist jedoch, was wir heute Abend angesichts der Botschaft Jesu tun. Was machen wir mit dem Dreiviertel der Menschheit, das hungert oder verhungert? Was machen wir mit Millionen Tieren, die man systematisch quält? Was machen wir mit den Randgruppen in unserer Gesellschaft? Was machen wir aus unserem Leben, das vielleicht noch ein paar Tage oder 20 Jahre dauert? Das ist dringlich im Sinne Jesu. Gemessen daran, ist die Frage, was die Kirche machen wird oder machen kann, völlig sekundär.

Der zweite Fehler liegt im Verständnis des Glaubens. Selbstverständlich, ist »Glauben« eine Angelegenheit mindestens zu zweit. Aber viel wichtiger als das zu wissen, ist es, dass christlicher Glaube zuallererst eine Entscheidung ist, die jeder persönlich trifft. Niemand kann sie ihm abnehmen. Lassen Sie es mich mit Adolf von Harnack sehr zugespitzt formulieren. In seiner Jahrhundertvorlesung über das Wesen des Christentums sagte er sinngemäß: »Erlöst wird nicht das Volk, erlöst wird nicht der Staat, erlöst wird nur jeder Einzelne«. Die Frage an uns ist zunächst, ob und wie wir das auf eine Art und Weise leben, dass es anderen Menschen auf dem Weg zur Freiheit hilft. Sie kehren in Ihrer Fragestellung das Problem um, wenn Sie zunächst danach fragen, wer uns denn von außen an die Hand nimmt, womöglich gar im Schatten einer Institution, die Recht haben möchte.

Hoeren: Es geht nicht um das »An-die-Hand-Nehmen«, es geht um die Frage, ob wir eine Gemeinschaft brauchen.

Bischof Gaillot, brauchen wir eine Glaubensgemeinschaft? Verwirklicht sich Glaube nicht in dem Zusammenkommen zum Mahl, in der Mahlgemeinschaft nach der Verheißung: »Wo zwei oder drei in meinem Namen zusammen sind, da bin ich mitten unter ihnen«? Das ist doch eine zentrale Aufgabe der Gemeinschaft. Und wie ist es mit dem anderen Wort: »Ich bin die Wahrheit und das Leben«? Da ist doch eine klare Kontur des Evangeliums zu erkennen, da herrscht doch keine Beliebigkeit.

Gaillot: Ich hatte immer Gemeinschaft nötig, um meinen Glauben zu leben. Meine erste Gemeinschaft, das war meine Familie. Die Gemeinschaft ist für mich ein Raum der Freiheit; sie gibt meinem Glauben Flügel. Und jetzt lebe ich in diesem besetzen Haus mit den Ausgeschlossenen. Kürzlich feierte ich sonntags im Saal, in dem sich die Familien versammeln, die Messe: Die »Clochards« waren da, jugendliche Arbeitslose, einfache Leute, ohne den Industriellen zu vergessen, der zufällig vorbeikam, und ein bekannter Buchhändler sowie gut befreundete Jesuiten. Das Evangelium der Seligpreisungen drang in die Tiefe ihrer Herzen. Wir teilten das Wort. Ein »Clochard« begann zu sprechen: »Ich, ich bin nichts als arm. Ich bin glücklich, wie ich bin. Ich weiß, dass Gott da ist, dass er mich nicht fallen lässt. Ich habe jeden Tag, was ich zum Leben brauche. Doch da gibt es Kinder...«

Es sind immer sehr intensive Augenblicke, wenn wir nach Jesu Art Mahlgemeinschaft halten. Sie helfen uns, das zu empfangen, was Gott von uns erwartet. Unter der Woche sprechen wir weiter darüber. Die Gemeinschaft ist für mich etwas Notwendiges.

Drewermann: Darin stimmen wir vorbehaltlos überein; an dieser Stelle gibt es keinen Dissens. Kein Mensch kann als ein völlig isoliertes monolithisches Gebilde leben. Ich sagte doch schon...

Hoeren: ... da muss ich noch nachfragen, Herr Drewermann. Bischof Gaillot meint doch wirklich Gemeinde und nicht so irgendein beliebiges Gebilde...

Drewermann: Gewiss, kein Mensch kann zu sich selbst kommen ohne seit Kindertagen unter den Augen eines anderen zu leben, der ihn als »Du« anredet, als Person. Vielleicht gibt es an dieser Stelle jedoch einen Erfahrungsunterschied. Durch die Psychoanalyse lerne ich jeden Tag, dass man den familiären Hintergrund noch einmal kritisch durcharbeiten muss, um zu sich selbst zu finden. Im katholischen Wien machte Sigmund Freud die Erfahrung, dass die Leute, wenn sie von Gott zu reden begannen, in aller Regel den Hintergrund ihrer Unfreiheit freilegten. Sie sprachen dabei die Ängste eines Kindes vor seinem Vater und vor seiner Mutter aus, wobei all dies durch die Autorität der Kirche überhöht wurde. Natürlich braucht man viel Geduld, um all dies kritisch durchzugehen. Nun sagen Sie, wir würden doch in der Tradition leben. Doch der Mann aus Nazaret war derjenige, der neuen Wein wollte, und dazu konnte er keine alten Schläuche brauchen...

Nientiedt: ... aber auch Jesus lebte in einer Tradition...

Drewermann: ... doch er wollte das Gegenteil von Tradition: Er wollte den Aufbruch, den Weg nach vorn, und nicht den Blick nach rückwärts: »Wer die Hand an den Pflug legt und dabei nach hinten schaut, ist meiner nicht wert.«

Ich nehme Ihre Frage, Herr Hoeren, sehr ernst. Jacques Gaillot beschreibt wunderbar, was ich auf meine Weise auch versuche. Jeden Samstag lesen wir in einem Gymnasium in Paderborn mit etwa 300 Leuten, die von der Kirche weggedrückt sind, gemeinsam die Bibel. Entscheidend ist, dass wir darin zu Jesu Beispiel finden. Da formt sich eine Gemeinschaft wie jene, die Jesus mit den Leuten bildete, vor denen man ausspuckte. Er holte die Huren, Zöllner, Bettler und das Gesocks an einen Tisch und machte ihnen fassbar, was Gnade ist, was Barmherzigkeit ist, was Güte ist, weil sie sonst nicht leben konnten. So machte er ihnen Gott verständlich. Das ist die Einladung zur Gemeinschaft im Sinne Jesu.

Hier beginnt der Trick. Denn kaum, dass wir hören, wir bedürften der Gemeinschaft, kommt die Kirche und sagt: »Voilà, die Gemeinschaft, das sind wir!« Es kommt alles darauf an, beides miteinander zu vergleichen. Das Mahl, das ohne jede Ausgrenzung mit der Einladung an alle begründet wurde, ist im Raum der römischen Kirche – in Gestalt der Eucharistie – zu einer Angelegenheit geworden, die nur ein katholischer Pfarrer aufführen darf. Und zwar, weil er Mann ist und keine Frau und weil er – es geht noch weiter – von einem katholischen und nicht von einem protestantischen Bischof eingesetzt wurde und weil seine Vollmacht letztlich auf den Papst zurückgeht und nicht auf irgendeine reformierte Bewegung. An diesem Mahl der Katholiken kann kein Jude teilnehmen. Kein Protestant darf daran teilhaben, und auch keine Katholikin, die unglücklich verheiratet war, geschieden wurde und sich glücklich wieder verheiratet hat. Aus Jesu Mahl und aus der Gemeinschaft des Mannes aus Nazaret ist ein Prinzip ständiger Ausgrenzung geworden. Statt der Eingemeindung der Hilflosen erhalten wir damit eine Prämie für die Orthodoxie und für das moralische Rechtverhalten. Ich möchte, dass wir den Trick nicht länger glauben. Menschen brauchen Gemeinschaft, aber die Art der Gemeinschaft, die sie brauchen, ist grundverschieden von dem, was sie in der römischen Kirche erleben. Der Unterschied muss klar sein.

Hoeren: Bischof Gaillot, dazu hätte ich Sie gerne gehört. Stimmen Sie damit überein?

Gaillot: Ich habe den Eindruck, dass sich in der Kirche in Frankreich ebenso wie in der Gesellschaft heute etwas sehr Wichtiges ereignet. Es ist, als wenn eine neue Seite der Geschichte geschrieben würde. Denn jenseits aller Spannungen kommen Forderungen und grundlegende Anliegen an den Tag und werden offen ausgesprochen. Unzählige Leute werden bewegt von Freiheit, von Demokratie, von Toleranz und von Gerechtigkeit! Wenn sich ein Volk das Wort nimmt und sich Gehör verschafft, so ist das ein Ereignis. Es hat sich ein Feuer entzündet, das sich nicht mehr löschen lässt. In mehreren Ländern Europas kommt ein »KirchenVolksBegehren« auf, das die Kirche dazu herausfordert, sich von ihren Fesseln und Ängsten zu lösen, um anders zu leben. Es geht um die Erneuerung der Kirche, die von unten, von der Basis, ausgeht. Wir warten immer auf die Änderungen von oben, von Rom herunter. Aber es wird wie mit der Berliner Mauer sein: Was die Regierenden nicht zu tun verstanden, das macht das Volk.[85]

Hoeren: Nein, nein – darf ich noch einmal nachfragen? Ich finde die Frage eigentlich nicht ganz präzise beantwortet. Bischof Jacques Gaillot, zur Eucharistiefeier hat Eugen Drewermann gefragt, warum wir denn dazu Priester, d.h. geweihte Männer, bräuchten. Er fragt, warum dazu nicht jede Frau oder jeder Mann genüge, wenn sie mit einer Gemeinschaft, die es ernst meint, Jesu Mahl feiern wollen. So, meint Eugen Drewermann, ließe sich doch das Anliegen Jesu verwirklichen.

Wie hätten Sie denn als Ortsbischof von Évreux reagiert, wenn Sie plötzlich gehört hätten, dass sich in Ihrer Diözese eine Gemeinde bildet, welcher eine Frau vorsteht, die auch Eucharistie feiert? Waren Sie nicht darauf aus, möglichst viele Priester, also einen starken Priesternachwuchs, in Ihrer Diözese zu finden? Braucht es denn Priester?

Gaillot: Wir brauchen vor allem Gemeinschaften. In der Kirche mangelt es an Gemeinschaften. Die Christen leben zu isoliert. Man hat mich oft gefragt, wie viele Priester ich in der Diözese Évreux hätte. Man hat mich nie gefragt, wie viele Gemeinschaften ich hätte. Die Frage, ob eine Frau die Eucharistie feiern könnte, hat sich mir nie gestellt. Immer wenn ich – mit Bewunderung – lebendigen, betenden und engagierten Gemeinschaften begegnete, hatte ich Hoffnung, dass sich Lösungen für die Probleme würden finden lassen. Wenn man die Schwierigkeiten gemeinsam trägt, findet man einen Ausweg.

Ich erinnere mich an das Zeugnis einer Frau, die in Verviers in Belgien wohnt. Es war am Tag meiner Absetzung als Bischof meiner

Diözese Évreux. Mit ca. 2000 Personen stand sie draußen im Regen, um gegen das, was mir angetan wurde, zu protestieren. Sie strömte mit den anderen in die Kathedrale. Da ergriff sie das Wort, um allen zu sagen, was sie auf dem Herzen hatte. Es war für sie das erste Mal, dass sie vor allen Leuten in einer Kirche zu Wort kommen sollte. Das Undenkbare ereignete sich. Allein die Tatsache, dass sie mit zweitausend Personen zusammen war und dabei »ich« sagen konnte, eröffnete ihr eine ganze Zukunft.

Ich bin mir sicher, dass in der Kirche sehr viel Neues aufbrechen wird. Die alten Mauern zeigen Risse, doch schon fallen die Schranken, und die Tore öffnen sich.

Nientiedt: Bischof Gaillot, eine Ihrer Botschaften besteht in der Aufforderung an die Kirchen, von der Moderne zu lernen. Nun ist jedoch Ihr Land auch ein Beispiel dafür, dass innerhalb der Kirchen Gegensätze aufbrechen und darin eine Pluralität zum Vorschein kommt, die zum Problem wird. Die Bereitschaft, von der Moderne zu lernen, ist auch in Teilen unserer Kirchen nicht verbreitet. Wie stellen Sie sich vor, dass bei diesen extremen Gegensätzen – die immer größer werden – überhaupt noch so etwas wie Gemeinschaft als Kirche auf Dauer möglich sein wird?

Gaillot: Das, was mit mir geschehen ist, hat die Widersprüche an den Tag gebracht, die in der Ausübung der Autorität real existieren: die Widersprüche zwischen der Vorstellung von der Einheit der Kirche einerseits und der Notwendigkeit, die konkrete Realität im Gespräch zu berücksichtigen andererseits. Ich freue mich zu sehen, dass dieses Ereignis den Leuten den Sinn für ihre eigene Verantwortung zurückgegeben hat. Alles, was auf dem Boden der Gemeinden in diese Richtung weist, leistet der Kirche einen Dienst.

Nientiedt: In der deutschen Diskussion taucht ein widersprüchliches Szenario auf: Die einen meinen, es müsse der Kirche erst einmal richtig dreckig gehen, und zwar noch dreckiger als heute, damit sich etwas ändert. Und die anderen sagen: »Nein, die Entwicklung muss doch auch mit den Teilen weitergehen, die heute in dieser Kirche etwas tun.« Könnten Sie der Aussage etwas abgewinnen, wonach die kirchlichen Verhältnisse erst einmal sehr tief einbrechen müssten, damit etwas Neues entstehen kann?

Gaillot: Ich stelle fest, dass die Kirche sich nur ändert, wenn sie dazu gezwungen wird, wenn sie das Messer an der Kehle hat und nichts mehr geht. Nicht die Bereitschaft zur Veränderung, sondern die Ereignisse werden die Kirche ändern. Wenn wir die Neugestaltung zulassen wollen, dann ist das Wichtigste dies: dass wir uns von der Angst befreien. Die Kirche hat häufig Angst. Die Verantwortungsträger der Kirche haben Angst. Wie Eugen Drewermann in seinen Büchern immer von neuem ausführt, kommt alles darauf an, sich von der eigenen Angst zu befreien, um das Vertrauen und die Liebe wieder zu finden.

Drewermann: Wir hatten vor zwei Jahren einen Armenier in der Abschiebehaftanstalt von Büren. Der Mann hatte als seinen Asylantrag nichts weiter mitgebracht als seine armenische Bibelausgabe, in der steht: »Du sollst nicht töten!« Er war vor dem Bürgerkrieg in Aserbaidschan geflohen und sagte sich, dass im christlichen Abendland doch jeder verstehen werde, dass er mit 20 Jahren nicht der Mörder an den Menschen werden wolle, mit denen er groß geworden war als Kind. Drei Monate später wurde er samt seinem einzigen Reisegepäck, mit der Bibel in den Händen, in Frankfurt »abgeschoben«. Es gab in der Kirche offiziell niemanden, der sich für diese Sache interessiert hätte. Aber es gibt an die tausend Leute, die gegen die Abschiebehaftanstalt in Büren mobil machen und in mühseliger Arbeit den Betroffenen zu helfen suchen. Sie stehen immerfort am Rande der Verdächtigung, sie seien reine Chaoten. Ich kann Ihnen versichern, dass es pottegal ist, ob diese Leute katholisch oder protestantisch sind, ob sie

Exkommunisten oder ob sie gar nichts sind, wenn sie nur Menschen sind, die etwas dafür tun, dass Menschen hinter Gittern frei werden. Das ist die Gemeinschaft Jesu Christi.

Nientiedt: Herr Drewermann, es gibt doch auch das Engagement der deutschen Kirchen im Bereich der Ausländerpolitik und der Asylhilfe. Ich glaube, dass Sie dies nicht gering schätzen dürfen, weil Sie ansonsten am falschen Ende Unrecht tun.

Drewermann: Ich sag es jetzt simpel so: Es ist schon lange nicht mehr das Problem der Leute, ob Frauen Priester werden dürfen und ob bloß katholische Pastöre Brot und Wein in den Leib und Blut unseres Herrn Jesus Christus verwandeln können. Was die Leute wissen möchten, ist etwas viel Entscheidenderes: »Wer engagiert sich gegen den Krieg, wer gegen die Gewalt, wer gegen das Unrecht, wer gegen die Unterdrückung in der Dritten Welt?« Das sind Fragen, die man beantwortet sehen möchte. Heute erleben wir, dass die offizielle Kirche hier in der Bundesrepublik nicht einen einzigen dieser Punkte ernsthaft anpackt.

Hoeren: Ich glaube, dass sogar diese Frage noch viel tiefer geht, weil viele Menschen fragen: »Wo ist denn eigentlich dieser Gott, von dem die Christen reden?« Ich glaube, dass dieses ganze Kritisieren an der Kirche und an den Institutionen doch eigentlich nur vorgeschoben ist. Die Krise – glaube ich – sitzt viel tiefer: Es ist eine Glaubenskrise, eine Gotteskrise. Dies wird in dem Szenario, das Sie sehr drastisch beschreiben, doch immer offensichtlicher.

Wo ist denn eigentlich dieser Gott, wo ist er denn noch zu finden?

Drewermann: Ich bin sehr froh, dass Sie jetzt darauf zu sprechen kommen. Denn ich glaube, dass es neben den Strukturfragen der Kirchenverwaltung auch noch mindestens drei fundamentale geistige Missdeutungen der religiösen Existenz gibt.

Zum ersten Missverständnis: Was wir hier an Reformen der Kirchenstrukturen fordern, lässt sich nicht unterwandern, indem Theologen sagen, es gebe statt der Kirchenkrise eine Gottes- oder Glaubenskrise. Die Menschen brauchen das Wasser aus dem Brunnen. Es hilft ihnen überhaupt nicht, wenn man ihnen erklärt, wir würden eben 200 Meter unterhalb der Wasserstelle graben, weil wir noch viel abgründiger tätig seien als die Leute sich das vorstellen können. Die Menschen brauchen die Antworten heute. Und wenn sie sich an den Kirchenstrukturen reiben oder sich darin zerstört fühlen, dann hat sich die Kirchenstruktur zu ändern.

Zur zweiten Missdeutung des Glaubens: Die Bürger dieser Stadt Freiburg im Breisgau konnten bis 1958 von einem der größten Bürger dieser Stadt vernehmen, was das Leiden an einem – wie ich glaube – falschen Gottesbild bedeutet: Reinhold Schneider ist unter diesem Leid fast bis zum Atheismus geraten. Denn wie damals hängt die Kirche auch heute noch an der Vorstellung eines allmächtigen Gottes, der alles kann, was er will, und eingreifen kann, wann immer er will. Nun sah Reinhold Schneider jedoch, wie viel Leid in der Evolution liegt. Und er erkannte, dass der Motor des Lebens selber unvorstellbare Grausamkeiten produziert. Das Gottesbild dieser Kirche ist viel zu klein berechnet. Es misst Gott an den menschlichen Erwartungen von Schönheit und Gutheit, von Anstand und Moral, von Ästhetik und Ethik. Und diese Rechnung, die Gott nach dem Maßstab des Menschen bemisst, geht insgesamt nicht auf. Das ist mit ein Grund dafür, warum die Kirche sich z.B. in Fragen der Umwelt so schwer tut und die Anliegen des Tierschutzes bis heute nicht verstehen kann. In ihrem Weltbild steht der Mensch ungefragt im Mittelpunkt. Diese kirchliche Vision stutzt die ganze Religion auf diesen Anthropozentrismus zusammen.

Die dritte Missdeutung des Glaubens liegt im Fundamentalismus der Bibelauslegung. Sie ist der wesentliche Grund dafür, dass schon die 12- und 13-jährigen in den Schulen sich von jedem kirchlichen Christentum abwenden. Selbst mein Bischof in Paderborn, Johannes

Joachim Degenhardt, kann simpel fragen: »Glauben Sie oder glauben Sie nicht, dass Jesus Brote vermehrt hat? Glauben Sie, ja oder nein, dass Maria vor, während und nach der Geburt im biologischen Sinne jungfräulich war? Glauben Sie oder glauben Sie nicht, dass Jesus physikalisch aus dem Grabe auferstanden ist?«[86] Entweder glaubt man an all dies äußerlich, biologisch, fundamentalistisch und magisch, oder man glaubt im Sinne der Kirchenoberen überhaupt nicht. Die Bibelexegeten wissen längst, dass sich die Botschaft des Neuen und des Alten Testamentes an zentralen Stellen in Bildern ausdrückt, und zwar nach der Art von Legenden, von Mythen und Sagen. Mit Hilfe der Tiefenpsychologie bemühe ich mich zu zeigen, wie und warum Legenden, Mythen und Sagen ihr Recht haben, ja existentiell zur Heilung des Daseins notwendig sind. Ein Frauenporträt von Picasso ist wahr, weil es als Bild etwas Entscheidendes aussagt über die Frau, die er malt. Doch wer jetzt mit dem Bild von Picasso durch Freiburg liefe, um nach dieser Frau zu suchen, der würde sie hoffentlich nicht finden. Fände er sie, so hätte sie nicht die Bedeutung der Frau, die Picasso malte.

Doch so ähnlich laufen die Bischöfe noch heute beamtetermaßen den Bildern der Wahrheit Christi nach, die uns das Evangelium vor Augen stellt. Statt ihrer Kraft zu vertrauen, in unserem eigenen Innern zu heilen, was verwundet ist, pochen diese Bischöfe auf Fakten, über welche wir durch die Bilder angeblich informiert werden sollten. Das ist absurd. Solche Oberhirten trauen weder den Träumen noch der Sehnsucht der Menschen, und sie vermögen der Selbstgestaltungskraft der menschlichen Seele keinerlei Vertrauen entgegenzubringen. Am wenigsten trauen sie den Legenden zu, die sie wörtlich verstanden wissen wollen. Wenn der heilige Franziskus nach der Legende den Wolf von Gubbio umarmt, dann kriegen sie es mit der Frage nach den damaligen Wölfen zu tun, statt sehen zu können, wie heute durch ein solches Bild die Gewalt durch Güte widerlegt werden könnte. Ein einziger Traum in der menschlichen Seele kann die Wahrheit unseres Lebens umfassender und genauer offenbaren als alles, was wir uns durch unser Bewusstsein vormachen. Wir sollten die Bibel lesen wie den Traum unserer Freundin oder unseres Freundes aus der vergangenen Nacht. Was die Kirche dagegen hat? Nur ein Einziges: Eine solche Kontaktaufnahme mit dem unbewussten Reichtum der Bilder würde ihre ganze Auslegungskompetenz überflüssig machen. Wenn die Menschen die Wahrheit erst einmal in sich selber finden, dann schauen sie nicht mehr nach oben, sondern um sich und in sich. Gott sei Dank sind die Wirbeltiere so geschaffen, dass sie sich seitwärts verständigen, und nicht ständig mit dem Blick nach oben.

Gaillot: Es ist wichtig, dass Eugen Drewermann auch vom Engagement der Kirche gesprochen hat. Ich frage mich oft, in welcher Sprache die Kirche reden müsste, damit sie von allen Leuten verstanden werden könnte. Ich glaube, dass sie verstanden würde, wenn sie in der Sprache der Taten reden würde, mit mutigen Taten, die sie mit den Ausgeschlossenen solidarisch werden ließe: gegen die Atomwaffen, gegen die Ungerechtigkeiten, gegen den neoliberalen Wirtschaftsegoismus. Als ich mich in diesem Sommer mit den Aktiven von Greenpeace auf der *Rainbow Warrior* einschiffte, um gegen die Wiederaufnahme der Atombombenversuche Frankreichs zu demonstrieren, da hat man mich gefragt, ob dies wirklich der rechte Platz für einen Bischof sei. Meine Antwort: »Warum sollte ein Bischof seine › Sakristei‹ nicht verlassen, um vor Ort durch sein Handeln zu zeigen, dass er ein Mann des Friedens ist? Ich bin erstaunt, dass Ihr erstaunt seid. Ich hätte es für normal gehalten, mich auf der Rainbow Warrior mit anderen Bischöfen zusammenzufinden.«

Hoeren: Bischof Gaillot, es ist nicht verwunderlich, dass Sie für Ihr Engagement Beifall erhalten. Doch ich möchte noch einmal zurück zu der Kernfrage: zur Gotteskrise und zur Glaubenskrise. Ich hätte aus Ihrem Mund als Bischof doch gerne auch etwas dazu gehört. Sollen wir denn in dieser unserer Zeit nur noch über Gott reden, indem wir handeln und beispielsweise auf einem Schiff vor dem

Moruroa-Atoll mitdemonstrieren? Ist das allein notwendig? Ist Glauben nicht auch in einer anderen und tieferen Dimension zu erfahren?

Gaillot: Ich denke nicht, dass es eine Glaubenskrise gibt. Aber die gesellschaftlichen Veränderungen gehen so tief, dass sich auch die Situation des Glaubens verändert hat. Zwischen der Kirche und der Gesellschaft hat sich ein kultureller Graben aufgetan.

Eine Frau wollte mich sprechen. Sie war völlig verzweifelt. Ihre eigene Tochter war bei dem Attentat in der Metro-Station Saint-Michel im Herzen von Paris getötet worden: »Ich komme«, sagte sie, »um zu erfahren, was Sie eigentlich glauben. Vertrauen Sie darauf, dass es nach dem Tod noch etwas gibt? Ist es das Leben?« – »Ja, darauf vertraue ich.«[87] – »Glauben Sie, dass meine Tochter lebt?« – »Ja, das glaube ich. Das Leben ist nicht zerstört. Es ist verwandelt worden. Der Tod hat nicht das letzte Wort. Er ist ein Übergang. Gott ist nicht der Gott der Toten, er ist der Gott der Lebendigen.« Die Frau fuhr fort: »Meine Tochter hat so intensiv gelebt. Ich aber lebe überhaupt nicht mehr. Ich habe den Eindruck, dass ich jetzt schon tot bin. Mich interessiert gar nichts mehr. Ich versinke in der Nacht.« Mit sehr viel Klarheit hat sie auszudrücken vermocht, was sie damals erlitt. Auch sie hätte so intensiv wie ihre Tochter zu leben gewünscht, und sie konnte es nicht. Sie fühlte sich mutterseelenallein, als wenn alle Liebe erloschen wäre. Ihr Glaube hätte in den gewohnten Formen keine Sprache mehr gefunden. Die Formeln sind leer geworden. Sie brauchte das Vertrauen[88] und sie suchte das Gespräch. Wir haben zusammen gegessen und unser Brot und unsere Freundschaft miteinander geteilt. Sind nicht dies die Sakramente heute?

Ich musste an Jesu Umgang mit den Leuten denken. Bevor er sich an den Himmel wandte, wandte er sich vorbehaltlos dem Menschen zu, der ihm begegnete. Aus ganzem Herzen liebte er diesen Menschen und anerkannte seine Würde. Dann fand er Worte und Gesten, die dem anderen das Vertrauen zurückgaben, das er brauchte, um wieder auf eigenen Füßen stehen zu können. Durch eine solche Achtung kann jemand das Selbstvertrauen und den Glauben an sich selbst wieder finden, ja vielleicht sogar das Vertrauen zu Gott.

Nientiedt: Bischof Gaillot, gerade hier in Deutschland machen wir eine Phase durch, in der die Menschen sehr elementar zu spüren bekommen, dass solche Worte und Gesten auch leicht verschwinden können. Wir machen die Erfahrung, dass auch ein solcher Glaube verdunstet, ja verschwindet. Meinen Sie, dass diese Befürchtungen unberechtigt sind?

Gaillot: Was gibt es da zu fürchten? Warum soll ein Wort nicht den Weg bis zum Herzen eines anderen Menschen finden? Es gibt so viele Worte, und es gibt so viele Gesten, die Vertrauen wecken. Ich freue mich zu sehen, wie sich, wo ich lebe, viele Jugendliche wieder aufrichten und gegenseitig aufbauen. Wenn ihr Selbstvertrauen wächst, beginnen sie auch anderen zu helfen. Durch das Angesprochen-Werden und durch das Vertrauen eines anderen finden sie sich selber wieder. Wir sind weniger dazu da, etwas in Ordnung zu bringen, als vielmehr dazu, jemanden auf den Weg zu bringen.

Drewermann: Ich kann nur bestätigen, was Sie sagen, Jacques Gaillot. Ich glaube nicht, dass wir eine Glaubenskrise oder gar eine Gotteskrise haben. Wie sollte Gott in eine Krise kommen? Was wir erleben, ist die Krise des Kirchengottes und die Unglaubwürdigkeit des Kirchen-Dogmatismus. Die Begriffe, mit denen die Kirche versucht, über die Medienschüsseln auf die Leute einzureden, erreichen keine Herzen. Ein kleines Beispiel: Was geschieht, wenn die zentrale biblische Erfahrung mit dem theologischen Wort »Gnade« wiedergegeben wird? Wer von »Gnade« spricht, redet im Grunde von etwas, was hochherrschaftlich vom Himmel auf die Erde, von den Thronen der Mächtigen zu den Untertanen niederträufelt. Mit dem »gnädigen Herrn« wird das Gottesgnadentum von Fürsten und Fürsterzbischöfen heraufbeschworen. Würden wir das lateinische Fremdwort gebrauchen, das Sigmund Freud dafür gefunden hat, also das Wort »Akzeptation«, dann hätten wir etwas Wunderbares gefunden. »Akzeptation« meint die vorurteilsfreie Annahme und das bedingungslose Ja-Sagen zu dem, was ein anderer Mensch ist. Doch Sigmund Freud war ein Atheist, der uns darauf gebracht hat...

Zu mir kommen täglich Leute, die im Sinne der Kirche Ungläubige sind; in den neuen Bundesländern halten sich mehr als 80% der Bevölkerung in diesem Sinn für völlig ungläubig. Doch indem diese Leute mit neuem Mut über ihre Verzweiflung hinweggehen, lehren sie mich tiefer an das zu glauben, was Gott in den Menschen eingesenkt hat. Sie erklären mir, was die Bewegung eines ganzen Volkes sein kann, das aus der ägyptischen Knechtschaft erst durch das Rote Meer schreiten musste, um dann in ein Wüstenland hineinzufinden, wo man jeden Tag zu lernen hat, dass das Leben neu als ein reines Geschenk aus den Händen Gottes empfangen werden kann. Niemand von den Frauen, die sich womöglich gerade haben scheiden lassen oder unter sehr viel Leid nach der Scheidung verlangen, kann wissen, wie der Eheprozess weitergeht und wie der morgige Tag zu bestehen ist. Doch sie handeln um der Wahrheit willen und aus der Fairness, die sie ihrem Leben schulden. Im Sinne der Kirche sind sie nichts als Ungläubige und Unmoralische.

Nach dem siebenten Kapitel des Lukas sitzt Jesus im Kreis der Superfrommen und der Pharisäer. Da kommt eine Frau zu ihm, die als stadtbekannte Hure gilt. Was wäre nicht alles möglich, wenn auch heute eine solche Frau in ihrer Verzweiflung und Ausgegrenztheit es einem Manne zutrauen könnte, nicht zurückgewiesen zu werden, wenn sie zu ihm kommt. Diese Frau konnte sich vorstellen, Jesus zu umarmen und zu streicheln und mit Öl zu salben. Doch kaum sah sie die frommen Männer dasitzen, da verrutschte ihr die ganze Szene. Weinend fiel sie Jesus zu Füßen; und um den Schaden wieder gutzumachen, löste sie ihr Haar. Nun werden sich alle gesagt haben: »Seht die Unanständige, so etwas tut man nicht in Männergesellschaft! Sie macht alles falsch!« Jesus aber sagte: »Sie macht alles richtig, denn sie hat viel geliebt.«

Den größten Fehler begehen wir schon dadurch, dass wir bei »Glauben« dauernd an ein »Für-wahr-Halten« von kirchlichen Lehren denken. Das ist passé. Aber würden wir fragen, wie Menschen die Liebe leben, und wir würden dies Glauben nennen... Ich verspreche Ihnen, dass Sie danach lange vergeblich suchen würden. Sie würden in eine Situation geraten, wie sie in der Antike von Diogenes, dem alten Kyniker, 300 v. Christus erzählt wurde. Diogenes ging auf dem Marktplatz von Korinth am helllichten Tage mit einer Laterne umher und leuchtete den Menschen ins Gesicht. Er wollte sehen, ob sie Menschen seien. Das ist die Probe aufs Exempel für die Wahrheit Jesu Christi.

Nientiedt: Herr Drewermann, ich frage mich nur, warum Sie das begriffliche Denken so negativ bewerten? Ist es denn nicht notwendig, zur Verständigung in der Kirche auch so etwas wie Begriffe schaffen zu müssen? Da wir eine Gemeinschaft von Menschen sind, die eine Botschaft weiterträgt, müssen wir uns auch auf bestimmte Begriffe einigen. Natürlich können solche Bestimmungen überholbar sein, und gewiss müssen sie stets neu überprüft werden an der jeweiligen historischen Situation. Und natürlich müssen auch die Assoziationen, die mit solchen Definitionen in Verbindung gebracht werden, in einem ständigen Gesprächsprozess stets von neuem kritisch befragt werden. Doch ohne diese Begriffe werden wir als Gemeinschaft praktisch aneinander vorbeireden. Wie sollten wir ohne gemeinsame Begriffe miteinander eine Gemeinschaft bilden können? Weshalb nur kommen Sie immer gleich mit Ihrem abwehrenden Gestus, wenn es um solche klare Bestimmungen geht?

Drewermann: Wunderbar, dass Sie danach fragen.

Die Macht der Kirche, wie wir sie heute in der römisch-katholischen Verfassung vorfinden, gründet sich zentral darauf, dass die Hierarchie die Sprachspiele festlegt. Papageiengleich haben wir diese Sprachspiele auf jede Silbe hin schon als Kind auswendig zu lernen, um damit als Katholik, als Protestant, als Reformierter, als Lutheraner oder als was auch immer unverzüglich identifizierbar zu sein. Wir müssen uns klarmachen, dass darin die ganze Macht der Kirche besteht.

Hoeren: Rituale gibt es doch in allen Religionen, auch im Buddhismus, und im Islam in noch viel stärkerem Maße...

Drewermann: Pardon, nein! Im Buddhismus nicht!

Hoeren: Sie irren...

Drewermann: Wenn wir ernsthaft glauben, wir kämen als Menschen zueinander, indem wir in Begriffen reden, ja, dann kommt der entscheidende Punkt zum Vorschein! Ich nehme doch an, dass es unter uns keine Frau und keinen Mann gibt, die nicht wissen, dass Liebe genau darin besteht, Begriffe zu vermeiden und Worte zu finden, die poetisch genug sind, um Gefühle adäquat auszudrücken. Das sind nicht Begriffe, das sind Dichterworte, und diese ändern sich jeden Tag neu. Das Vertrauen in Begriffe würde in dieser Situation dazu führen, dass ein Mann seiner Frau sagt: »Ich habe dich begriffen«. Das ist das Ende aller Liebe.

Nientiedt: Ist das, streng genommen, eine Alternative?

Drewermann: Ja, das ist die Entscheidung!

Nientiedt: Man muss doch beides tun!

Sie stellen eine Alternative zwischen zwei Dingen auf, die *beide* in sich wichtig sind. Eines ist es, die poetische Dimension der Glaubenssprache zu entwickeln; darin liegt – gerade für die jetzige Zeit – Ihre große Begabung. Ein Anderes ist es jedoch, gleichzeitig auch Begriffe zu haben, ohne die wir uns in einer weltweit präsenten Kirche über verschiedene Kulturräume hinweg nicht wirklich miteinander verständigen könnten. Ich sehe keinerlei Notwendigkeit zu einer Alternative zwischen diesen beiden Sprachformen.

Drewermann: Und ich sehe, dass es nur die *poetischen* Begriffe der Menschen sind, die sie jenseits aller Kulturen international miteinander verbinden. Deshalb können sie auch nicht darüber streiten, ob Dostojewski oder Shakespeare oder Goethe der größte Dichter war. Auf dieser Ebene der Poesie gibt es eine wirkliche Menschheitsliteratur: eine Sprache, die Menschen als Menschen und nicht als Katholiken, Japaner oder Atheisten anspricht.

Fangen sie jedoch an zu erklären, dass Gott in drei Personen einer Natur sei und dass in Jesus Christus nicht zwei Personen, sondern zwei Naturen in einer Person geeint seien, so müssen sie die ganze Begriffsgeschichte der römisch-griechischen Antike auflegen. Kein Araber und kein Japaner versteht das. Nicht einmal unsere Kinder verstehen das. Und doch ist es diese Begriffssprache, welche die Konfessionen voneinander trennt und die Religionen spaltet. Und jetzt kommt das ganz Wesentliche: Der Jude Jesus von Nazaret hat es sich in der Kraft des ersten Gebotes, »Du sollst dir kein Bild machen«, schlicht verboten, von Gott irgendein Wort zu reden, das nach Art eines Begriffs klingt. Er hat Bilder entworfen und er hat Geschichten erzählt, die Gott beglaubigen. Er hat sehr ernst genommen, was Moses nach dem dritten Kapitel des Exodus zu hören kriegte, als er Gott befragte: »Wie heißt du denn?« Diese Frage nach dem Namen war sein Ringen um den Begriff.

Und Gott weigerte sich, die Antwort zu geben.

Er sprach: »Das Einzige, was du wissen musst, ist dies: Ich werde da sein, wie ich da sein werde. Du kannst mit mir rechnen in jedem Augenblick der Angst, in jedem Abgrund deiner Einsamkeit, in der Wüste jeder Isolation, in aller Verzweiflung des Nicht-mehr-Weiter-Wissens. Ich werde bei dir sein. Doch wie ich mit dir sein werde, das wird dir in der Situation aufgehen, die kommen wird. Das ist mein einziger, mein ganzer Name.« Der ganze Kirchen-Dogmatismus ist eine einzige Sünde gegen dieses zentrale Gebot Israels.

Nientiedt: Herr Bischof Gaillot, wie gehen Sie mit diesen Schwierigkeiten um? Was bedeutet es für Sie, dass zentrale Begriffe unserer Kirche historisch belastet sind und unserem Glaubensverständnis fern liegen, weil sie aus einem kulturellen und philosophischen Kontext stammen, der uns fremd geworden ist? Wie gehen Sie konkret damit um?

Hoeren: Und wie gehen Sie damit um, dass Eugen Drewermann, wenn ich ihn recht verstehe, eigentlich alles Ritualisierte ablehnt? Beispielsweise bräuchten wir dann in der Kirche so etwas wie Sakramente nicht.

Drewermann: Nein! Ganz im Gegenteil, Herr Hoeren! Das missverstehen Sie. Die Riten müssten anders begründet werden! Herr Gaillot, bitte!

Gaillot[89]: Diese Fragen stellen sich in der Rue du Dragon, wo ich derzeit in Paris wohne, überhaupt nicht. Die Leute, mit denen ich zusammenlebe, sind glücklich mit dem Wort der Bibel, weil ihnen das Wort der Bibel leuchtet und ihnen zu leben und zu kämpfen hilft. Wir teilen das Mahl, wir teilen das Brot des Lebens und wir lesen die Bibel – nicht das Glaubensbekenntnis. Das interessiert uns und das macht uns glücklich.

Drewermann: Vielleicht können wir die Sache einmal so auf den Begriff bringen: An der diesjährigen Fuldaer Bischofskonferenz hat Karl Lehmann als der Vorsitzende der katholischen Bischöfe in Deutschland in seiner Einführungsrede erklärt, das Christentum sei nicht Sozialarbeit und nicht Psychotherapie. Nun haben Sie in Jacques Gaillot die Sozialarbeit und in mir die Psychotherapie vor sich, und wir beide behaupten, das sei die wahre Kirche. Bischof Lehmann fügte noch hinzu, die Kirche habe den Willen Gottes zu tun. Wenn ich uns beide richtig verstehe, so behaupten wir, dass Sozialarbeit und Psychotherapie eben das sind, was Gott will. Nun fragen Sie, Herr Hoeren, zu Recht, ob es denn in einer Gemeinschaft, egal ob sie sozial oder therapeutisch zustande gekommen ist, nicht die Notwendigkeit von Riten gebe. Ja, es gibt sie, und zwar unbedingt. Jeder Therapeut wird die Traumszenen seiner Patientinnen und Patienten durchspielen, entweder verbal oder dramatisch. Das sind Riten. In jeder Gruppenpsychotherapie wird Ähnliches veranstaltet, wenn sich im Psychodrama bestimmte Szenen aus der Kindheit neu formieren. Das könnte den Hintergrund bilden, um beispielsweise zu erleben, was Taufe sein kann. Ich setzte voraus, dass Jesus überhaupt keine Sakramente eingesetzt hat, was jeder Bibelwissenschaftler so bestätigen wird. Doch auf dem Weg der Vermenschlichung werden zu Recht ganz bestimmte Riten herausgeformt. So könnte auch das Bild einer Taufe etwas Wunderbares sein, wenn wir es nur unter *Erwachsenen* uns wirklich schenken könnten.

Ich kenne eine Ordensschwester, die nach vielen Jahren des Ringens aus ihrer Gemeinschaft ausgetreten ist. Der Grund dafür war ein Traum, der ganz dicht an das Symbol der Taufe heranreicht. In ihrem Traum hatte sie das Kreuz von der Wand genommen, weil es sie nur gequält hatte. Seit ihren Kindertagen hatte sie als Mädchen, später als Frau, unter dem Gefühl gelitten, nichts als unkeusch, schlecht und verdammenswürdig zu sein. Bis zu ihrem 45. Lebensjahr litt sie unter Herzneurosen. Voller Angst glaubte sie immerzu, lebendig begraben zu werden. In dieser Nacht nun träumte sie, sie gehe durch einen Fluss und bücke sich zu bunten Steinen, die auf dem Bachbett lagen. Von der anderen Seite riefen ihr Menschen zu, sie solle doch zu ihnen herüberkommen. »Dieser Traum«, sagte sie, »ist die Offenbarung meines Lebens. Ich bin doch etwas wert. Ich bin doch getragen. Und auf der anderen Seite, jenseits der Todeswand, die ich so gefürchtet habe, gibt es andere Menschen.« Das war die Taufe dieser Frau. Ich habe acht Jahre lang mit ihr geredet, bis sie diesen Traum empfangen konnte. Ich frage mich, wie anders denn Menschen erleben sollen, dass sie wieder Kinder sein dürfen und noch einmal von vorn anfangen können, außer wenn sie Mitmenschen finden, genauer gesagt, priesterliche Mitmenschen, die ihnen so intensiv liebend zugewandt sind, dass sich die Räume der Regeneration und der Wiedergeburt öffnen. Solche priesterlichen Menschen können buchstäblich mütterlich sein, indem sie keine Vorleistung erwarten, sondern nur das tun, was Jesus wollte. Dann käme der Himmel so nahe wie in der Taufe am Jordan. Wer dieses Bild der Kirchenwirklichkeit entgegenhält, der weiß, was man gegen diesen leer geredeten Ritualismus und gegen die Sakramentenmagie haben muss. Wie viele Menschen kenne ich doch, die jeden Sonntag Angst hatten, wenn sie zur Kommunionfeier gingen, sie könnten unwürdig »sich das Gericht essen«. Sie werden mir Recht geben, dass dieses Zeichen der Kirchenmacht mitten in der Seele von Menschen nicht das sein kann, was Jesus wollte. Dagegen muss man etwas tun dürfen!

Wenn wir heute vom Wasser träumen, dann tauchen wir ein in die Geschichte der Evolution, in eine Zeit vor über 350 Millionen Jahren, als die Tiere vom Wasser auf das Festland fanden. Alle Träume, alle Bilder, alle Riten verdanken wir der Millionen Jahre dauernden Geschichte des Lebens auf diesem Planeten. Ich betone dies, weil die Theologen noch immer denken, die Riten der Kirche stammten von vor 2000 Jahren, als Jesus sie gegründet hatte. In Wirklichkeit stammen sie aus einer Sprache, die allen Menschen gehört und in aller Regel sogar den Tieren, mindestens den Säugetieren. Wenn wir endlich begreifen würden, dass Gott sogar durch die Zeichen spricht, die Säugetiere untereinander pflegen, und wenn wir endlich akzeptieren könnten, dass die Tiere an unserer Seite Gefühle ähnlich wie wir Menschen haben, dann hätten wir unverzüglich den Zugang zu einer Ethik gefunden, die mit Tieren so vorsichtig umzugehen lehrt, wie es – analog dazu – der Rücksichtnahme von Menschen auf Menschen entsprechen würde. Doch auch da trennen wir alles, was zusammengehört.

Gaillot: Zwei junge Männer waren in einem besetzten Haus zu Tode gekommen. Einer von ihnen hatte bei Kerzenlicht Chansons für seine Gitarre geschrieben; vielleicht war er es, der den Brand ausgelöst hatte. Nun waren beide tot und landeten im Leichenschauhaus. Doch Freunde von ihnen sagten sich: »Nein, nein, das geht nicht, das Massengrab, das geht nicht, denn das ist der übliche Weg vom Leichenschauhaus ins Massengrab.« Die beiden hatten keine Familie. Und niemand kannte sie. Da versuchten ihre Freunde, trotz allem noch eine Zeremonie zusammenzustellen und so etwas wie ein Gebet zu organisieren. Sie baten mich zu kommen. Wir haben eine große Kirche gefunden und alle Mitglieder unserer kleinen Gemeinschaften zusammengetrommelt. Die Kirche war voll. Es war eine sehr schöne, eine sehr einfache Liturgie, die über das Leben dieser beiden jungen Männer, sie hießen Patrick und Denis, berichtete und damit für die Würde dieser beiden jungen Männer einstand. Die Armen, die in der Kirche saßen, verfolgten das sehr aufmerksam. Da erinnerte ich mich wieder an Jesus, wie ihn Eugen Drewermann in seinen Büchern immer wieder zum Leuchten bringt. Alles kommt für Jesus darauf an, den Menschen dadurch zu befreien, dass man seine Würde respektiert. Das ist es, was bei dieser Beerdigung geschah: Wir haben diesen Ausgeschlossenen die Würde zurückgegeben, die ihnen die Gesellschaft nicht zuerkannte.

Drewermann: Mit Ihnen, Jacques Gaillot, denke ich, dass sich das, was wir »Glauben«, was wir »Vertrauen« und »Symbol« nennen, aus den lebendigen Erfahrungen der Menschen selber entwickeln muss. Was nicht mehr möglich ist, ist der Versuch insbesondere der römischen Kirche, die tradierten Formen aus der Vergangenheit den heutigen Menschen als Pflichtübung aufzuerlegen. Für diese Art eines falschen Ritualverständnisses spricht ein kleines Bild. Vor einer Weile sagte mir eine Frau: »Ich habe meinen Mann vor etwa 20 Jahren kennen gelernt. Seither haben wir uns auf bestimmte Weise lieb. Doch seit der ersten Begegnung besteht mein Mann darauf, dass wir jedes Jahr zu dem Ort zurückfahren, wo wir uns vor 20 Jahren kennen gelernt haben. Wir müssen immer in demselben Hotel übernachten, wir müssen abends dasselbe Essen bestellen, wir müssen dieselbe Anzahl Kerzen anzünden und wir müssen denselben Weg vom Hotel nach Hause fahren.« Da begreift man plötzlich, dass dieser Mann seine Frau nicht nur lieb hat, sondern dass er große Angst hat, sie zu verlieren. Um diese Angst zu bändigen, setzt er ein Ritual der Gewohnheit gegen seine Furcht. Ich glaube nicht, dass Gott so viel Angst verdient, dass wir ihn mit einem rituellen Spiel hinters Licht führen müssen. Was Gott möchte, ist der Erfindungsreichtum einer neuen, einer offenen Poesie. Noch einmal zur Sprache der Begriffe und der Poesie: Vor einer Weile sagte mir eine Frau: »Ich ging mit meinem Mann auf die Straße und sagte ihm, die Schneeglöckchen seien traurig. Und er erwiderte: › Was du schon wieder hast, die wachsen da.‹ Wenig später kam die Frau in die Psychiatrie. Sie hatte nie gelernt, ihre Gefühle selber zu äußern. Unter großem Druck wollte sie ihrem Mann vielleicht zum letzten Mal sagen, wie sie fühlt. Sie wollte andeuten: »Mein ganzes Leben wäre eine blühende Schönheit, wenn über mir nicht zentimeterdick gefrorene, verharschte Tränen lägen. Und der Schuldige an dieser Kälte bist du, mein Mann, der kein Wort von dem vernimmt, was in mir vor sich geht.« Dieser Mann steht sehr hoch in Gesellschaft und Kirche; er ist in seinem Lebensraum eine tragende Hoffnung der verfassten Kirche. Er konnte nicht begreifen, dass seine ganz vernünftige, begrifflich klare und logische Sprache – »die wachsen da« – nur bestätigten, was die Frau voller Mut ihm sagen wollte: dass er die reine Kälte sei. Mit seinem schneidend klaren Wort sagte er in Wahrheit: »Halt doch den Mund und hör mit dem Unsinn auf! Schneeglöckchen können nicht traurig sein!« Der *Begriff* eines Schneeglöckchens scheint dem Gefühl der Traurigkeit gegenüber inadäquat zu sein, weil beides einen logischen Widerspruch bildet. Doch die ganze Poesie besteht aus solchen logischen Widersprüchen, die wir brauchen, um Menschen zu werden. Deshalb habe ich etwas gegen Begriffe und halte ein starkes Plädoyer für die Sprache Jesu Christi. Sie ist die Sprache der Dichter. Nur sie kann Menschen heilen.

Aus der Diskussion

Frage: Die Erfahrung auf meinem eigenen religiösen Weg war folgende: Wer innerhalb einer Gemeinschaft bleibt, obwohl er über deren Struktur bereits ganz anders denkt als die darin Herrschenden, der unterstützt indirekt doch nach wie vor ebendiese Struktur. Wie sehen Sie Ihre Situation?

Können Sie noch in dieser Kirche bleiben?

Drewermann: Die Frage, warum ich in der Kirche bin, lässt sich nur paradox beantworten. Lassen Sie es mich mit einem Vergleich sagen. Stellen Sie sich vor, ich hätte in der alten DDR gelebt und mich mit dem System überworfen. Aus Gründen des Engagements für Menschen, die in der Unterdrückung und im Widerstand leben, wäre es für mich unmöglich gewesen, aus der alten DDR zu emigrieren. Ich hätte an der Seite der Menschen aushalten müssen, die in diesem Regime an diesem Regime litten. So ähnlich komme ich mir in der katholischen Kirche vor.

Ich kenne unglaublich viele Menschen, die in dieser Kirche gelitten haben und sehr viele, die darin weiter leiden. Ich kenne ihr Leben, ich kenne die Gründe und die Hintergründe ihrer kirchlichen Biografie. Viele Psychoanalytiker würden die Not dieser Menschen mit der Kirche nicht verstehen. Weil die Leute mit diesen Fragen jedoch zu mir kommen, deshalb halte ich es aus in dieser Kirche. Ich kann's auch sehr salopp sagen: Ein trojanisches Pferd ist nur solange etwas wert, als es sich in der Burg aufhält. Darum muss ich drinnen bleiben.

Gaillot: Auch ich treffe immer wieder viele Christen, die sehr enttäuscht wurden von der Kirche. Sie haben unter der Kirche gelitten. Sie hängen jedoch weiter an der Kirche. Und sie erwarten sehr viel von dieser ihrer Kirche.[90]

Frage: Ich habe eine Frage an Sie beide. Sie sprechen doch von der »Amtskirche« und von der »römisch-katholischen« Kirche. Für mich ist der »Hauptamtliche« in der römisch-katholischen Kirche Gott selbst. Wir müssen unsere Herzen öffnen und Gott bitten; denn ich glaube, dass Gott allein in der Lage ist, auf seinen Wegen auch unsere »nebenamtlichen« Dinge zu ändern.

Drewermann: Ich möchte, dass wir unmittelbar zu Gott kommen. Dem steht es entgegen, wenn der Papst, und zwar seit dem 11. Jahrhundert, erklärt, dass er der Stellvertreter Gottes auf Erden sei. Gott ist in allem, in jedem Schmetterling, in jedem Grashalm, auch in Karol Woityla. Doch in der Institution eines Gott vertretenden Papsttums wird Gott überflüssig. Das lässt sich Gott nicht gefallen...

Gaillot: ... Wir müssen wissen – das ist wichtig –, dass wir das Wesentliche, dass wir Gottes Nähe in uns selber tragen. Ich zitiere gerne den Theologen und Kardinal Yves Congar; er sagte: »Die Welt ist die Gesundheit der Kirche.«

Drewermann: Da Sie, wie ich sehe, aus Indien kommen, erzähle ich zur Gottunmittelbarkeit eine Geschichte, die ich einem indischen Jesuiten verdanke: »In ein Dorf in Gutscharati kam einmal ein Mann, den die Leute sehr mochten. Er verteilte Brot und er heilte ein krankes Mädchen. Da kam die Order des Kaisers, dieser Mann solle ausgeliefert werden. Die Leute waren erschrocken. Sie zögerten, als eine zweite Depesche erklärte, es würde das ganze Dorf eingeäschert, wenn dieser Mann nicht augenblicklich ausgeliefert würde. Die Leute fragten ihre Weisen, und die Weisen befragten ihre heiligen Bücher, bis sie schließlich den Satz fanden: › Es ist besser, dass ein Mensch stirbt als das ganze Volk‹. Und sie lieferten ihn aus. Jahre danach kam ein anderer Mann und sagte: › Leute, was habt ihr getan? Dieser Mann war euch von Gott gesandt!‹ Wieder erschraken sie und sagten: › Was sollen wir nun tun?‹ Sie befragten ihre Weisen, und ihre Weisen befragten die heiligen Bücher und blieben ratlos. Da kam der Ausgelieferte zurück: › Seht ihr‹, sagte er, › das war euer Fehler. Ihr hättet nicht die Weisen befragen sollen, die in die heiligen Bücher schauten. Ihr hättet euer eigenes Herz befragen sollen. Dann hätten wir uns in die Augen sehen können.‹«

Das ist es, was wir ab sofort Christentum nennen sollten. Es wäre das Gegenstück zu der verfassten, von oben nach unten denkenden hierarchischen Institution.

Frage: Herr Drewermann glaubt nicht an die Brotvermehrung. Er meint, das sei eine Legende. Das mag sein. Doch ich glaube an diese Brotvermehrung, weil Gott auch unmögliche Dinge möglich machen kann.

Drewermann: Die Bibelerklärer, auch die vom Katheder hier in der Freiburger Universität, werden Ihnen sagen, dass die Erzählungen von der Brotvermehrung im 6. und 8. Kapitel des Markusevangeliums Legenden sind, die aus dem Vergleich des Manna-Wunders des Mose und der Brotvermehrung des Elias und des Elisäus geboren wurden. Legenden haben ihre eigene Sprache und ihren eigenen Sinn. Mit einem Gottesbild, das sich vorstellt, Gott könne auch Unmögliches tun, hat diese literarkritische Einsicht nichts zu tun.

Die Frage, die auch an den Bischof von Paderborn geht, ist nun allerdings folgende: Wenn Gott vor 2000 Jahren 5000 Menschen sättigen konnte – so wird jedes Kind fragen –, warum sättigt er dann heute nicht die 50 Millionen, die jährlich verhungern? Einen Gott, der alles tun kann und doch nichts tut, den werden die Menschen am jüngsten Tag hochnotpeinlich wegen unterlassener Hilfeleistung verhören. Wenn der liebe Gott gleichzeitig allmächtig und gleichgültig ist, dann hat er ein polizeilich strafbares Delikt begangen. Dieser Glaube führt schon bei den Zwölfjährigen zum Atheismus. Meine Frage ist deshalb, wie Legenden uns zur Wahrheit führen können. Die von Ihnen erwähnte Geschichte in der Bibel erzählt, wie Jesus die Jünger fragte: »Was habt ihr in euren Händen?«. Und sie antworteten: »Zu wenig! Drei Brote nur und ein paar Fische, das langt nicht hin.« Doch Jesus vermochte es, dass seine erwachsen denkenden Apostel wie Kinder hingingen und das Bisschen nahmen, das sie hatten, und es mit offenen Herzen und offenen Händen weiterschenkten. Das ist das Wunder, das Jesus wirklich tat. Was dann die Bibelexegeten in ihrer fundamentalistischen Auslegung daraus gemacht haben, ist der doppelte Aberglaube. Ein Gott, der alles tun könnte und doch nichts tut, würde die Menschen nur ständig enttäuschen. Ein solche Gottesvorstellung führt durch das Leid der Gläubigen in den Unglauben.

Frage: Herr Drewermann, ich wollte Sie bitten, vielleicht noch ein paar Worte zu dieser Gottesvorstellung zu sagen, und zwar im Zusammenhang mit Reinhold Schneider. Gott ist für uns, möchte ich einmal sagen, irgendwie zu einem Weihnachtsmann degradiert worden, an den man sich je nach Bedarf wenden kann, damit er irgendwelche individuellen Wünsche erfüllt.

Drewermann: An diesem Punkt wird die Unglaubwürdigkeit der kirchlichen Lehre offenbar. Die real existierenden Kirchenstrukturen würden die meisten Menschen wahrscheinlich noch in Kauf nehmen. Doch das, was die Kirche über die Natur und über die Schöpfung lehrt, entspringt erkennbar mittelalterlichem Denken und ist schlicht falsch. Das Problem entsteht strukturell, um es so zu sagen, auf den Kathedern der Theologie. Da wird immer noch gelehrt, der Gott der Bibel sei sehr menschlich und er sei anthropomorph zu verstehen. Dann entsteht ein Gott, der mit uns fühlen kann und Mitleid mit uns hat. Und er hat eine bestimmte Vorsehung für die Welt. Als er die Welt schuf, wusste er nach dieser Vorstellung bereits, was im Jahr von Jesu Geburt, was im Jahr 2000 und was am Ende der Welt geschehen würde. Alles ruht in diesem Plan, den Gott gemacht hat.

Ich glaube, die meisten von Ihnen würden selber sagen: »Wer das nicht glaubt, kann gar nicht Christ sein.« Ich möchte Sie jedoch darauf vorbereiten, dass genau dieses Weltbild die Krise des Reinhold Schneider war, fast bis zum Magenkrebs. Er sah diesen Gott, der scheinbar über allem planend mit seiner Vorsehung steht, wie einen Würgeengel an, wie einen Kelterer, unbegreifbar grausam. Reinhold Schneider wollte der Kirche glauben, Gott sei so, wie sie ihn lehrt: ein gütiger und gleichzeitig ein allmächtiger Gott. Ich selbst habe als Kind furchtbar an diesem Gottesbild gelitten – mit Reinhold Schneider. Es war eine ganz tiefe Befreiung, als ich die Biologie und die Evolutionsforschung kennen lernte, als ich Arthur Schopenhauer und Albert Schweitzer, Friedrich Nietzsche und Sigmund Freud zu verstehen begann. Ich entdeckte, dass sie die besseren Interpreten des Verhältnisses des Menschen zu sich selber und zur Natur sind.

Worauf das hinausläuft?

Ich sage es ganz simpel. Sie gehen morgen Abend durch Freiburg spazieren und sehen irgendwo – taubehangen – ein Spinnengewebe, das unter dem Schein der untergehenden Sonne widerglänzt. »Wunderschön«, werden Sie sagen. Nach Hause zurückgekehrt, sehen Sie, wie eine Spinne über Ihr Bett krabbelt und rufen: »Oh! Pfui!« Natürlich gibt es das Spinnennetz nicht ohne die Spinne. So wird deutlich, wie unsinnig die Behauptung ist, dass die menschlichen Vorstellungen von schön und ekelhaft so objektiv seien, dass wir die Natur an unseren Maßstäben messen könnten. Dann müssten wir sagen: »In der Natur darf es nur das geben, was wir als schön empfinden, alles andere ist vom Teufel oder durcheinander oder nicht in Ordnung. Jedenfalls passt es nicht zu Gott, der doch die erhabenste Schönheit selber ist.« Zu Gott, der diese Welt gemacht hat, passen die uns eklig erscheinenden Spinnen offensichtlich genauso wie die uns wundersam berührenden Spinnengewebe. Denn wie die Spinnen mit Fliegen umgehen, wissen Sie alle. Es hat mit den Vorstellungen unserer Ethik nichts zu tun. Kein Mensch dürfte mit einem anderen Menschen so verfahren wie eine Spinne mit ihrem Flugobjekt. Um die Natur zu verstehen, passen die Vorstellungen der menschlichen Ethik nicht. Was ich da sage, war schon die tiefe Weisheit der Mystik. Meister Eckhart konnte sagen, es mache so wenig Sinn, Gott gut zu nennen wie es Sinn mache, ihn böse zu nennen oder schwarz oder weiß. Gott steht jenseits aller menschlichen Begriffe.

Gaillot: Wir hatten in Évreux einen Priester, er hieß Michel, und er war während der großen Dürre im Nordosten Brasiliens. Dieser Pfarrer Michel litt sehr, als er sah, was die Dürre den Menschen antat. Sie hatten nichts mehr zu essen. Es starben Kinder. Nach einer sehr, sehr schweren Woche kam der Sonntag, und Michel sollte die Predigt halten. Da las er im Evangelium des Tages: »Was seid ihr besorgt? Unser Vater im Himmel ernährt die Vögel des Himmels, er lässt die Lilien wachsen und die Wiesenblumen auf den Feldern blühen. Macht euch keinerlei Sorgen um das, was ihr morgen essen werdet.« Michel sagte sich: »Was für ein Pech habe ich doch mit diesem Evangelium an diesem Tag!« Er sah nur zwei Möglichkeiten: Entweder würde er sich in Schweigen hüllen, um der Peinlichkeit zu entgehen. Oder er würde erzählen, was er an diesem schweren Tag im Krankenhaus und in den Dörfern erlebt hatte. Doch was wäre dann mit dem Evangelium? Da stand ein Mann in der Kirche auf und hob die Hand. Er sagte schlicht: »Dieses Evangelium wird uns retten. Was für eine gute Nachricht!« Michel dachte sich: »Jetzt verstehe ich überhaupt nichts mehr.« Doch der Mann fuhr fort: »Wenn wir nicht das Wenige, das wir haben, teilen, dann sind wir morgen nicht mehr Brüder. Lasst uns Brüder bleiben. Lasst uns teilen! Ich bitte euch, nach der Messe nach Hause zu gehen und das Wenige, das ihr noch zu essen habt, in die Kirche zu bringen. Dann werden wir teilen und dann brauchen wir uns für morgen keine Sorgen zu machen.« Nun erkannte auch Pfarrer Michel, was für eine gute Nachricht das Evangelium war: »Nach dem, was ich eben hörte, ist euch das Königreich Gottes sehr nahe. Wenn man Liebe im Herzen trägt, kann man Wunder wirken.« Und so geschah es.

Wir tragen manchmal Gottesbilder im Herzen, die eine Belastung für uns sind. Das Bild des lebendigen Gottes jedoch, das wir als Mitmenschen füreinander sind, führt uns zu uns selbst. Es bewirkt, dass wir gegen die Ungerechtigkeit revoltieren und miteinander solidarisch werden.

Frage: Meine Frage geht an Sie beide, Herr Bischof Gaillot und Herr Drewermann. Ist Ihre Aussage, dass die Reform der Kirche von unten kommen muss und von unten kommen wird, nicht etwas zu optimistisch? Ist nicht vielmehr zu befürchten, dass der Vatikan eher auf die vielen hundert Millionen zufriedener oder gleichgültiger Katholiken hören wird und nicht auf die doch prozentual gar im Promillebereich liegende Minderheit? Sie ist für die Hierarchie quantitativ doch eigentlich unbedeutend. Steht nicht zu befürchten, dass eben von daher keine Reform zu erwarten sein wird?

Drewermann: Wir haben die Gewohnheit zu denken: »Wenn es eine Reform geben kann, dann muss sie von oben kommen.« Dann wäre es jedoch keine Reform, sondern nur ein Jonglieren mit dem Besitz der Macht. Insofern haben Sie völlig Recht, wenn Sie glauben, dass die Frage, was denn die Kirche macht, gemessen an der Frage Jesu Christi durchaus nebensächlich ist. Denn Jesus fragt: »Wo sind die Leute, die den Willen meines Vaters tun?« Ich stehe nicht an zu sagen: Was Kirche ist, kann mir zum Beispiel Mahatma Gandhi sagen. »Ich bin«, sprach er, bevor man ihn erschoss, »Muslim, Christ und Hindu. Und ich möchte mich bemühen, ein guter Christ zu werden, um ein besserer Hindu zu sein. Und ich möchte von den Moslems lernen, was Frömmigkeit heißt. Ich bin ein Mensch vor Gott.«

Würde jede Religion die Zeugnisse jeder anderen Religion mit den Augen eines Gläubigen dieser Religionen lesen und glühenden Herzens zu verstehen versuchen, dann wüssten alle, dass Gott zu allen Zeiten zu allen Menschen redet. Dann könnten wir überall auf der Welt alle voneinander lernen. So wird die Frage nach der Kirche völlig relativ. Entweder ist sie das Tor zur Menschlichkeit oder eine kafkaeske Tragödie.

Dokument 6
Brief von Jacques Gaillot an Johannes Paul II.
vom 11. Oktober 1995

Paris, 11. Oktober

Heiliger Vater,
wie ich Ihnen brieflich schon am letzten 5. März mitteilte, habe ich immer noch ein großes Verlangen, Ihnen zu begegnen.

Auf den Rat mehrer Freunde sende ich Ihnen diesen Brief durch die Hände von Kardinal Gantin und Monsignore Tauran. So soll die erwünschte Diskretion gewahrt bleiben.

Ich habe das lebendige Verlangen, Sie schlicht meiner brüderlichen Gemeinschaft im Glauben zu versichern.

Viele Glaubende und Nichtglaubende erwarten viel von einer solchen Begegnung. Sie wird ein Zeichen zur Bezeugung des Evangeliums sein.

Selbstverständlich verlange ich nichts für mich. Als Bischof inmitten der Wohnungslosen und der Flüchtlinge in einer schwierigen Situation leben zu dürfen, lässt mich an den Seligpreisungen und an der Kraft des »Magnifikat« teilhaben. Das ist mir eine Quelle des Friedens und der Freude.

Ohne Zweifel: Ich werde im Geist des Hörens und der Bereitschaft kommen, um in aller Bescheidung Ihre Meinungen und Bemerkungen entgegenzunehmen.

Im Dienst unseres geliebten Herrn und unserer Kirche versichere ich Sie meiner Verbundenheit und meines Gebetes.

Jacques Gaillot

Dokument 7

Kommuniqué des Presse-Saals des Vatikans nach der Zusammenkunft
vom 21. Dezember 1995

Heute, Donnerstag, den 21. Dezember 1995, hat der Heilige Vater
S.E. Mgr. Jacques Gaillot, Titularbischof von Partenia, auf dessen
Bitte hin empfangen.

1. Der Nachfolger Petri, der vom Herrn die Sendung zur Stärkung
seiner Brüder im Glauben empfing, hat Mgr. Gaillot seine Hoffnung
ausgedrückt, dass er sich sichtlich ständig mehr in den Dienst der
kirchlichen Einheit stellen möge, die ein Zeichen und ein Kriterium
für die authentische Verkündigung des Evangeliums für die Menschen
unserer Zeit ist.

2. Er hat ihn auch brüderlich daran erinnert, dass ein Bischof ein
treuer Zeuge der Kirche und ihrer Lehre sein muss, was die Zustimmung des Herzens und des Verstandes verlangt. Er hat ihn daran
erinnert, dass er ein Zeuge der seelsorgerlichen Orientierung zu sein
hat, welche die Kirche den verschiedenen Epochen je nach den konkreten Umständen gibt, um die Einheit und das Wachstum des Leibes
Christi zu wahren. Er hat wiederholt, dass das Engagement für die
Armen und Verlassenen seinen wahren Wert und all seinen Sinn erst
im Namen Christi gewinnt, der in seiner Kirche lebt.

3. Das Konzil des 2. Vatikanums betont: »Die Sorge, das Evangelium
überall auf Erden zu verkünden, geht die ganze Körperschaft der
Hirten an. Ihnen allen zusammen hat Christus den Auftrag gegeben
und die gemeinsame Pflicht auferlegt.« (Lumen gentium, 23.)

V
»Es gibt keine Freiheit ohne zu lieben«

Zwei Millionen Frauen und Männer aus Österreich und aus Deutschland forderten 1995 die »Erneuerung der Kirche im Geiste Jesu.«

Jahrzehntelang hatten viele von ihnen die unerträgliche Diskriminierung der Frauen, die kirchliche Bestrafung der sich verheiratenden Priester, die Rechtlosigkeit der Laien, die Unterdrückung der freien Gewissensentscheidung in der Gestaltung der sexuellen Beziehungen und die fehlende Zivilcourage der römisch-katholischen Hierarchie in den ökologischen, sozialen und militärischen Fragen der Gegenwart beklagt, diskutiert und wieder und wieder reflektiert. Mit ihrer eigenhändigen Unterschrift unter das »KirchenVolksBegehren« begannen sie im wörtlichen Sinne zu »handeln«.

Von außerhalb der römisch-katholischen Kirche her gesehen, erscheint dieses »KirchenVolksBegehren«, das gegenwärtig in vielen europäischen und außereuropäischen Ländern weitergeht, höchst paradox: Frauen und Männer ersuchen eine klerikale Obrigkeit, sie mündig werden zu lassen. Sie bitten also andere Menschen, von denen sie kirchlich abhängig sind, um etwas, was sie in sich selbst längst realisiert haben. Die Ironie ist kaum mehr zu überbieten: Eine Großzahl von mündigen Mitgliedern der Kirche weist die männlichen Würdenträger der römischen Hierarchie darauf hin, dass ihr göttlicher Anspruch über sie dem Geiste Jesu nicht entspricht. Sie nehmen sich die Freiheit, ihren Glaubensbrüdern im Amt ganz konkret zu sagen, wodurch diese das Evangelium in der Gegenwart verkennen und verraten.

Das »KirchenVolksBegehren« kann als die folgerichtige Konsequenz aus dem Verhalten der Kirchenleitung verstanden werden. Denn dreißig Jahre nach dem Zweiten Vatikanischen Konzil zeigt sich, dass die römisch-katholische Kirche sich gerade durch ihren inneren Reformwillen in zwei miteinander unvereinbare Lebensformen gespalten hat. Der autoritäre Katholizismus will die kirchliche Macht in der Gesellschaft dadurch stärken, dass er die katholischen Prinzipien der Moral und der dogmatischen Rechtgläubigkeit in seinen eigenen Kadern und im Kirchenvolk mit den Mitteln der kirchlichen Strafgewalt zu erzwingen sucht. In dieser autoritären Zuversicht hatte der Vatikan die moderaten und sehr differenzierten Reformvorschläge nicht nur von Theologinnen und Theologen, sondern auch von Bischöfen mit den Mitteln des Strafrechts zurückgewiesen: Hans Küng wurde das Lehramt entzogen, weil er die Unfehlbarkeit der Papstes und der Bischöfe bezweifelte, Uta Ranke-Heinemann darf nicht mehr lehren, weil sie gegen die biologische Auslegung der Jungfräulichkeit protestierte, Leonardo Boff wurde gemaßregelt, weil er die Theologie der Befreiung auch auf die kirchlichen Ämter angewendet wissen wollte, Eugen Drewermann wurden alle universitären und priesterlichen Rechte entzogen, weil er die Lehre der Kirche existentiell zu verstehen lehrt – und Bischof Jacques Gaillot wurde als Bischof seiner Diözese abgesetzt, vielleicht weil er die autoritäre Zuversicht seiner Kollegen im Bischofsamt nicht teilt.

Diese Verurteilungen und die Flut der entsprechenden Schreiben aus Rom machten den Katholikinnen und Katholiken unmissverständlich klar, dass die überfälligen Reformen weder von Mitgliedern der Hierarchie noch von kirchlichen Theologinnen und Theologen durchgeführt werden können. Doch wie gesagt: Die Ironie des »KirchenVolksBegehrens« liegt darin, dass die mündigen Katholikinnen und Katholiken die autoritäre Obrigkeit noch um die Genehmigung für das ersuchen, was sie selber längst schon leben oder zumindest zu leben wünschen. Und was sie zu leben versuchen, ist ein humanes Christentum. Ein im humanen Sinne religiöser Mensch lebt aus dem freien und kritischen Umgang mit den traditionellen Symbolen und Riten und interpretiert die alten Reichtümer der Tradition im Lichte dessen, was die modernen Menschen im Tiefsten bewegt.[91] Was die modernen Menschen religiös am meisten motiviert, ist die Sehnsucht nach dem ewigen Augenblick im Lieben, die Empörung über die unsinnige Zerstörung der wundervollsten Lebensformen dieser Erde, die verzweifelte Suche nach dem Frieden und nach der Gerechtigkeit zwischen den Völkern, schließlich aber auch der Mut, sich in die Abgründe der eigenen Seele vorbehaltlos einzulassen. Für dieses Suchen brauchen moderne Menschen keine Erlaubnis einer kirchlichen Obrigkeit, auch wenn diese sich selber als der unverzichtbare Stellvertreter Gottes auf Erden ausgibt. Das »KirchenVolksBegehren« hat diesen Riss zwischen dem autoritären und dem humanen Katholizismus offenkundig gemacht. Mitten im Streit um die neue innerkirchliche Reformbewegung hat Eugen Drewermann diese paradoxe Situation der engagierten Katholikinnen und Katholiken nüchtern auf den Begriff gebracht: »Solange sie sich durch die Erlaubnis verstehen, die ihnen die Kirche zum Leben gibt, leben sie nicht wirklich. Kein Mensch, der älter ist als 35 Jahre, hat auch nur ein Recht noch darauf zu warten, dass sich die Kirche ändert. Nicht die Wiederverheirateten, nicht die Pastoren, die eine Frau lieben, nicht die Homosexuellen, nicht die Jugendlichen, die mit ihrem Religionslehrer nicht zurechtkommen, niemand kann warten, bis sich die Kirche ändert, um dann endlich anzufangen mit seinem Leben. Der liebe Gott wird am Jüngsten Tag nicht fragen: wie geduldig hast du gewartet auf die Änderung der Kirche, sondern wie viel in deinem Leben – verdammt nochmal – hast du getan von dem, was ich gesagt habe in der Bergpredigt. Die Wahrheit muss nicht erst gefunden werden, und sie wartet auch nicht darauf, bis irgendwelche Kardinäle sie erlauben. Sie muss lediglich getan werden, ob es nun den Herren gefällt oder nicht. Und da sah ich, das ist längst die Meinung von 80% der Bevölkerung.«[92]

Man kann Eugen Drewermanns Werk und man kann das »KirchenVolksBegehren« als Ausdruck eines weltweiten Verlangens nach humaner Religion verstehen. Und man tut Papst Johannes Paul II. nicht Unrecht, wenn man ihn als Vertreter einer inhaltlich autoritativen und strukturell autoritären Religionsform versteht. Was aber würde geschehen, wenn beide

Exponenten, die humane und die sich als göttlich verstehende Kirche aufeinander träfen? Und auf welche Seite würde sich Bischof Jacques Gaillot bei dieser unwahrscheinlichsten aller Begegnungen stellen?

Die folgenden Paderborner Gespräche geben darauf die Antwort. Denn als Papst Johannes Paul II. seinen Besuch in Paderborn und Berlin für den 21.-23. Juni 1996 angekündigt hatte, erklärte sich Bischof Jacques Gaillot spontan dazu bereit, nach Paderborn zu kommen, um auf Einladung des Faches Katholische Theologie an der Universität Paderborn einen Vortrag zu halten und auch, um schlicht und einfach Eugen Drewermann zu Hause zu treffen. Die folgenden Gespräche geben etwas von der freien und fast heiteren Gelöstheit wieder, die trotz der innerkirchlich bis zum Zerreißen gespannten Atmosphäre und trotz der großen öffentlichen Aufmerksamkeit diese Begegnung auszeichnete. Denn immerhin sprach Bischof Gaillot als erster Redner einer Reihe, welche das Fach Katholische Theologie anlässlich des Papstbesuchs unter ein Zitat von Paul VI. gestellt hatte: »Der Papst: › Das größte historische Hindernis‹ ?« (Zitat Jacques Gaillot: »Ich lese dauernd Papst, Papst, Papst – es geht doch um euch!«). Und immerhin besuchte Bischof Gaillot die Diözese, deren Bischof Eugen Drewermann verurteilt hatte und jedes kirchliche Gespräch mit ihm untersagte; auf Bischof Gaillots schriftliches Eintreten für Eugen Drewermann bei Erzbischof Degenhardt hat dieser ihm bis heute keine Antwort gegeben. Und immerhin kam Bischof Jacques Gaillot in eine Diözese, in welcher der Ortsbischof Johannes Joachim Degenhardt den Vertretern des »KirchenVolksBegehrens« jedes Gespräch verweigert. Dieser äußere Rahmen ließ vermuten, dass schon das Faktum des Besuchs von Bischof Jacques Gaillot in Paderborn als Kriegserklärung hätte wirken müssen und alte Gräben vertiefen würde. Es kam anders. Es kam zu einer herzlichen Begegnung von suchenden Menschen, eben zu der »Kirche der Leute«, zu denen sich Jacques Gaillot mit dem Titel seines Vortrags stellte. Die lokalen Kirchenautoritäten blieben der Begegnung fern. Öffentlich beließ es der Bischof bei einem Bedauern[93]: »Ich bedauere es sehr, dass Professoren der katholischen Theologie, die an der Universität-Gesamthochschule Paderborn künftige katholische Religionslehrerinnen und

174

Religionslehrer ausbilden, diese Veranstaltungen ansetzen, die nicht dazu geeignet sind, junge Menschen zu motivieren, im kirchlichen Auftrag an der Schule zu unterrichten.«

Könnte es sein, dass die alten Brunnen des religiösen Gedächtnisses die gegenwärtigen Träume von einer neuen Menschlichkeit zu beflügeln vermögen?

Oder hindern die alten religiösen Träume die dringliche Befreiung zu einer die Menschheit neu umgreifenden Solidarität?

Der im folgenden wiedergegebene Vortrag von Jacques Gaillot versteht den »kirchlichen Auftrag« als eine Verpflichtung zur Freiheit. Er sucht das innerste Anliegen der neuzeitlichen Aufklärung mit der alten Menschheitserfahrung der Religion zu verbinden. In Paderborn hat der Bischof von »Partenia« diese Grundfragen von Eugen Drewermann nicht nur diplomatisch aufgenommen, sondern ernsthaft zu beantworten gesucht. Er hat die Fragen des existentiellen Denkers aus Paderborn nicht verurteilt, sondern zu verstehen versucht. Und er hat darauf geantwortet.

Ob Eugen Drewermann die Antwort genügen würde?

1. »Für eine Kirche der Leute«
Jacques Gaillots Vortrag
an der Universität Paderborn
6. Mai 1996

Sie wissen ja, liebe Freundinnen, liebe Freunde, dass in Frankreich Paderborn mit Eugen Drewermann schlicht gleichgesetzt wird. Es ist also nicht erstaunlich, dass ich so klein von Statur bin, wenn ich daran denke, dass mir heute Abend Eugen Drewermann zuhören wird. Und doch wirkt es etwas überflüssig, dass ich ausgerechnet in Paderborn zu Ihnen spreche, wo doch ein so wunderbarer Ausleger der Bibel vor Ort lebt. Ich kann Ihnen also nur von meiner Erfahrung erzählen: von der Erfahrung der jungen Generation und von der Erfahrung, welche die Freiheit mit sich bringt. Beides gehört zusammen.

Der Traum der Jugend

In Frankreich wurde kürzlich eine soziologisch aufbereitete Umfrage veröffentlicht, die zu beschreiben versuchte, was die Jugend in Europa heute besonders bewegt. Diese Studie zur Motivation der Jugend von heute förderte einige überraschende Ergebnisse zutage:

Das Erste, was die Jugend von heute von der älteren Generation unterscheidet, ist nach dieser Umfrage die deutliche Aufwertung des Individuellen. Dies äußert sich im starken Wunsch der Jugendlichen, in ihrem eigenen Leben eine Persönlichkeit, ein Subjekt im vollen Sinne des Wortes zu werden. Offensichtlich haben die Heranwachsenden die Demokratisierung der Gesellschaft nicht nur akzeptiert, sondern auch tief verinnerlicht. Im Vordergrund der jugendlichen Ideale stehen die Würde und die Freiheit aller Einzelnen, das Selbstbestimmungsrecht und die autonome Verantwortung aller Menschen.

Auf dem Hintergrund dieser Konzentration auf das Individuum erstaunt freilich *der zweite* Befund. Für die Jugendlichen tritt – anders als früher – die globale Welt, die Welt als ganze ins Zentrum ihrer Interessen. Es wäre also durchaus unzutreffend, den Sinn für die individuelle Existenz, wie ihn die jüngere Generation entwickelt, mit einem neuen »Egoismus« zu verwechseln. Im Gegenteil: Die junge Generation verbindet ihre Achtung vor der Würde jedes Einzelnen mit einer starken Sensibilität für die Weltkrisen: für die globalen ökologischen, sozialen und politischen Problemfelder. Die Jugend will mehr Gerechtigkeit zwischen Nord und Süd. Offensichtlich wird diese Jugend mehr von der konkreten Welt als von einem Jenseits fasziniert. Die Frage, die heute in den Vordergrund tritt, heißt schlicht: Wie können wir die Welt gestalten? Was können wir tun, um die Welt von Nuklearwaffen zu befreien? Wie können wir so viele Menschen ernähren? Wie können wir in verschiedenen Völkern friedlich miteinander existieren? Wie kommt das Himmelreich auf Erden?

Ein drittes Ergebnis dieser Untersuchung lässt nicht weniger aufhorchen: Die jungen Leute durchbrechen die Isolation der Religionen. Nachdem die Medien die verschiedenen Religionen gleichsam »frei Haus« geliefert haben, scheinen die Jugendlichen plötzlich zu begreifen, dass keine Religion die Wahrheit über alles besitzt. Sie spüren nicht nur, dass verschiedene Wege zu Gott führen, sondern vor allem auch, dass die Religionen einander brauchen.

Das vierte Resultat der Untersuchung zeigt, woran sich die Jüngeren in ihrer eigenen Urteilsbildung halten: Sie vertrauen der Erfahrung. Das entscheidene Kriterium für das, was zählt oder »out« ist, liegt demnach in der persönlichen Erfahrung. So erklärt sich, warum diese Generation den Institutionen, die an ihrer Stelle entscheiden, grundsätzlich misstraut. Den Sinn der Existenz muss jeder selber suchen, und für diese Suche gibt es keine Stellvertreter.

Worüber sollten wir uns also beklagen?!

Es gibt nach dieser Erhebung für die Jugend in Europa einen beträchtlichen Grundstock an authentischen Werten. Freiheit, Toleranz und Pluralismus sind zu Selbstverständlichkeiten geworden! Wer möchte da nicht jung sein? Gestatten Sie mir deshalb, dass ich nur von diesem einen spreche: von der Freiheit, nach welcher die Jugend – und nicht nur sie – so entschieden verlangt. Nichts hat mich persönlich am Evangelium mehr in Erstaunen versetzt als die Freiheit, die sich Jesus nahm. Die fünf Überlegungen, die ich Ihnen dazu vortragen möchte, entspringen diesem Erstaunen.

Die Freiheit, die uns menschlich macht

SOLANGE WIR ANGST HABEN, SIND WIR NICHT FREI

Es ist wahr, dass viele Ängste in uns wohnen. Doch solange wir uns von der Angst beherrschen lassen, können wir nicht zur Freiheit finden. Wie viel Angst beherrscht die Kirche? Wie viel Angst hält die Gesellschaft gefangen? Es gibt eine tiefe Angst vor dem, wonach die Jugend verlangt: Es ist im Grunde genommen die Angst, man selbst zu werden. Es gibt die Angst vor der eigenen Geschichte, die Angst, sich zu erinnern und also die Angst vor der eigenen Vergangenheit. Es ist, als ob wir vor dem Bild, das wir von uns gemacht haben, ständig auf der Flucht wären. Es gibt die Angst zu reden. Die Angst, sein Ansehen oder seinen guten Namen zu verlieren. Die Angst, den eigenen Arbeitsplatz und die eigene Sicherheit aufgeben zu müssen – oder auch nur das Gewohnte. Im Evangelium ist Pilatus eine solche Figur der Angst. Er fürchtet einfach zu missfallen. Also tut er alles, damit alle mit ihm zufrieden sind. Das Volk und die Behörden in Rom und die maßgebenden Vertreter der öffentlichen Meinung, alle sollen zufrieden sein. Ob er auch mit sich selbst zufrieden sein konnte?

Im letzten Dezember wurde in Frankreich gegen die Zerstörung des sozialen Netzes gestreikt, wobei sich auch Studierende den Protesten anschlossen. Ich traf eine Studentin, die sich darüber beklagte, dass sie eineinhalb Stunden gebraucht hätte, um zur Vorlesung an der Uni zu fahren. Ich fragte sie etwas erstaunt, warum sie denn zur

Vorlesung wollte, wenn doch gestreikt würde. »Der Professor«, meinte sie, »hat mit Sanktionen gedroht, wenn wir nicht zur Vorlesung kommen.« So ging sie hin, um keine Nachteile zu erleiden. Weil nun jedoch kaum jemand da war, gab es keine Vorlesung. Fast schäme ich mich, Ihnen dies zu erzählen, wenn ich an die gewerkschaftlich organisierten Arbeitnehmer denke, die für ihre Kollegen auf einiges verzichtet haben, um die Streiks zu organisieren. Und mit Beschämung denke ich an die Zwänge, welche den Polynesiern von den Franzosen auferlegt wurden, als sie zur Verteidigung ihres paradiesischen Landes gegen die atomaren Versuche auf dem Moruroa-Atoll seit Juli 1995 protestieren wollten. Weil ich damals mit Greenpeace auf der *Rainbow Warrior* ein Zeichen des Widerstandes und des Friedens setzen wollte, nahm ich an dieser größten Demonstration teil, die Papetee je gesehen hat. Doch viele Polynesier blieben unter den Zuschauern. Als ich den mutigen Führer der polynesischen Unabhängigkeitsbewegung, Oscar Tamure, fragte, warum so viele abseits stehen würden, klärte er mich auf: »Es sind Leute, die auf unserer Seite stehen, doch sie würden ihren Arbeitsplatz bei den Franzosen verlieren, wenn sie mit uns gegen die Nuklearversuche protestieren würden.«

Was ich damit sagen will? Ich habe lange gebraucht, um die Angst vor der Kirche zu verlieren. Noch 1983, als die französischen Bischöfe in ihrer Vollversammlung in Lourdes die atomare Abschreckung im Prinzip guthießen, hatte ich Angst. Ich protestierte zwar, aber ich unterschrieb die Erklärung nicht. Doch ich hatte Angst. Jetzt habe ich die Angst verloren. Selbst hier in Paderborn.

Es ist wahr, und Eugen Drewermann hat dafür die entscheidenden Begründungen geliefert: Angst gehört zum Menschsein, zur Freiheit, zur Selbstwerdung. Doch um wirklich menschlich, wirklich frei werden zu können, kommt alles darauf an, dass die Angst uns nicht mehr beherrscht. Und das führt zum zweiten Paradox:

FREIHEIT MACHT ANGST

Wenn man Angst hat, ist man nicht frei – wenn man frei ist, macht man Angst. Ich bin glücklich, bei Eugen Drewermann die Begründung für dieses Paradox der Freiheit gefunden zu haben. Denn die Alltagserfahrung lehrt doch, dass wir uns lieber unterwerfen als durch die Angst hindurchzugehen, die zu uns selber führt. Der Weg zu uns selber verlangt ja, dass wir uns von denen lösen, die uns führen wollen und uns damit von sich abhängig machen. Wenn wir aufhören, uns vor ihnen zu fürchten, können wir in Konflikte geraten. Und dann haben wir unter Umständen das Wagnis des Kampfes und das Risiko einer ernsthaften Auseinandersetzung auf uns zu nehmen. Es ist schwer, zur Freiheit berufen zu sein!

In der Bibel gibt es einen kleinen Abschnitt, der dies sehr gut darstellt. Nach dem 14.-16. Kapitel des Buches Exodus zieht das Volk aus Ägypten in die Wüste, und das heißt: aus der Abhängigkeit in die Not. Was ist besser? Die Sklaverei oder die Not? Die relative Sicherheit in Ägypten schien dem Volk nachträglich doch angenehmer als dieser karge und unsichere Weg durch die Wüste. Es begann zu murren: »Gab es in Ägypten keine Gräber? Warum hast du uns hinausgeführt, damit wir in der Wüste sterben?... Wären wir doch durch Jahwes Hand in Ägypten gestorben, da wir noch an Fleischtöpfen saßen und uns satt aßen an Brot.« Die Freiheit war eine Chance, nun ist sie zur Probe geworden. Denn jetzt zeigt sich, welches Abenteuer es bedeutet, die eigene Sicherheit aufzugeben und kein Haus mehr zu bewohnen, das Schutz bietet. Deshalb empörte sich das Volk gegen Mose, den Befreier: Sein Weg der Befreiung machte Angst.

Als ich Offizier im Algerienkrieg war, lernte ich einen Kollegen kennen, der seine Waffen niederlegte und sich den militärischen Befehlen verweigerte. Ich besuchte ihn im Gefängnis, wo er als Offizier von französischen Kollegen in Haft genommen worden war. Ich erinnere mich, wie ich auf einmal wahrnahm, dass er mich faszinierte und dass ich Angst hatte. Ich fühlte, dass ich nicht so sein konnte wie er. Er hat mein Gewissen geweckt. Denn ich spürte: Er hatte Recht gegen alle. Damals hatte ich keinen Mut, es ihm gleichzutun und zur eigenen freien Entscheidung zu kommen. Ich ging nach Algerien und tat meinen Dienst, einfach weil man mir gesagt hatte, dass Algerien französisch sei und französisch bleiben müsse. Heute weiß ich: Der Kollege, der damals den Dienst verweigerte, hatte Recht! Er war ein freier Mensch, weil er den Mut hatte, Nein zu sagen. Und heute, denke ich, gibt es in Frankreich wiederum sehr viele Menschen, die zwar ihren Interessen gemäß leben, aber nicht nach ihren Überzeugungen. Es ist selten, dass man Menschen begegnet, die in Übereinstimmung mit ihrer Gesinnung leben und ihre Haltung gewaltlos auszutragen wissen. Doch gerade diese Menschen rütteln unser Gewissen wach. Sie zeigen, dass es eine Wahl gibt und dass wir andere Möglichkeiten haben.

Ich habe mich oft gefragt, warum denn Jesus, der sein Leben damit verbrachte, Gutes zu tun, so rasch umgebracht wurde. Warum musste man diesen Menschen, der die Frauen und Männer in seiner Umgebung aufzurichten wusste, so schnell eliminieren? Ich glaube, dass es seine Freiheit war, die Angst gemacht hat. Allein schon durch sein Verhalten und durch seine freie Art zu reden, fühlten sich die anderen in Frage gestellt. Denn sie spürten: Eigentlich könnte ich anders leben. Jesus hat dies in einigen Gleichnissen präzise zum Vorschein gebracht. Da lädt einer zum Hochzeitsmahl. Doch die Gäste kommen nicht. Nun geht die Einladung an alle. Doch jeder findet einen guten Entschuldigungsgrund dafür, warum er jetzt gerade nicht kommen kann. Ich glaube, dass Jesus zeigen wollte, dass es das ganze Gewicht unserer Gewohnheiten ist, das uns davon abhält, unser Leben zu ändern und die Chance eines Neubeginns zu ergreifen. Für eine Hochzeit müsste man sich ja anders anziehen. Und wer weiß, was man da für Leute trifft? Und überhaupt: Warum gerade ich? Es ist doch besser, da zu bleiben, wo ich gerade bin. Warum sollte ich meine Gewohnheiten ändern? Jesus kennt die Angst vor dem Neuen, das uns herausfordert.

In einem anderen Gleichnis macht er sichtbar, was wir mit unserer eigenen Begabung zu tun pflegen: Da begräbt einer sein Talent, nur damit es keiner sieht. Es ist, als wenn wir das Talent zur Freiheit, das uns Jesus gab, möglichst unsichtbar machen wollten, nur damit wir am Ende nicht noch auf andere Gedanken kommen, auf die Idee der Freiheit gar. Das ist das typische Beispiel: Wir vergraben unser Talent, damit wir die Erfahrung der Freiheit gar nicht erst machen müssen. Wir gehen kein Risiko ein, weil wir zu wissen glauben, dass solche Wagnisse schließlich doch nichts bringen. Und überhaupt: Wenn man sein Talent ans Licht bringt, könnte man es ja verlieren!

Weil wir in der Tat unser Leben verlieren, wenn wir es nicht riskieren, möchte ich auch die dritte Erfahrung mit einem einfachen Satz formulieren:

DIE FREIHEIT MUSS MAN SICH NEHMEN

Es geht nicht anders: Um wirklich zu verstehen, was Jesus uns nahe gebracht hat, genügt kein bloßes Nachdenken. Dazu ist es notwendig, das Risiko einzugehen und sein eigenes Leben aufs Spiel zu setzen. Freiheit ist nicht billig zu haben, sie hat ihren Preis und kommt allemal teuer zu stehen. Denn sobald jemand sich getraut, frei zu werden, exponiert er sich. Weil die Vertreter der Institutionen, welche die Menschen in Anspruch nehmen, naturgemäß den Widerspruch ihnen gegenüber nicht sehr schätzen, isoliert sich, wer sein eigenes Leben auf sich nimmt. Die Institutionen verdächtigen alle, die sich unterfangen, selbst zu urteilen und selber zu entscheiden. Freie Menschen werden zu »Abweichlern«. Sie werden ausgeschlossen aus den Sicherheitszonen, welche die Institutionen zu bieten haben. Die Ausgeschlossenen werden zu Menschen, die für niemanden mehr existieren. Ich habe hohe Achtung vor ihnen und ich bewundere sie. Der Offizier, von dem ich sprach, hatte die Folter, welche die französischen Militärs praktizierten, nicht akzeptiert. Doch das behielt er nicht für sich; er nahm sich die Freiheit, deutlich zu sagen, was er dachte: »Die Folter entehrt die französische Armee!« Dafür wurde er bestraft und aus der Armee ausgeschlossen. Doch er ging weiter und übte im Norden

Algeriens gewaltlosen Widerstand. Er lernte die Einsamkeit kennen. Denn er entstammte einer sehr angesehenen Familie und litt sehr darunter, dass diese seine eigene Familie seinen Entschluss nicht akzeptieren konnte. Doch er blieb sich treu und folgte seinem Gewissen – und ist seinen Weg gegangen.

Ein Student der Wirtschaftswissenschaften fragte mich nach einem Vortrag, was ein Bischof ihm denn für einen Rat geben könne? Was sollte ich ihm anderes sagen als dies: »Sie werden in Ihrer Familie, im Staat und in der Gesellschaft später sehr viel Verantwortung übernehmen. Ertragen sie das Unrecht nicht!«

Solange man Ungerechtigkeiten nicht erträgt, ist Zukunft noch möglich. Letztlich besteht auch die Menschenwürde von Frau und Mann gerade darin, den eigenen Weg mit den eigenen Füßen zu gehen – und gegen Unrecht aufzustehen. In Frankreich bilden wir gegenwärtig eine Gesellschaft, die Verlierende erzeugt. Weil sie Gewinner produzieren will, bringt sie – natürlich – Verlierer hervor. Ich kenne einen jungen Mann, der seinen ersten Posten in einer Fabrik erhalten hatte. Sein Chef, der Leiter der Firma, mochte ihn offenbar und sagte ihm: »Wenn du gewinnen willst, dann musst du eklig sein. Denn ohne hart zu sein im Umgang mit den anderen, kommst du selbst nicht nach oben.« Nun hatte der Junge in einer kleinen Solidargemeinschaft seiner Kirchgemeinde Mehdi einen jungen Ingenieur kennen gelernt, der als Nordafrikaner in Frankreich eine Familie gegründet hatte. »Guck doch mal«, sagte ihm der Chef in der Firma, »dass du diesen Algerier rauskriegst, das ist doch jetzt deine Aufgabe.« In seiner Verzweiflung entschied er sich dafür, seinem Chef zu widersprechen, weil er Mehdi nicht auf dem Gewissen haben wollte. Dann sagte er mir: »Wie kann denn das Leben gelingen, wenn man andere davon ausschließt?« Ich glaube, dass dies die entscheidende Frage ist. Denn wie soll das eigene Leben gelingen, wenn wir nicht alles tun, um das Leben anderer gelingen zu lassen? Wie soll man frei werden können, wenn man nicht dafür kämpft, dass andere ihr Leben frei gestalten können? Das ist es, was ich meine, wenn ich sage: Die

Freiheit muss man sich nehmen. Es ist das Gegenteil von Egoismus. Denn:

DIE EIGENE FREIHEIT GIBT ES NICHT OHNE DIE FREIHEIT DER ANDEREN

Wie sollte man ohne die anderen sich selbst die Freiheit nehmen können? Wir brauchen die anderen, um unseren eigenen Weg zu finden und um uns Klarheit zu verschaffen über uns selbst. Die anderen bauen uns auf. Jesus hat eindrücklich betont, dass allein die Wahrheit frei mache. Aber Wahrheit finden wir nicht, ohne dass wir sie gemeinsam suchen und im eigenen Innern erwägen. Für diese innere Kommunikation brauchen wir die anderen. Ohne sie gibt es auch keine Wahrheit für uns selbst.

Ein Unbekannter rief mich an, bloß um zu fragen, wo ich die Messe lesen würde. Natürlich gab ich Auskunft, worauf er mir sagte: »Ich werde da sein.« Nach der Messe kam ein etwa vierzigjähriger Mann auf mich zu: »Ich hatte Sie angerufen, entschuldigen Sie bitte. Ich bin der verantwortliche Manager einer ziemlich großen Firma und habe sehr viele Mitarbeiter zu entlassen. Ich kann nicht mehr schlafen und meiner Familie kann ich davon gar nichts erzählen. Ich weiß wirklich nicht, wie ich solche Entscheidungen noch weiter verantworten kann. Ich bin kein praktizierender Katholik, wissen Sie, aber irgendetwas am Evangelium hat mich stets fasziniert. Ich möchte, dass Sie mir in irgendeiner Weise helfen. Ich komme nicht weiter.« Er sah, dass er allein nicht weiterkommen würde. Das ist es. Ich sagte nur: »Sehen Sie, es gibt im Management Kollegen, die sich dieselben Fragen stellen, leitende Angestellte, die sich tatsächlich den Kopf zerbrechen angesichts dieser unerträglichen Situation. Und sie finden regelmäßig zusammen, nur um gemeinsam diese Fragen miteinander zu besprechen.« Ich wies ihn auf eine Bewegung von leitenden Angestellten hin, die als Christen versuchen, vor allem auch die Betroffenen selbst zu Wort kommen zu lassen.

Und nun war er unerwartet glücklich darüber, dass er die quälende

Frage mit anderen würde besprechen können, also nicht nur mit mir, sondern auch mit denen, die von seinen Entscheidungen abhängen. Ich glaube, dass gerade dies uns heute fehlt. Wir schaffen uns die Freiräume nicht, in denen wir das, was uns ängstigt, gemeinsam besprechen können. Und wir geben denen, die von unseren Entscheidungen betroffen sind, nicht die Möglichkeit, sich frei zu äußern. Selbstverständlich stellen nun viele wieder die Frage: »Nicht wahr, das ist doch nicht die Aufgabe eines Bischofs, sich um diese Probleme in der Welt zu kümmern? Hat er nicht ganz andere Aufgaben?« Dazu kann ich nur sagen: »Natürlich ist genau dies die Aufgabe eines Bischofs. Was ich zu verkünden habe, ist die Revolte, die Revolte des Gewissens. Das ist der Auftrag des Bischofs!« Und warum das so ist, kann ich im letzten Satz zusammenfassen:

ES GIBT KEINE FREIHEIT, OHNE ZU LIEBEN
Hat sich Jesus geirrt?

Die Wahrheit ist, dass er sich vor der Missgunst und dem Hass, der ihn von der Gemeinschaft der Menschen ausschloss, gar nicht zu schützen versucht hat. Weil er seine Freiheit ernst nahm, hat er die Angst auf seinem Weg überwunden. Und das hat ihn zärtlich gemacht, so sehr, dass er jene, die ihn aus Angst vor ihrer eigenen Freiheit verfolgten, kindlich weitergeliebt hat. Der Hass hat ihn nicht vernichtet, er hat ihn aufgerichtet. Vielleicht können wir seine Haltung so übersetzen: »Ihr steckt mich ins Gefängnis und ich werde euch nicht mehr sehen. Aber ich weiß, dass ich mit euch dem Gefängnis entkommen werde. Ihr schließt mich aus, aber ich trage euch in mir, denn ich habe den Hass überwunden. Und stark wird der sein, der die Seele der anderen nie aus seinem Herzen verliert.« Die Mitte seiner Worte ist nicht hart, sie ist versöhnlich. Sie wissen ja, wie Augustinus diesen Kern seiner Person und seiner Botschaft übersetzt hat: »Liebe – und du wirst frei!« Du wirst frei sein wie ein Kind. So sind wir denn tatsächlich dazu berufen zu lieben, indem wir anderen zu Diensten sind – und anderen zu Diensten zu sein, indem wir lieben. Nur ein liebender Mensch ist zutiefst an einen anderen Menschen gebunden; nur Liebende hängen ganz voneinander ab. Und nur Liebende sind ganz aufeinander angewiesen. Je mehr man liebt, umso mehr darf man voneinander abhängig sein. Es klingt paradox: Wer am meisten liebt, ist am meisten abhängig. Man kann nicht sagen: »Ich liebe dich – aber ich möchte unabhängig sein von dir.« Denn die Liebe ist die Macht, die Menschen hilfreich miteinander verbindet. Die Frauen zu lieben heißt also auch, ihnen förderlich zu sein und keine Angst vor der Abhängigkeit zu haben, die den Frauen zugute kommt. Heute sind die Menschen, die wirklich frei werden, gerade jene, die einander helfen und es akzeptieren können, voneinander abhängig zu sein. Diese Freiheit wird uns menschlich machen.

2. Die Diskussion in Paderborn

EIN BERICHT VON PETER EICHER

»Wenn ich bei Eugen Drewermann bin, fühle ich mich intelligenter und offener gegenüber der modernen Welt.«

Mit diesem Kompliment eröffnete Jacques Gaillot die Pressekonferenz, die er mit Eugen Drewermann vor seinem Vortrag an der Universität Paderborn gab.

»Ja«, *nahm der Angesprochene die Anerkennung auf*, »es gibt so etwas wie eine Affinität des Augenblicks und des Wesens. Man versteht sich wie blind und man arbeitet an denselben Anliegen«.

Offener zu werden für die Moderne, das war das Stichwort für das gemeinsame Anliegen des vom Papst in die Wüste geschickten Bischofs und des entrechteten Priesters. Ihre gemeinsame Pressekonferenz, Jacques Gaillots Vortrag und die anschließende Diskussion an der Universität durchkreuzten alle biederen Erwartungen, als ginge es bei dieser Öffnung um »aggiornamento«, um die bloße Modernisierung eines überholungsbedürftigen Kirchengebäudes. Die Diskussionen sprengten wie der Vortrag die innerkirchlichen Anpassungsprobleme. Nicht um die Kirche kann es den Christen in der Moderne gehen: Es geht um die offene Gesellschaft. Gemeinsam, meinte Eugen Drewermann, kämpfe er mit Jacques Gaillot im Sinne des Evangeliums um »das Weltbürgertum aller Menschen.« Das Bemühen von Jacques Gaillot zielt dabei auf die soziale Integration der ständig wachsenden Zahl von – insbesondere jugendlichen – Mitmenschen, die im modernen Konkurrenzkampf von der Wirtschaft, vom Staat und von erfolgreichen Gruppen als überflüssig ausgegrenzt, ja als schlicht lästig und schädlich vom normalen gesellschaftlichen Leben ausgeschlossen werden. In der Diskussion nach seinem Vortrag präzisierte Jacques Gail-

lot, dass es keineswegs nur darum gehe, diesen Ausgeschlossenen zu helfen.
Es komme vielmehr alles darauf an, dass ihre eigenen Fähigkeiten aner-
kannt werden, »so dass sie selbst zu Handelnden werden können.« *Für*
diese Anerkennung propagiert Jacques Gaillot nicht eine Neuauflage des
Klassenkampfes, sondern die Praxis des Zusammenlebens, eine Praxis, zu
der ihm die Absetzung als Bischof seiner Diözese erst recht verholfen hat.

»Das Wichtigste dabei ist, dass die Ausgeschlossenen selber das Wort
ergreifen.«

In der Diskussion empörte sich der Bischof darüber, dass in den gegen-
wärtigen Auseinandersetzungen um die Erhaltung des sozialen Netzes
zwar wohl die Gewerkschaften an die runden Tische gebeten werden,
niemals aber die Betroffenen, die Ausgeschlossenen selbst.
    Eugen Drewermann hielt sich nicht zurück:

»Zwischen uns gab es von Anfang an ein bedingungsloses Verständnis.
Sowohl in der Art, Fragen zu stellen und Gespräche zu führen als
auch in den Zielvorstellungen.«

Es scheint mir insbesondere für die an der Kirche Leidenden und für die
im »KirchenVolksBegehren« Engagierten wichtig, genau zu sehen, was
hier als zentrales Problem in den Mittelpunkt gerückt wurde.[94] Denn für
die gemeinsamen Zielsetzungen nannte auch Eugen Drewermann nicht
zuerst die innerkirchlichen Probleme, sondern den gemeinsamen – pazi-
fistischen – Kampf gegen die neue Rüstungspolitik, die Abkehr von den
verheerenden Marktzutrittsbeschränkungen für die Länder der »Dritten
Welt«, die dringliche ökologische Revolution und die radikale Abkehr von
der Ausgrenzung der Asylsuchenden und der Arbeitslosen. Unter den
»Ausgeschlossenen« versteht Eugen Drewermann, wie er an der Pressekon-
ferenz erläuterte, nicht nur die sozial Deklassierten, sondern auch die
Unzähligen, die mitten im sogenannten »Wohlstand« sich selbst fremd
geworden sind:

»Die Welt erscheint ihnen nicht mehr als bewohnbare Heimat, sie wirkt wie eine große Steppe. Sie sind innerlich auf der Flucht, sie wohnen in inneren Gefängnissen und sie suchen bei anderen vergeblich um Asyl nach. Ihre Fremdheit ist psychisch die Umschreibung für das, was wir Schizoidie nennen. Man weiß nicht, wem man noch vertrauen darf; die Gefühlskontakte sind kalt, und es gibt keine sicheren Grenzen zwischen Freund und Feind mehr. Das Gefühl dieser Ausgrenzung muss nicht einen sozialen Zustand widerspiegeln, es ist seelisch bestimmt und deshalb nicht minder wichtig.«

Warum verschwindet in der real existierenden Kirche diese Not aus dem Bewusstsein?

Die Antwort gaben die beiden kirchlich Angefochtenen auf die einfachst denkbare Weise. Sie führten öffentlich vor Augen, wie die soziale und psychische Situation der anderen wirklich aufgenommen werden kann: durch das bedingungslos offene Gespräch. Eugen Drewermann nannte auch die unverzichtbare Vorbedingung für diese gemeinsame Erfahrung:

»Wir wissen keine Antworten vorweg; die Antwort wird sich im Gespräch, im Dialog gestalten. Es gibt kein vorgefertigtes Wissen, das wir lediglich in die Seele der anderen korrigierend, moralisierend und belehrend hineinzufahren hätten. Das Hilfreiche wird sich an Orten des Vertrauens im Gespräch herausbilden.«

Jacques Gaillot sieht genau darin den entscheidenden politischen Auftrag der Christen in der modernen Gesellschaft: selbst das Wort zu ergreifen und es denen zurückzugeben, die zum Schweigen gebracht werden.

Er liebe, meinte er, die Kirche, »die nicht alles weiß, die Kirche, die sich ihre Hände beschmutzt. Ja, ich bin glücklich, Kirche zu leben. Auf jeden Fall mag ich die Situation der Kirche heute viel mehr als jene Situation, die ich als junger Christ erlebt habe. Denn heute stellen sich alle gesellschaftlichen Fragen auch innerhalb der Kirche. Ich mag die Kirche nur dann, wenn sie ihrer Zeit begegnet und mit Leidenschaft ganz nahe bei dem ist, was Frauen und Männer heute wirklich erleben. Es ist wunderbar, dass im › KirchenVolksBegehren‹ die Leute einfach selber das Wort ergreifen.«

Erschrocken fragte ein Fernsehjournalist zurück: »Würden Sie denn auch so weit gehen zu sagen: › Wir müssen die Kirche neu erfinden?‹«

Und Jacques Gaillot: »Die Kirche muss in der Tat neu erfunden werden, jederzeit. Natürlich bleibt Jesus das Fundament, die Wurzel der Kirche, aber in allem, was das Funktionieren, die Organisation und den ganzen Betrieb betrifft, müssen wir neue Wege gehen. Wir wollen keine andere Kirche, sondern, liebe Kirche, wir wollen dich anders.«

Und dann gab Jacques Gaillot wieder eine seiner unnachahmlichen Geschichten zum Besten, in die er selbst verwickelt war. Er erzählte, wie er 1987 als Bischof 1500 der braven und frommen Gläubigen per Eisenbahn auf ihrer Wallfahrt nach Lourdes hätte begleiten sollen. Doch da gab es einen jungen Mann, der nicht zu den »Praktizierenden« seiner Diözese gehörte: Pierre-André Albertini. Als Sohn kommunistischer Eltern aus Évreux wurde er in Südafrika zu vier Jahren Gefängnis verurteilt, weil er – militanter Gegner der Apartheid – in der Ciskei den Kampf der Bantus gegen das rassistische Regime von Pretoria unterstützt hatte. Sollte er nun als Hirte seiner Schafe den Zug nach Lourdes besteigen oder nach dem Evangelium den einzigen suchen, der im Gefängnis verloren gegangen war?[95] Die Zuversicht in die Funktionstüchtigkeit der französischen Eisenbahn erleichterte seine Wahl. Wozu brauchen Glaubende einen Bischof, wenn sie nach Lourdes fahren? Wie aber sollte sein Mitmensch, der im Kampf gegen den Rassismus seine Freiheit verloren hatte, Beistand und Ermutigung finden, wenn selbst der Bischof seiner Heimatstadt sich damit begnügte, andernorts für ihn zu beten? Er flog zum Entsetzen der Frommen nach Südafrika und erwirkte die Freilassung von Pierre-André

Albertini. Dass man ihn nun öffentlich der Zusammenarbeit mit den Kommunisten beschuldigte, scherte ihn wenig. Für ihn war der Tag, an dem der Freigelassene in Frankreich landete, »der schönste Tag meines Lebens als Bischof.«[96]

Damit sind die Prioritäten klar, und damit ist der Weg vorgezeichnet. Weil die in der modernen Gesellschaft sozial und psychisch Ausgeschlossenen in den überlieferten Kirchenformen nicht nur nicht wahrgenommen, sondern gerade noch einmal ausgeschlossen werden, deshalb muss die Kirche selbst zur offenen Gemeinschaft werden. Der Kampf um die offene und solidarische Gesellschaft verlangt von den Christen, ihre Kirche zur offenen Gemeinschaft werden zu lassen. Eine Kirche, die andere ausschließt, kann für Bischof Gaillot nicht katholisch sein:

»Ich glaube jedoch, dass meine Kirche heute dazu berufen ist, katholisch zu werden.«

Und das heißt für ihn – wie für Eugen Drewermann –, dass die Christen von den Glaubenden anderer Religionen ganz Entscheidendes zu lernen haben:

»Keine Religion kann behaupten, sie besäße die Wahrheit. Keine. Aber jede Religion ist vom Feuer der Wahrheit entzündet. Und jede Religion hat von der anderen zu lernen.«

Jacques Gaillot – unschuldig wie die Taube und klug wie die Schlange – hat auch in der Diskussion nach seinem Vortrag jede Rückfrage nach der Rechtmäßigkeit seiner Lehre oder nach den Prinzipien seiner Kirchenkritik in der ihm eigenen Art beantwortet: mit einer Geschichte.[97] Zweimal jedoch hielt das Publikum den Atem an. Auf die Fragen, welche prinzipielle Bedeutung er denn dem Papst zumesse, antwortete er ohne Umschweife:

»Der Papst ist nicht der Stellvertreter Christi auf dieser Welt... Ich glaube nicht, dass man dem Papst oder dem Papsttum einen Dienst erweist, wenn man in ihm den Stellvertreter Christi sieht. Es gilt, die genaue Verantwortlichkeit zu sehen, und sie genau zu sehen.«

Für das deutsche Publikum und auch für Eugen Drewermann klang das wie die Formulierung einer Zurückweisung des Papsttums, ja einer – in römischen Ohren – häretischen Kampfansage. Als Franzose, der während des 2. Vatikanischen Konzils an der päpstlichen Jesuitenfakultät in Rom studierte, wusste Jacques Gaillot jedoch besser Bescheid. Denn damals hatte es Yves Congar, einer der besten Kenner der kirchlichen Dogmengeschichte in diesem Jahrhundert, durchzusetzen verstanden, dass der absolutistische Titel des »Stellvertreters« Christi nicht in den Konzilsdokumenten auftauchte. »Stellvertreter Christi« war in der Alten Kirche der Heilige Geist und im Mittelalter waren es die Armen, die Christus auf Erden vertraten. Mehr wollte er damit nicht sagen. Wahr ist allerdings, dass im neuen römischen Kirchenrecht von 1983 diese Weisheit wieder ad acta gelegt wurde und sich Johannes Paul II. seither erneut rechtlich abgesichert als Stellvertreter Christi auf Erden ausgeben darf...

Für Jacques Gaillot bleibt es dabei: Stellvertreter Christi sind die Armen. Und die Kirche »entsteht nur aus dem Dialog der Liebe. Unter Jesus ist die Liebe niemals verloren. Und wenn man liebt, wird es niemals Nacht. Die eigene Kirche baut sich nur auf dem Gespräch und auf der Freundschaft auf... Deswegen ist es die Aufgabe dessen, der Jesus nachfolgt, also auch die Aufgabe des Papstes, der Liebe vorzustehen.«

VI
Die Wahrheit liegt in der gelebten Menschlichkeit

Das Gespräch, das ich im Anschluss an Gaillots Vortrag mit Eugen Drewermann führte, zeigt nicht nur, wie erfreut er über Jacques Gaillots Engagement, Offenheit und menschlichen Mut zur Wahrheit war, es zeigt auch, wie er die Perspektiven von Jacques Gaillot selber aufnimmt. Diese nachdenklichen Überlegungen machen den letzten Teil der hier wiedergegebenen Gespräche aus und zeigen, wie notwendig die weitere Durcharbeitung der kollektiven Träume der Menschlichkeit bleibt.

Eugen Drewermann im Gespräch
mit Peter Eicher
13. Mai 1996

Eicher: Auf den ersten Blick, Herr Drewermann, scheint Ihnen Jacques Gaillot in seinem Paderborner Vortrag aus dem Herzen gesprochen zu haben. Denn das wichtigste Thema Ihres Werkes ist die Erlösung von der Angst. Nun hat sich Bischof Jacques Gaillot ausgerechnet am Ort Ihrer Verurteilung auf Ihr tiefenpsychologisches Verständnis des Christentums berufen, um sein eigenes zentrales Anliegen zu begründen. Jaques Gaillot geht es um den Mut, sich seiner eigenen Freiheit zu bedienen, weil wir nur durch diese Courage fähig werden, mit den von Gesellschaft und Kirche ausgeschlossenen Mitmenschen solidarisch zu sein. So weit, so gut. Doch nun haben Sie, ganz ähnlich wie Martin Luther, sich stets zu zeigen bemüht, wie unfrei uns die Angst um uns selbst in den konkreten Situationen unseres Lebens tatsächlich macht. Mutet der Appell an die Freiheit, den Bischof Jacques Gaillot in so sympathischer und couragierter Weise vorträgt und vorlebt, nicht wie ein Aufruf an Menschen an, die es so nicht gibt? Fehlt Ihnen in diesen leidenschaftlichen Ausführungen nicht, um es vorsichtig zu sagen, die therapeutische Geduld mit der Angst vor der eigenen Freiheit? Oder um es genauer zu sagen: Bleibt der Aufruf an den guten Willen nicht illusionär, solange die Arbeit an der inneren Auflösung der Ängste, die gerade durch unseren guten Willen zustande kommen, nicht ernsthaft begonnen wird? Denn die ständige Selbstentwertung, die sehr viele Menschen dazu unfähig macht, sich ihrer Freiheit wirklich zu bedienen, beruht doch sehr oft gerade auf dem inneren Vergleich mit dem Ideal der Freiheit, das Bischof Jacques Gaillot hochhält. Macht dieser Vortrag – etwas paradox gesagt – nicht selber Angst?

Drewermann: Es hat mich sehr bewegt, in dem Vortrag von Jacques Gaillot mitzuerleben, wie aus persönlichem biographischem Erfahrungsmaterial die Thematik der christlichen Existenz als Überwindung der Angst beschrieben wurde. Denn diese Frage und Aufgabenstellung ist in der Tat seit vielen Jahren für mein theologisches Werk zentral. Bischof Gaillot hat in seinem Vortrag natürlich nicht systematisch, d.h. tiefenpsychologisch und existenzphilosophisch, argumentiert. Aber er hat den elementaren Gegensatz so deutlich wie nur möglich herausgearbeitet, ich meine den Kontrast zwischen Angst und Glauben, den ich als Gegensatz zwischen Angst und Vertrauen interpretiere. Diese Spannung hat er – ganz richtig – mitten im Leben des Einzelnen entdeckt und gezeigt, wie in Jesu Leben die Überwindung der Angst seiner Umgebung zunächst neuerlich Angst bereitet. Es kommt darauf an, sich dadurch nicht irritieren zu lassen.

Beeindruckend ist für mich allerdings auch, wie selbstverständlich Bischof Gaillot die Angstthematik auf der individuellen und der kollektiven Ebene miteinander verzahnt. Mir selber scheint das Thema »Angst« wie der Fahrstuhl in einem Hochhaus zu sein, der durch drei Etagen des menschlichen Daseins führt. Alles beginnt mit der Angst, die sich in den Jahrhunderten von Millionen Jahren bereits im Erleben der Tiere entwickelt hat. Ursprünglich ein bloßes Warnsignal in Gefahrenmomenten, hat die Angst in der Reflexion des Menschen sich in gewisser Weise verunendlicht. Man steht immer wieder vor der Alternative, entweder nach biologischen Vorgaben seine Antworten auf bestimmte Angstinhalte bis zum Wahnhaften ins Unendliche zu treiben oder vom Unendlichen her eine Antwort des Vertrauens und des seelischen Halts zu gewinnen. Tiere z.B. haben Angst vor einem Beutegreifer, bei uns Menschen ist daraus der Wahnsinn der atomaren Überrüstung geworden. Wir schützen uns nicht mehr mit Zähnen und Geweih, sondern mit der permanenten Drohung des organisierten Massenmords an Millionen von Menschen in wenigen Sekunden. Tiere haben Angst zu verhungern. Auf der Nordhalbkugel schützen wir uns inzwischen durch die Überproduktion von Nahrungsmitteln in einer Weise vor dieser Angst, dass zwei Drittel der Menschheit auf der Südhalbkugel dabei hungern oder verhungern. Die Psychoanalyse zeigt uns darüber hinaus, wie stark die Angst bereits das Erleben eines Kindes zu formen vermag. Schlimmer als die Angst vor dem Tod ist die Angst, verlassen zu werden und in das Exil der Lieblosigkeit vertrieben zu werden. Die traumatischen Erinnerungen und die entsprechenden Szenen der frühen Kindheit sowie die Verarbeitungsmechanismen solcher Ängste begleiten uns durch unser ganzes Leben, wenn wir sie nicht mit einem hohen Aufwand an Bewusstwerdung später zu korrigieren versuchen. Und dann sind da die Verformungen auf der existentiellen Ebene. Dem Menschen ist die Angst vor seiner eigenen Freiheit zutiefst zu Eigen. Lieber duckt er sich in der Schein-Geschützheit der Ideologie von Partei und Kirche, als dass er es lernen würde, zwischen Versuch und Irrtum für sein eigenes Leben und für das der Menschen an seiner Seite Verantwortung zu übernehmen. Auf dem Hintergrund dieser Problemstellungen bekommt die Botschaft Jesu eine unerhörte Aktualität. Nach meinem Eindruck hat sie überhaupt erst im Umkreis dieser Art von Not eine wirklich erlösende Kraft.

Eicher: Beides gehört zusammen: Bischof Jacques Gaillot ruft eindrücklich und persönlich überzeugend dazu auf, sich ganz konkret um die von der Gesellschaft Ausgeschlossenen zu kümmern. Er formuliert damit den politischen Auftrag, ohne den die Christen nicht wirklich menschlich werden können. Wer sein Leben, d.h. seine Zeit, sein Geld, sein Prestige und seine Leidenschaft für die Ausgeschlossenen eintauscht und also ganz konkret mit Flüchtlingen und Wohnungslosen, mit Arbeitslosen und Menschen ohne Papiere zusammenlebt, der handelt im Sinne des Evangeliums und überwindet die Angst vor der eigenen Menschwerdung. Darin setzt Bischof Gaillot – durchaus katholisch – auf die »guten Werke«: Das soziale Engagement gilt ihm als die wahrhaft authentische Auslegung des Evangeliums.

Nun haben Sie jedoch wie Martin Luther immer wieder darauf

hingewiesen, dass die ethische Anforderung selber zur Quelle der Verzweiflung werden kann. Weil wir uns als ethisch unzulänglich empfinden und als ewig schuldig vor Gott, finden wir nicht zu der Selbstachtung, die uns gegen alle gesellschaftlichen Zwänge dazu ermutigen könnte, das eigene Mitleid wirksam werden zu lassen und damit zu beginnen, den Traum von einer menschlicheren Gesellschaft zu realisieren. Wir tun nicht, was wir doch so offensichtlich tun wollen, weil wir an uns selbst verzweifeln. Um dies zu verstehen, kommt nach Ihrer Erfahrung alles darauf an, der menschlichen Existenz nach der biblischen Weisheit ihre unbewusste Angst vor Augen zu führen. Denn letztlich fürchtet sich der Mensch vor seiner eigenen Freiheit, weil er sich vor einer absoluten Instanz zu Tode ängstigt, die – wie er wähnt – seiner Freiheit misstraue. Diesem Gott der Angst gilt Ihre Analyse und Ihr öffentlicher Kampf in der Kirche. Die Psychoanalyse hat Ihnen die Mittel an die Hand gegeben, um diese verzweifelte Verkennung der Liebe, die doch nach dem christlichen Vertrauen Gott selber ist, als eine Projektion frühkindlicher Ängste aufzulösen, als eine falsche religiöse Überhöhung der idealisierten Eltern im Überich. Und das Evangelium ist die Quelle, aus der Sie Ihre Zuversicht in das Vertrauen zur Liebe gewinnen, die Gott ist. Auf der existentiellen Ebene kommt nach Ihrer Erfahrung also alles darauf an, dass wir uns um die Angst kümmern, die unsere Freiheit mit sich bringt, um die Angst vor dem letzten Ausgeschlossensein, um das Abgetrenntsein von Gott.

Doch wie gesagt, es gehört beides zusammen: Die Überwindung des verzweifelten Gefühls, für immer und ewig von Gott als der Quelle allen Liebens abgetrennt zu sein – und der Kampf um die gesellschaftliche Anerkennung der sozial, politisch und wirtschaftlich Ausgeschlossenen. Die Frage ist nur, wie ein Mensch von der Therapie zum politischen Handeln kommt, von der Selbstwahrnehmung zur solidarischen Existenz. Hat Jacques Gaillot für Sie diesen Abgrund, den er ohne Zweifel selbst durchschritten hat, überwunden oder blieben seine Ausführungen – eindrucksvolle – Appelle?

Drewermann: Vor allem in Beispielen aus der Erinnerung und in seiner feinsinnigen Auslegung des Evangeliums hat Bischof Gaillot in seinem Paderborner Vortrag deutlich gemacht, was die Überwindung der Angst für ihn bedeuten kann. Alles, was er sagte, war so etwas wie das Bekenntnis eines bekehrten Offiziers, der vor allem aus den Gräueln des algerischen Kolonialkriegs der »Grande Nation« gelernt hat, wie verbrecherisch das staatlich befohlene und kirchlich abgesegnete Gehorsamsgebot sogar im Status eines Soldaten sein kann. Ich war bestürzt zu hören, dass er schon damals sah, wie ein so genannter Deserteur, der sich einfach weigerte, weiter mitzumachen, vollkommen im Recht war, er selber aber es damals noch nicht vermochte, ihm auch Recht zu geben. Es hat für mich etwas Bewegendes, mitzuerleben, wie ein Mensch – auch und gerade aus den Augenblicken einer gewissen Schwäche in der Vergangenheit – heute eine Unbedingtheit der Entscheidung für das Engagement gewinnt, das ihn aus einer Lage zwischen Resignation und Mitläufertum zu einer eigenen Haltung der Hoffnung und des Widerstands befähigt.

Freilich gebe ich zu, dass ich – pragmatisch – die Hoffnung nicht habe, von der Bischof Gaillot sich bis heute leiten lässt. Wir demonstrieren in Deutschland seit über 45 Jahren gegen die Aufrüstung, und das hat nur dazu geführt, dass wir gerade im Moment darüber diskutieren, ob der Wehretat 48 Milliarden Mark betragen soll oder 46 Milliarden. Wir sind aus der Überrüstung unter US-amerikanischem Diktat – mit gutem Gewissen – in der Geschichte der Bundesrepublik nie herausgekommen und wir wollten es ehrlicherweise wohl auch gar nicht. Wir sind und bleiben daran beteiligt, aus den Fehlern des vergangenen Kriegs immer nur wieder die Perfektion eines noch schlimmeren Tötens in noch routinierterer Form abzuleiten. Wir diskutieren darüber, ob auch Frauen an der Waffe »Dienst tun« dürfen. Das ist der Fortschritt nach einem halben Jahrhundert Friedensbemühung in der BRD, und ich kann mir nicht vorstellen, dass es in Frankreich wesentlich besser aussieht. Wir haben seit mindestens 30 Jahren zugunsten des Tier- und Artenschutzes dafür demonstriert,

Mitleid mit der leidenden Kreatur zu haben. Das führt im Jahr 1996 allenfalls dazu, auf Fleischnahrung aus Großbritannien zu verzichten – aus Furcht vor der BSE-Seuche. Aber ein Nachdenken über unsere Nahrungsgewohnheiten angesichts der Massentierhaltung, der Tiertransporte, der Tierexperimente usw. hat es bis heute noch nicht einmal ansatzweise gegeben. Und was den globalen Naturschutz angeht, den Schutz etwa der tropischen Regenwälder, so stimmt mich die Aussichtslosigkeit auch nur eines Stopps der Verwüstung ganzer Gebiete von der Größe der Stadt Köln in 1½ Stunden Tag für Tag eher zornig als hoffnungsvoll. Hinzu kommt die Verantwortung für die »Dritte Welt«. Auch dafür sehe ich nicht, dass wir in den letzten 30 Jahren wenigstens das Tempo der Auseinanderentwicklung zwischen Industrienationen und den Ländern der »Dritten Welt« hätten verlangsamen können. Ganz im Gegenteil! Durch die ungerechten Austauschrelationen auf den Weltmärkten und durch den Zinsdruck auf die Schulden, die bereits gemacht wurden, haben die Länder der »Dritten Welt« nicht die geringste Chance, an den Lebensstandard der Länder Westeuropas oder Nordamerikas heranzukommen. Man vergleiche nur einmal die Zahlen: Würden wir in Deutschland alle Hilfsgelder aus den karitativen Organisationen für die Länder der »Dritten Welt« in einem Jahr zusammenlegen, kämen wir bestensfalls auf 50 Millionen Mark. Das bedeutet, dass wir ungefähr 1000 Jahre lang sammeln müssten, um den Militärhaushalt der Bundesrepublik für ein einziges Jahr zusammenzubekommen. Und dies wäre dann etwa gerade so viel, dass die Zinsenlast der Entwicklungsländer für 14 Tage storniert werden könnte und so geht das weiter und weiter...

Es wäre mir deshalb fast ein Trost, wenn die christliche Hoffnung, wie Bischof Gaillot sie für mich vorbildlich verkörpert, zu verbinden wäre mit dem Wissen um die Absurdität all dieses Engagements inmitten von Geschichte und Welt. Dann blieben weniger Spielräume für Illusionen und Enttäuschungen.

Eicher: Das offenkundig Absurde an allem notwendigen Engagement verlangt danach, sich die innere Verzweiflung des »freien« Menschen vor Augen zu führen und Wege zu suchen, die aus der existentiellen Angst dennoch zum Vertrauen führen. In diesem Sinn also gehört, wenn ich Sie recht verstehe, beides zusammen: das Engagement und die existentielle Selbstvergewisserung vor Gott.

Nun hat sich Bischof Jacques Gaillot in seiner Diözese Évreux zwölf Jahre lang mit wachsendem Mut für die Lösung der globalen und nationalen Probleme der Ökologie, der Abrüstung und der Flüchtlingsströme eingesetzt. Mehr als das: Er hat es möglich gemacht, dass die Leute sich in kleinen Netzwerken selber zu organisieren begannen. Diese Gruppen konnten im Austausch mit dem Bischof nicht nur die innerkirchlichen Probleme frei diskutieren, sie haben vielmehr auch damit angefangen, in vielen kleinen Zellen eine reale Nachbarschaftshilfe für Gefangene und für Süchtige, für Arbeitslose und Wohnungslose, für Straßenkinder und für bedrängte Frauen aufzubauen. Das Originelle, das Jacques Gaillot dabei mit ermöglicht hat, besteht darin, dass in diesen Gruppen die Ausgeschlossenen und Zu-kurz-Gekommenen selber aktiv werden können und so einen Teil ihrer verlorenen Selbstachtung wiedergewinnen. Man möchte meinen, dass er dafür von Rom schon zeit seines Lebens hätte selig gesprochen werden müssen. Denn bis heute hat Bischof Gaillot kein einziges Dogma der römisch-katholischen Kirche ernsthaft in Frage gestellt. Und er hat niemals auch nur daran gedacht, die hierarchische Struktur der römisch-katholischen Kirche prinzipiell anzugreifen. Mit seinem Engagement für den kirchlichen Dienst von Priestern, die sich verheiratet haben und mit seinem Plädoyer für die Priesterweihe von Frauen und von verheirateten Männern stand er, weltweit gesehen, nicht allein unter Bischöfen, Theologen und Priestern, auch wenn ihn der Vorsitzende der französischen Bischofskonferenz, Kardinal Decourtray aus Lyon, seit 1989 dafür öffentlich gerügt hat.

Warum also ist er seines Amtes enthoben worden?

Dass er die Leute in ihren Nöten und in ihren Eigenheiten gegen ihre moralistische Verurteilung durch kirchliche Obrigkeiten mit Witz und gesundem Menschenverstand in Schutz genommen hat, kann ihm kaum als Amtsverfehlung angerechnet worden sein. Wenn es nicht sein soziales Engagement und nicht sein Erbarmen mit den Mitmenschen waren, die zu seiner Absetzung geführt haben, was war es dann? Die Entschiedenheit, mit der er das Grundprinzip der Moderne, das Recht auf die freie öffentliche Meinungsäußerung verteidigt hat? Genügte für seine Amtsenthebung schon die Tatsache, dass er – wie der Papst – die Medien nicht scheute? Bedeutet seine Bestrafung nichts als die Bestätigung der alten Weisheit: »Quod licet Jovi non licet bovi« – »Was Zeus sich erlaubt, das wird dem Ochsen nicht gestattet«?![98]

Drewermann: Wenn ich richtig sehe, schmerzt Bischof Gaillot seine Enthebung vom Bischofsamt in Évreux trotz aller Bekundung der Verbundenheit mit seinen Amtsbrüdern menschlich sehr. Obwohl er dazu alles Nötige selber schon gesagt hat, scheint es ihm persönlich schwer zu verstehen, was wirklich Anlass bot oder die eigentliche Ursache für seine Amtsenthebung war. Natürlich ging es nicht um die lächerlichen Beschuldigungen, wonach er die Homosexualität oder die Abtreibung gerechtfertigt hätte oder häretisch gelehrt habe. Es ist das übliche Spiel der römischen Kurie, dass sie jemanden, den sie ausschließen will, mit dem Etikett des Antichristen versehen muss, um vor den Augen der Massen gründlich Recht zu behalten. Der einzige »Fehler« von Jacques Gaillot lag darin, dass er glaubte, sein Amt von unten statt von oben her interpretieren und ausüben zu können.

Bewegend war für mich, in der Diskussion zu hören, wie er in der Wahl, die üblichen Pilgergruppen nach Lourdes zu begleiten oder nach Südafrika zugunsten eines sich in Haft befindenden Mitbürgers zu fahren, den Weg Jesu darin sah, nach Südafrika zu fliegen. Er hat sich für einen Einzelnen und seine Not entschieden, nicht für die Repräsentation derer, die von der SNCF mit routinemäßiger Sicherheit auch ohne bischöfliche Begleitung zum Marienwallfahrtsort in den Pyrenäen transportiert werden. Aber nach römischem Verständnis hat ein Bischof nicht nur eine Residenzpflicht, sondern auch die Pflicht, das unfehlbare Lehramt zu repräsentieren. Zweifellos weigert sich Bischof Jacques Gaillot, diese römische »Pflicht« mit dem Beispiel Jesu in Verbindung zu bringen. Das ist seine wörtliche Häresie. Er will nicht Macht verwalten, sondern den Menschen dienen, er will nicht von oben nach unten regieren, sondern von unten nach oben Menschen aufrichten.

Mir scheint, dass man Bischof Gaillot zunehmend in eine Alternative drängen wird. Entweder wird man versuchen, ihn auf das Niveau eines bloßen Sozialarbeiters ohne Ausbildungskompetenz herabzustufen – so deute ich bereits das Ansinnen der französischen Bischofskonferenz, er möge als Krankenhausseelsorger irgendwo in einem Spital oder in einer Psychiatrie verschwinden[99] – oder man wird ihn immer neu zu Äußerungen reizen, bei denen man ihn auf bestimmte dogmatische Irrtümer festlegen kann. Eigentlich müsste dies aus römischer Sicht gar nicht so schwer fallen; z.B. hat Gaillot in der Diskussion nach dem Vortrag – auch mit starker stimmlicher Betonung – ganz offen erklärt, dass der Papst nicht der Stellvertreter Christi sei. Und er würde sich gewiss genauso weigern zu sagen, dass er als Bischof von Amts wegen im Verein mit den anderen Bischöfen eine absolute göttliche Wahrheitsgarantie für die christliche Lehre besitze. An diesen Auffassungen hängt jedoch die gesamte Struktur der römischen Klerikerkirche. Ich kann mir vorstellen, dass an diesen Stellen die Spannungen im Denken und im Leben von Jacques Gaillot eher noch wachsen werden. Vielleicht aber lässt man ihn ganz einfach auch in Ruhe, und zwar in der wahnhaften Meinung, auf diese Weise selber vor ihm Ruhe zu haben. Das würde bedeuten, dass er seine eigene, gewissermaßen internationale Gemeinde von »Partenia« nicht nur über Internet, sondern auch durch Besuche wie hier in Paderborn und nicht zuletzt auch bei den Lesern seiner Bücher aufbauen kann. Es wäre eine Gemeinde, die ganz von ihm geführt würde, etwas Singuläres und etwas Wunderbares, das ich ihm nur wünschen möchte.

Eicher: Es ist für mich kein Zufall, dass Jacques Gaillot seine eigene Vision von einer freien und menschlichen Religion in seinem Paderborner Vortrag auf einen Erfahrungsbericht gestützt hat: auf die Wahrnehmung der Motive, welche die Jugend quer durch Europa allgemein als wahrhaft menschliche Antriebe akzeptiert. Im Licht dieser anspruchsvollen Motive erscheint die massive Abkehr der Jugend von den kirchlichen Riten und ihre – argumentativ starke – Überwindung der kirchlichen Moral keineswegs als Ende der Religion. Es stimmt, dass nach neueren Umfragen aus dem deutschen Raum[100] eine institutionelle kirchliche Sozialisation von weniger als 10% der katholischen und von weniger als 5% der evangelischen Jugendlichen positiv gesehen wird. Doch die Absage an eine autoritäre Kirche, die Flucht vor dogmatischen Systemen und der problemlose Auszug aus dem – mit Strafandrohungen bewehrten – Machtgefüge der innerkirchlichen Hierarchie sind paradoxerweise für die jüngste Generation gerade zur *Voraussetzung* ihrer humanen und menschheitlich-religiösen Motivationen geworden. Die Jugend lässt sich von einer humanen Religiosität motivieren, welche die Würde jedes Einzelnen achtet und das Leben lieb zu haben lernt. Dazu gehört das Vertrauen in eine »Religion«, welche alles fördert, was für das Zusammenleben der Menschheit im Austausch mit der Natur notwendig ist und alles vermeidet, was sich destruktiv und lebensfeindlich auswirkt: in der Gesellschaft, in der Wirtschaft, im Staat, in der Kirche und in den eigenen Beziehungen. Die Jugend sucht nach den individuell erfahrbaren Grunddimensionen einer Religion, die *innerhalb* von menschlichen Beziehungen mit ihrem »Selbst-Ideal« im Einklang steht. Es ist also – in einer Art nüchterner Romantik – die Religion der Liebe, welche die Jugend motiviert.

Mir scheint, dass Jacques Gaillot, seitdem er Bischof geworden ist, geradezu hartnäckig die grundlegenden Dimensionen dieser modernen Religiosität zu verteidigen begonnen hat. An oberster Stelle stehen dabei das Recht auf die *öffentliche und freie Meinungsbildung* innerhalb jeder Religion und die Pflicht zur gegenseitigen Toleranz aller Religionen und Weltanschauungen. Beides ist nur möglich, wenn der eigene

Glauben vor dem Anspruch der *allen Menschen gemeinsamen Rechte* kritisch geprüft wird. Zum Ideal humaner Aufklärung gehört für Jacques Gaillot aber auch die Notwendigkeit der *Demokratisierung* jeder Religion und die Anerkennung der *Autonomie* als der letzten Instanz der eigenen Verantwortung. Auch wenn er die *Liebe* im modernen Sinn zum obersten Kriterium und zum Sinn aller Religion macht, erinnert er nüchtern an die biblische Erfahrung, nach welcher ohne die Gerechtigkeit alle Liebe nichts als Selbsttäuschung wäre. Und durchaus kämpferisch tritt er zunehmend für die kosmische Verantwortung der Religionen zur Erhaltung und Entfaltung der Pflanzen, der Tiere und der ökologischen Zusammenhänge ein. Jacques Gaillot interpretiert in diesem Sinne den römisch-katholischen Glauben ganz pragmatisch als eine menschenwürdige und menschlich zu verantwortende Religion. Damit aber trägt er – zumindest in seinem Handeln – zu einer neuen und durchaus nicht unkritischen Verständigung unter den Religionen bei.

Ihnen, Herr Drewermann, kommt – wenn ich Sie recht verstehe – selber alles auf die human-religiöse Auslegung und Praxis des Christentums und darin auch des römischen Katholizismus an. Menschlich kann nach Ihrer Einsicht keine Religion werden, wenn sie nicht von den anderen Religionen lernt, ihre inneren Begrenzungen zu erkennen und zu sprengen. Solange die Religionen nicht voneinander lernen und sich damit auch selbst relativieren, wird keine unter ihnen ganz menschlich werden. Die symbolische Sprache der Religionen bringt eine humane Dynamik zum Ausdruck, die tiefer greift als die Sprache der Reflexion. Das Religiöse darf demnach nicht als *Ergebnis* der rationalen Reflexion ausgegeben werden, aber auch nicht als das Ergebnis der gehorsamen Annahme einer Offenbarung, die unabhängig von der inneren Selbstwahrnehmung der Menschheit von außen vorgegeben wäre. Das Religiöse entspringt vielmehr der universalen Dynamik des Unbewussten, das bewusst durchgearbeitet werden muss, um menschlich heilend sich auswirken zu können. Auch wenn Jacques Gaillot keine tiefenpsychologische Begründung der Religion entwickelt hat und auch wenn er weniger auf die geduldige therapeutische

Arbeit setzt, praktiziert er sozial offenbar doch all das, worauf es Ihnen ankommt. Er wäre also gleichsam der Modellfall des Verantwortungsträgers einer partikularen Religion, welcher andere Religionen nicht diffamiert oder sie nur als Mittel für die eigenen Interessen beizieht. Denn immer wieder zeigt Jacques Gaillot ganz pragmatisch, dass er auf Andersglaubende und Nichtglaubende angewiesen ist, um den eigenen Glauben human zu leben.

Könnte Jacques Gaillot als römisch-katholischer Bischof einer universalen Diözese »Partenia« zum Hoffnungsträger eines solchermaßen humanen Katholizismus im toleranten Umgang mit anderen Religionen und mit Nichtglaubenden werden?

Drewermann: Jacques Gaillot spricht selten prinzipiell über das Verhältnis zwischen den Religionen. Er spricht über die wirkliche Geschichte von Menschen, die in einer Religion groß geworden sind. Und er spricht über seine Begegnung mit ihnen, besser: Er engagiert sich für sie. So hat er als französischer Bischof seine große Toleranz und sein humanes Engagement vor allem für die zahlreichen Muslime in Frankreich deutlich gemacht, die z. T. im Rückfluten der französischen Kolonisierung jetzt aus vielen Teilen Afrikas in das ehemalige Mutterland zurückströmen. Dabei ist sehr spürbar, dass Jacques Gaillot keinen Standpunkt mehr akzeptieren würde, der die Religion mit dogmatischen Exklusivitätsansprüchen im Namen Gottes abgrenzt. Für ihn ist Glauben im Sinne Jesu eine Einladung an alle Menschen. Er hat aus einer starken Gewissheit heraus betont, dass eine Kirche, die ausschließt, nicht die Kirche Christi sein kann. Dies läuft geradezu darauf hinaus, die Kirche menschheitlich als eine Gemeinsamkeit aller Menschen guten Willens im Kampf gegen die Not aller Menschen zu definieren, sei diese Not nun psychisch, sozial, finanziell oder existentiell.

In der Auseinandersetzung um den pakistanischen Salman Rushdi hat Gaillot sogar einmal erklärt, dass es ein Recht auf Blasphemie geben müsse. Er hat nicht gerade gesagt, wie Theodor Reik als Psychoanalytiker in den zwanziger Jahren, dass der Dogmatismus selber ein gewisses blasphemisches Element in sich trage, weil er die ständigen Paradoxien und Absurditäten seiner rationalen Ausformulierungen des Irrationalen unbewusst bis an die Grenzen des Lächerlichen treiben müsse. Aber er hat ein deutliches Gespür dafür gezeigt, dass Wahrheit religiös nur mit dem Mut zu finden ist, auch den vollkommenen Widerspruch in uns selbst und die emotional bis zum Äußersten aufgeladenen Entgegensetzungen unserer Strebungen zu akzeptieren und in uns selber durchzutragen. Wenn wir uns in die Mythen und Motivationen anderer Religionen einfühlen und uns von ihnen her begreifen lernen, dann können wir diese innere Dramatik der eigenen religiösen Vorstellungen verstehen und durcharbeiten lernen. Und das hätte beträchtliche Konsequenzen.

Wir in Deutschland wären gut beraten, wenn wir eine Politik entwickeln würden, die einen Mann wie den Dalai Lama nicht auf dem politischen Parkett als eine *persona non grata* erscheinen lässt. Es ist schmerzlich mit anzusehen, dass uns derzeit fünfzehn Milliarden DM Auslandsaufträge mit Rotchina besser verbinden als die selbstverständliche Menschlichkeit mit einem jetzt seit bereits vierzig Jahren von Fremdbestimmung und Diktatur misshandelten Land wie dem lamaistischen Tibet. Der Dalai Lama selber sagte einmal, er betrachte alle Religionen wie Medikamente gegen verschiedene Krankheiten. Wenn es so ist, hört der Konkurrenzkampf zwischen den Religionen wie von selber auf. Die Religionen erscheinen dann als Antworten, die wir geben müssen, um auf bestimmte Infragestellungen der menschlichen Existenz mit einem Höchstmaß an gelebter Menschlichkeit zu antworten, und wir sind zugleich gehalten, die Verschiedenheit der menschlichen Kulturen als wechselseitige Ergänzung in unserer gemeinsamen Armut und Not zu begreifen.

Die Wahrheit des Religiösen liegt dann nicht länger im universalistischen Anspruch, sondern im Sinne Lessings in der gelebten Menschlichkeit. Diese Botschaft muss für jedes doktrinäre System häretisch anmuten, es ist aber kein Zweifel, dass Jesus gerade eine solche Einstellung verkörpert und gewollt hat.

Anmerkungen

Zur Einleitung von Peter Eicher

1   Jacques Gaillot anlässlich des zehnten Jahrestags seiner Ernennung zum Bischof von Évreux, vgl. J.Gaillot, La rumeur d'un peuple, Paris 1995, 25.

2   E.Drewermann, Gott will keine Knechte: E.Drewermann, H.Haag, Laßt Euch die Freiheit nicht nehmen. Für einen offenen Dialog in der Kirche. Hg. K.Obermüller, Zürich 1993, 93-123, 123.

3   Zur Irregularität des Verfahrens gegen Eugen Drewermann, vgl. P.Eicher, Der Konflikt um die christliche Existenz: E.Drewermann, Worum es eigentlich geht. Protokoll einer Verurteilung, München 1992, 487-510. Zur unwürdigen und allen Kirchenrechts spottenden Absetzung von Jacques Gaillot als Bischof von Évreux, vgl. J.Gaillot, Je prends la liberté. Entretiens avec J.-C.Raspiengeas, Paris 1995, 7-43.

4   Johannes Paul II., Die Schwelle der Hoffnung überschreiten, Hamburg 1994, 225, 151.

5   J.Gaillot u.a., Les cris du choeur, Paris 1994, 24.

6   J.Gaillot, Meine Freiheit in der Kirche, Salzburg 1991, 96f.

7   J.Gaillot, Lettre ouverte à ceux qui prêchent la guerre et la font faire aux autres, Paris 1991; die beiden folgenden Zitate, a.a.O., 12, 57 in der Übersetzung des Herausgebers.

8   J.Gaillot, Meine Freiheit in der Kirche, a.a.O., 74.

9   A.a.O.

10 E.Drewermann, Psychoanalyse und Moraltheologie, Bd. 1: Angst und Schuld, Mainz 1982, 10.

11 Vgl. P.Eicher, Offenbarung – Prinzip der neuzeitlichen Theologie, München 1977.

12 J.Gaillot, Coup de gueule contre l'exclusion, L'année de tous les dangers, Paris 1994; das folgende Zitat, a.a.O., 9 in der Übersetzung des Herausgebers.

13 E.Drewermann, Der Krieg und das Christentum. Von der Ohnmacht und Notwendigkeit des Religiösen, Regensburg 1982 (in erweiterter Form: Die Spirale der Angst. Der Krieg und das Christentum, Freiburg i. Br. 1991); Reden gegen den Krieg, Hg. B.Marz, Düsseldorf 1991; Jesus von Nazareth, Befreiung zum Frieden. Bd.2. Glauben in Freiheit, Zürich und Düsseldorf 1996, 43-109.

14 Vgl. E.Drewermann, Jesus von Nazareth, a.a.O., 65-76.

15 Vgl. Mt 25,3

16 J.Gaillot, Lettre ouverte à ceux qui prêchent la guerre et la font faire aux autres, Paris 1991.

17 A.a.O., 11f. in der Übersetzung des Herausgebers.

18 E.Drewermann, Reden gegen den Krieg, a.a.O., 56, 57, 62.

19 J.Gaillot, »Eine Kirche, die nicht dient, dient zu nichts«, Freiburg [2]1991, 134; das folgende Zitat, a.a.O., 138.

20 Ich habe diese religionsgeschichtliche Erklärung der so genannten »Wandlungsworte« hier hinzugefügt, um verständlich zu machen, wie nahe Jacques Gaillots Bedürfnis, das Mahl des Herrn auch mit Nicht-glaubenden zu feiern und wie nahe Eugen Drewermanns Ablehnung einer historischen Begründung des »Altarsakraments« dem Evangelium kommt. Vgl. dazu die bahnbrechende Arbeit von B.Lang, Sacred Games. A History of Christian Worship. London 1997, Kap. 4 (mit reichen Literaturangaben).

21 Vgl. den luziden Artikel von D.Mieth, Autonomie: P.Eicher (Hg.), Neues Handbuch theologischer Grundbegriffe. Erweiterte Neuausgabe, Bd. 1., München 1991, 139-148.

22 E.Drewermann, Glauben in Freiheit oder Tiefenpsychologie und Dogmatik. Dogma, Angst und Symbolismus, Solothurn/Düsseldorf 1993, 517.

23 J.Gaillot, »Eine Kirche, die nicht dient, dient zu nichts«, a.a.O., 153.

24 A.a.O., 89.

25 A.a.O., 127.

26 J.Gaillot, Meine Freiheit in der Kirche, a.a.O., 83; Sperrung: P.E.

27 A.a.O., 31.

28 J.Gaillot, Ihr seid das Volk. Brief an meine Freunde in der Wüste, Freiburg, Basel, Wien 1995, 57.

29 Ch.Wargny, Monseigneur Gaillot, provocateur ou prophète? Paris 1989, 28.

30 A.a.O., 166.

31 Zu welcher Öffnung diese Krise führte, beschreibt mein Briefwechsel mit meiner Tochter Manuela: P.Eicher, M.Eicher, Wie kannst du noch katholisch sein? München [4]1995, 17-23.

32 Vgl. unten die Dokumente 6 und 7 im Anhang zu Teil III.

33 Vgl. unten die Dokumente 2 und 3 im Anhang zu Teil II.

34 Am 18. März 1996 besetzten 300 Afrikanerinnen und Afrikaner, die nach den neuen Gesetzen von 1993 und 1994 in Frankreich keine Aufenthaltsgenehmigung mehr hatten, die Kirche »Saint-Ambroise«. Am Hauptportal der Kirche hing ein Plakat mit dem Satz von Johannes Paul II.: »Die Kirche ist der Ort, an dem auch Emigranten in irregulärer Situation anerkannt sind und wie Brüder aufgenommen werden.« Schon am 22. März wurden die Frauen und Kinder, die Alten, Jugendlichen und Alleinstehenden von der Polizei aus der Kirche »geräumt«, nicht ohne Zustimmung kirchlicher Würdenträger. »Zorn und Revolte«, schrieb Jacques Gaillot, habe ihn angesichts dieser Schandtat für seine Kirche und für sein Land erfüllt: »Die Kirche wird profaniert, wenn man den Fremden aus ihr verbannt... Man lässt die Kirche verbluten. Sie lässt sich das Leben nehmen.« Die von der Polizei aus dieser Kirche Vertriebenen flüchteten später in die nächstgelegene Kirche, »Saint Bernard«, wo am 31. Juli auch die kleine Omou zur Welt kam. Die zum Teil in Hungerstreik befindlichen Asylanten wurden am 23. August 1996 durch ein Polizeiaufgebot von 1500 Mann unter Einsatz von Tränengas aus der Kirche hinausgeprügelt und in das Zentralgefängnis von Vincennes verbracht. Jacques Gaillot: »Welche Schande!« (Ce que je crois, Paris 1996, 117-120). Noch am gleichen Abend demonstrierten in Paris an die 20.000 Personen auf dem Platz der Republik gegen die Gewalttat. Der Protest von Jacques Gaillot und den Demonstranten führte dazu, dass der verantwortliche Minister, Jean-Louis Debré, am 21. August erstmals eine Delegation der Ausgeschlossenen selber empfing und eine teilweise Minderung der Ausweisungsgesetze bekannt gab. Die renommierte Zeitung »Le Monde« verglich am 23. August 1996 diesen Skandal der neuen Flüchtlingspolitik Frankreichs auf ihrer ersten Seite mit der Dreyfus-Affäre.

35 Jacques Gaillot wurde am 13. Januar 1995 seines Amtes als Bischof von Évreux enthoben und zum »Titularbischof von Partenia« ernannt. Die »pontifikale Mitteilung« lautet: »13. Januar 1995. Der Heilige

Vater hat S. Exc. Mgr. Jacques Gaillot von der pastoralen Regierung der Diözese von Évreux abgesetzt und auf den bischöflichen Titularstuhl von Partenia versetzt.« (Vgl. É. Maréchal, L'»affaire Gaillot«, Documents, 1983-1995, Paris 1995, doc. 3,1). Zur Bedeutung der Diözese »Partenia« vgl. unten.

36 Jacques Gaillots Reden, sein Schreiben und seine Verkündigung entwickeln sich wesentlich im Erzählen solcher authentischer Begegnungen. Situation und »Bekenntnis« gehören für ihn untrennbar zusammen. Er denkt »theologisch«, indem er solche Geschichten immer von neuem erzählt. So nimmt er auch diese Begegnung mit anderen Facetten in seinem neuesten Buch noch einmal auf: Ce que je crois, Paris 1996, 7-16.

37 J.Gaillot, Coup de gueule contre l'exclusion. L'année de tous les dangers, Paris 1994.

38 Zu Beginn des 7. Jahrhunderts gab es in Nordafrika mehr als dreihundert christliche Bischöfe. Einer dieser Bischofssitze lag in »Mauretania sitifensis«, im Gebiet des heutigen moslemischen Sétif in Algerien. Die ursprünglich kaiserliche Provinz war von Diokletian gegründet und von Justinian, Kaiser von Byzanz, nach dem Vandalensturm wieder errichtet worden. Nach der Durchdringung dieses Gebiets durch den Islam, also seit 1300 Jahren, spielte Partenia in der Kirchengeschichte keinerlei Rolle mehr.

39 Jean Pierre Bagot (69) lebt als freier Priester der Diözese Rennes, seit langem als freier Schriftsteller, Übersetzer und Seelsorger in Paris. Ihm kommt das Verdienst zu, als Erster Eugen Drewermann übersetzt und in Frankreich bekannter gemacht zu haben. Gegenwärtig nimmt er viele Funktionen für Bischof Gaillot und die weltweite Diözese »Partenia« wahr.

40 Unter: http://www.partenia.fr

41 Zu den Versuchen, das Internet durch die Gesetzgebung der Großmächte zu kontrollieren, gab Jacques Gaillot im März 1996 über Internet zu bedenken: »Seit der Eröffnung von Partenia kann ich mit Tausenden von Ihnen, die in der Welt verstreut leben, im Gespräch sein. Ich entdecke eine wirkliche Gemeinschaft, die ihr Netzwerk über alle Schranken der Kulturen und Sprachen hinweg entwickelt. Heute wird diese Gemeinschaft durch Beschlüsse angefochten, welche die Meinungsfreiheit tangieren. Diese Versuche werden von Regierungen unternommen, die so verschieden sind wie die der Vereinigten Staaten

und Chinas... Dies alles erstaunt nicht, und niemand wird glauben, dass es wirklich möglich ist, diese brandende Welle der Freiheit brechen zu können, für die Internet das Symbol ist... Was hindert uns, die erwünschten Spielregeln auf uns selbst anzuwenden? Wenn Partenia durch Dialog dazu beitragen kann, einen solchen Schritt zu unternehmen und das aktive Gewissen der Gemeinschaft zu schärfen, so wäre dies ein wichtiger Schritt.«

42 Wörtlich: »d'un Dieu humble« – eines »demütigen Gottes«.

43 Die französische Bischofskonferenz hatte Jacques Gaillots Teilnahme an dieser Sendung skandalisiert, vgl. unten: Dokument 2 und 3 in Teil II.

44 In seinem Buch von 1996, Ce que je crois, 73, erzählt Jacques Gaillot nicht ohne Augenzwinkern, wie schon die Entertainerin in der Sendung »Frou-Frou« seine unbeholfene Ostersonne als Blume missverstanden hatte. Seine Reaktion war: »Aber das ist doch eine Sonne! Die Sonne des Lebens! Gott ist eine Sonne. Er lässt das Licht über Gute und Böse scheinen. Wir alle sind Kinder Gottes. (Und ich dachte heimlich an die Entertainerin, die mein Bild nicht verstanden hatte.)«

45 In seiner Osterpredigt über Internet vom 1. April 1996 schreibt Jacques Gaillot: »Eine Kirche, die nicht Zeichen der Befreiung für die Flüchtlinge, die Vertriebenen, die Fremden, die Arbeitslosen... ist, muss sich auf ihre Treue zum Evangelium hin befragen lassen. Ostern lässt uns aus unseren Gräbern herauskommen. Ostern, das ist immer das Leben, das siegt.«

46 Vgl. dazu J.Gaillot, Coup de gueule contre les essais nucléaires. Préface d'Oscar Temaru. Paris 1995.

47 Das ist eines der hintergründigen und subversiven Gleichnisse, die Jacques Gaillot in immer wieder neuen Nuancen erzählt, vgl. Paroles sans frontières, Paris 1993, 41f.

48 Vgl. im Anhang zu diesem Gespräch: Dokument 1.

49 J.Gaillot, »Je prends la liberté...« Entretiens avec J.-C. Raspiengeas, Paris 1995, 187.

50 In seinem Dankeswort vom Februar 1995 an die Diözese nach seiner Absetzung: J.Gaillot, La rumeur d'un peuple, Paris 1995, 91f.

51 Zit. in J.Gaillot, »Je prends la liberté...«, a.a.O., 183.

52 J.Gaillot, La rumeur d'un peuple, a.a.O., 186.

53 E.Drewermann, Kleriker. Psychogramm eines Ideals. Olten 1989; Les fonctionnaires de Dieu, Paris 1993.

54 Der Verlag Albin Michel brachte das Buch am 4. März 1993 als »Le livre bombe« auf den Markt. Der renommierte katholische Verlag »Les Éditions du Cerf« brach im letzten Moment vor der Heraugabe der »Kleriker« den Vertrag, obwohl die Übersetzung und die Druckfahnen bereits vorlagen und das Buch im Februar 1993 hätte erscheinen können. Die französische Öffentlichkeit reagierte schockiert. Wie konnte ein Verlag, der sich der Theologie als Wissenschaft verschrieben hatte, die autoritäre Zensur höher schätzen als die Freiheit von Wissenschaft und öffentlicher Diskussion? Der Bestsellererfolg von Eugen Drewermanns »Kleriker« in Frankreich verdankt sich jedoch weniger diesem Skandal als den traditionellen Strukturen, die ihn ermöglichten. Die Verbannung der Reformation hat im Land der Aufklärung zu der merkwürdigen Situation geführt, dass die Franzosen unbewusst einem mythischen Bild vom Priester und von der Hierarchie mehr verpflichtet sind als einem eigenen Bezug zu Gott. Deshalb wirkt Eugen Drewermanns kritische Analyse der priesterlichen Sendung in Frankreich wie eine zweite Reformation. Dazu kam, dass gleichzeitig der katholische Weltkatechismus in französischer Sprache erschienen war. So war das Publikum gleichzeitig mit dem starren Bild der vormodernen dogmatischen Tradition und der Analyse der seelisch destruktiven Wirkung dieser Tradition konfrontiert. Da die »Kleriker« überdies vor der Übersetzung der großen Werke Drewermanns erschienen, wurde er in den französischen Medien 1993 sehr oft als »neuer Luther« und als »Mann, der Rom erzittern lässt« gefeiert oder geschmäht.

55 Zit. in J.Gaillot, »Je prends la liberté...«, a.a.O., 184f.

56 Vgl. P.Eicher (Hg.), Der Klerikerstreit. Die Auseinandersetzung mit Eugen Drewermann, München 1990.

57 Zit. in: J.Gaillot, La rumeur d'un peuple, a.a.O., 19.

58 Bischof Gaillots Intervention wurde in der Bischofskonferenz ohne Reaktion zur Kenntnis genommen. Erst nachdem seine Herausforderung zum Realismus und zur Wahrhaftigkeit im Umgang mit der katastrophalen Situation der Priesterschaft in »La Croix« veröffentlicht worden war, reagierte der Vorsitzende der Französischen Bischofskonferenz, Mgr. Duval, in »Le Figaro« vom 15. Nov., indem er die ewig gültige Wahrheit vom Zölibat und vom Ausschluss der verheirateten Priester aus dem Amt feierlich wiederholte. Nun beteiligte Bischof Gaillot die Öffentlichkeit durch einen Artikel in »Le Figaro« vom 28. Dez. 1988 an der unterdrückten Debatte: »Was zählt, ist das Wohl

und das Bedürfnis des Volkes Gottes. Dies entscheidet alles... Warum diese Angst vor der Wahrheit?«

59 Interview von Mgr. Duval in »Le Figaro« vom 15. Nov. 1988.

60 J.Gaillot, Des communautés chrétiennes meurent: Le Monde, 6. Nov. 1993.

61 Vgl. E.Drewermann, Dieu immédiat. Paris 1995, 85; deutsche Übersetzung: Näher zu Gott - nah bei den Menschen, München 1996, 58.

62 J.Gaillot, »Je prends la liberté...«, a.a.O., 191.

63 Vgl. den Kommentar von J.Gaillot: »Ironie der Geschichte: An dem Tag, an dem die Bischöfe auf die Verpflichtung zur Solidarität mit den Ausgeschlossenen drängen, wird mir auf die Finger geklopft, weil ich einen Ausgeschlossenen treffe – von der Kirche!« (J.Gaillot, »Je prends la liberté...«, a.a.O., 186).

64 J.Gaillot, »Je prends la liberté...«, a.a.O., 181, vgl. 185f., 190f.

65 Vgl. É.Maréchal, L'»affaire Gaillot«, a.a.O., documents 2.22 – 2.25.

66 Nach seiner Absetzung durch den Papst hat J.Gaillot diesen Brief Punkt für Punkt kritisch kommentiert: »Unerträglich« sei weder Drewermann noch »Frou-Frou«, sondern die Form und der Ton dieses Briefes. Er möge diese Sendung mit Drewermann noch immer und bedauere sie nicht, weil darin von Gott und nicht von den Bischöfen die Rede gewesen sei. Von »Leiden« und von »Skandal« wegen dieser Sendung zu sprechen, sei selber ein Skandal angesichts des dramatischen Leidens der Wohnungslosen, der Arbeitslosen, der Rechtlosen, der Einwanderer und der Ausgewiesenen. Er fragt, warum Mgr. Duval seine Stimme nicht gegen die ethnischen Säuberungen in Bosnien und über das Blut erhebt, das in Algerien vergossen wird. Und zur Distanz, die er gegenüber den Bischöfen aufgebaut hätte: »Distanz? Schon wieder? Wirklich, was für eine Obsession! Ich mochte den Ton dieses Briefes nicht. Ich mag es nicht, dass man brüderlich und hinterhältig ist, honigsüß und giftig.« (»Je prends la liberté...«, a.a.O., 189-194, 194).

67 J.Gaillot, »Je prends la liberté...«, a.a.O., 194.

68 Interview vom 26. Mai 1994 in France-Info: É.Maréchal, a.a.O., document 2.27.

69 J.Gaillot, »Je prends la liberté...«, a.a.O., 191.

70 A.a.O., 195.

71 Monseigneur Gaillot, Les cris du choeur. Hg. von E.Coquart und Ph. Huet, Paris 1994.

72 A.a.O., 22.

73 A.a.O., 17.

74 Vgl. J.Gaillot, Coup de gueule contre l'exclusion. L'année de tous les dangers. Étranger et droit d'asile. Paris 1994.

75 Zu den Details, vgl. J.Gaillot, »Je prends la liberté...«, 7-17.

76 A.a.O., 14.

77 CIC, Can. 190-196 unterscheidet zwischen der Strafe der Absetzung und der Amtsenthebung, die eine rein bürokratische Versetzung zur Folge haben kann.

78 A.a.O., 31.

79 Aus der Mitschrift der Pressekonferenz vom 6. Mai 1996 anlässlich des Besuches von Jacques Gaillot in Paderborn, vgl. Teil V,2.

80 In seinem neuen Buch, Ce que je crois, Paris 1996, 17-31, wird das von ca. 300 Personen – wohnungslosen Familien, drogenabhängigen Einzelnen, Ausgegrenzten und »Clochards« – besetzte Wohnhaus zum Symbol der »Kirche der Ausgeschlossenen«. Das zu Spekulationszwecken aufgekaufte Gebäude liegt unmittelbar gegenüber der Kirche von Saint-Germain-des-Prés. In der traditionsreichen Kirche fanden die Ausgegrenzten keine Zuflucht; doch da, wo sie mitten in den Ruinen der verheerenden sozialen Ungerechtigkeit sich eine Bleibe erobert hatten, baten sie den selber ausgegrenzten Bischof um eine Messe. Auch als das Gebäude zu Weihnachten 1995 von der Polizei geräumt wurde, feierte er – diesmal mit noch viel mehr Leuten – die Eucharistie. Diese eucharistische Mahlfeier löste sich erst recht vom engen kirchlichen Kontext und wurde in der neuen Situation wie von selbst wiederum zu dem universalen Symbol des Anfangs (vgl. a.a.O., 101-108). Mit solchen Erzählungen gibt Jacques Gaillot der archaischen Liturgie ihren radikalen sozialen und existentiellen Sinn zurück.

81 Vgl. E.Drewermann, Bilder von Erlösung. Das Markusevangelium. Zweiter Teil: Mk 9,14 bis 16,20, Olten und Freiburg i. Br., 1988, 422-449.

82 Die Wiedergabe des Gesprächs beruht auf dem vom Südwestfunk Baden-Baden redigierten und gesendeten Text. Die Übersetzung der Antworten von Jacques Gaillot durch den Herausgeber folgt dagegen direkt der französischen Ausgabe dieser Diskussion, in: J.-P. Bagot, Jacques Gaillot, Eugen Drewermann, Dialogue sur le parvis entre un évêque et un théologien, Paris 1996, 67-101. Um das Hörfunkgespräch leichter lesbar zu machen, wurden die Deutsch gesprochenen

Texte vom Herausgeber leicht überarbeitet. Das vom SWF übersetzte Gespräch ist auf einer Ton-Kassette erhältlich: E.Drewermann, J.Gaillot, Zukunft ohne Kirche, Kirche ohne Zukunft? 1 Kassette, Freiburg, Okt. 1995, mit Übersetzung, Laufzeit 90 Minuten, Edition S 2 Kultur, 1996.

83 Dieses Schreiben von Jacques Gaillot findet sich im Anhang zu diesem Gespräch.

84 Zum »KirchenVolksBegehren« vgl. die Einleitung zu den Paderborner Gesprächen in Teil V.

85 Die zuversichtliche Einschätzung des »KirchenVolksBegehrens« durch Jacques Gaillot hebt sich deutlich vom Schweigen oder von den teils verächtlichen, teils diplomatischen oder äußerst vorsichtigen Stellungnahmen der übrigen Bischöfe ab. Am 1. Juli 1996 ermutigte Jacques Gaillot die Bewegung »Wir sind Kirche« über Internet: »Viele Christen spüren die Notwendigkeit, das Evangelium in neuer Weise in der konkreten Wirklichkeit zu leben. Sie sind vom Geist der Freiheit entflammt und um Toleranz, Demokratie und Pluralismus bemüht. Sie wollen anders Christen sein. Das Evangelium soll in der Moderne Fleisch werden. Der Christusglaube soll dem Leben und den darin notwendigen Entscheidungen Sinn geben – ohne auf Befehle von oben warten zu müssen. Die Christen lassen sich nicht mehr als bloße Ausführungsorgane gebrauchen. Das ist ein langer Marsch... In Gottes Volk zeigt sich eine Reife, die auch die Frucht des 2.Vatikanischen Konzils ist: ein Anfang voller Hoffnung.«

86 Das Protokoll einer solchen Vernehmung von Eugen Drewermann durch Erzbischof Johannes Joachim Degenhardt liegt vor in: E.Drewermann, Worum es eigentlich geht. Protokoll einer Verurteilung, München 1992, 71-216.

87 In seinem erzählenden Glaubensbekenntnis, Ce que je crois, a.a.O. 42-47 erfahren wir, warum die abgründige Frage dieser unbekannten Frau seine eigene Existenz so zentral getroffen hatte: Wenige Wochen zuvor war seine eigene Mutter gestorben. Nun teilte er mit der Unbekannten diese letzte Not des Daseins und konnte ihr – trotz der hilflosen religiösen Formeln – etwas von der innersten Zuversicht mitteilen, die sein eigenes Leben prägt: »Die Sterbenden lehren uns zu leben... Ich weiß mich mit allen verbunden, die vorausgegangen sind... In dieser Gemeinschaft bleiben sie lebendig. Das Band der Liebe bleibt... Es ist eine lange Kette zwischen Himmel und Erde. Niemand kann sie zerreißen.« (a.a.O., 43f.)

88 Wie sehr Bischof Gaillot in seiner Situation nach dem Tod seiner Mutter auch das Vertrauen dieser Frau zu ihm brauchte, zeigt seine erweiterte Erzählung in: Ce que je crois, a.a.O., 47. Die Last, die ihm die Unbekannte mit ihrem Schrei und mit ihrem Fragen aufgebürdet hatte, wurde leichter, als sie ihm einige Monate später zu Weihnachten die einfachen Worte auf eine Karte schrieb: »Ich fange wieder an, Lust am Leben zu haben.«

89 Da in der französischen Ausgabe der letzte Teil des Gesprächs und die Diskussion nicht aufgenommen wurden, konnten diese Beiträge Gaillots nicht nach dem französischen Text der Buchausgabe übersetzt werden. Die Übersetzung aus diesem Teil des Gesprächs folgt der Rundfunkfassung des SWF; die redaktionelle Überarbeitung wird vom Herausgeber verantwortet.

90 Auf die Frage, ob er denn nicht außerhalb der Kirche viel freier wäre, hat Jacques Gaillot ein Jahr später geantwortet: »Die Freiheit! Der große Wind! Sie wollen nicht in einer Muschel gefangen leben. Sie verstehen nicht, wie ich sagen kann: › Die Kirche ist meine Familie.‹ Mit einer Familie ist man doch nicht verheiratet. Man muss sie doch eines Tages verlassen, um seine eigene zu gründen. Wenn ich ihnen sage: › Die Kirche ist mit Christus verbunden‹, dann verstehen sie auch dies nicht. Christus sagt ihnen etwas, die Kirche nichts. Ich halte mich fest an dem Baum... Jesus ist der Baum des Lebens geworden, der sich durch die Menschheit hin entfaltet.« (Ce que je crois, a.a.O. 95, 98)

91 Jacques Gaillots Eindruck von dem jungen österreichischen Paar, welches das »KirchenVolksBegehren« initiierte, war schlicht: »Sie wollten Christen in der Kirche sein. Sie waren sich bewusst, über einen Schatz zu verfügen. Doch sie sahen, dass er begraben worden war. Nun arbeiten sie darauf hin, ihn wieder an den Tag zu bringen und allen zur Verfügung zu stellen.« (Ce que je crois, a.a.O., 89).

92 E.Drewermann, Habsburger unter sich oder welchen Sinn haben Kirchenvolks-Begehren?: Kirche Intern 9 (1995) Nr. 9, 20f., 20.

93 Öffentliches Schreiben des Erzbischofs von Paderborn, Johannes Joachim Degenhardt, an die Lehrenden des Fachs Katholische Theologie an der Universität - GH - Paderborn vom 25. April 1996.

94 Als die Spannungen zu Beginn des Jahres 1989 zwischen Bischof Gaillot und den anderen Bischöfen in Frankreich unerträglich zu werden drohten, unterschrieb er demonstrativ eine gemeinsame Erklärung mit dem damaligen Vorsitzenden der französischen Bischofskon-

ferenz, Albert Kardinal Decourtray. Diese gemeinsame Erklärung war voll von den üblichen kirchlichen Unterwerfungsformeln und amtlichen Glaubensbekenntnissen. Viele Freundinnen und Freunde des Bischofs von Évreux verstanden die Welt nicht mehr. Wie konnte er nur solche Leerformeln der Übereinstimmung mit dem Papst und seinen Enzykliken, dem Kirchenrecht und den amtlichen Erklärungen der Bischofskonferenz unterschreiben? Jacques Gaillots Antwort war eindeutig: »Die Treue zu Christus trennt nicht von der Treue zur Kirche... Ich bin mit euch solidarisch, um das Abenteuer des Evangeliums zu leben... Und zwar umso mehr, als die drängenden Herausforderungen der Gegenwart es verbieten, sich in den inneren Kirchenkonflikten einzuschließen.« (E.Maréchal, L'»affaire Gaillot«, a.a.O. documents 2,13ff.)

95 In einem Interview für France 3 begründete er seine Intervention: »Wir werden niemals zahlreich genug sein, um die Menschenrechte zu verteidigen und um uns dem Apartheid-Regime zu widersetzen.« (J.Gaillot, La rumeur d'un peuple, a.a.O., 18.)

96 Vgl. Ch.Wargny, Monseigneur Gaillot, provocateur ou prophète?, Paris 1989, 61-64.

97 Die meisten davon sind jetzt nachzulesen, in: Ce que je crois, a.a.O. Diese Geschichten machen sein Credo aus; darin bleibt er der Verkündigungsart Jesu und der Form von Israels Glaubensbekenntnis treu.

98 Heute glaubt Jacques Gaillot den wahren Grund seiner Amtsenthebung zu kennen. Es war sein Aufschrei gegen die Ausschließung der Flüchtlinge und Asylanten durch die Gesetze des französischen Innenministers Charles Pasqua von 1993 und 1994: »Dieser Aufschrei brachte mir einige Geschichten ein, die bis nach Rom drangen. Und sie sind der wahre Grund für meine Amtsenthebung als Bischof von Évreux, wie ich später erst entdeckte.« (Ce que je crois, a.a.O., 112f.)

99 Vgl. Dokument 1 im Anhang zu Teil I,1.

100 Vgl. P.Eicher, »Und ich werde die Herzen der Väter und Mütter zu den Töchtern und Söhnen wenden«: H.Rothbucher, R.Seitz, R.Donnenberg (Hg.), Erfolg und Scheitern. Warum entwickeln sich Kinder nicht so, wie ErzieherInnen es wollen? Veröffentlichungen der Salzburger Internationalen Pädagogischen Werktagungen, Bd. 50, Salzburg, Wien 1996, 98-116.

Bibliografie

I. Bibliografie zu Jacques Gaillot

1. Werke von Jacques Gaillot

Die Werke Gaillots werden chronologisch nach dem Erscheinungsjahr der ersten Auflage verzeichnet.

1986:

Ils m'ont donné tant de bonheur. Entretiens avec Gwendoline Jarczyk/ Jacques Gaillot; Gwendoline Jarczyk. Paris: Desclée de Brouwer 1986. 153 p.

1988:

Foi sans frontières. Paris: Desclée de Brouwer 1988. 124 p.

1989:

Ma liberté dans l'Église. Entretiens avec Elizabeth Coquart et Philippe Huet /Jacques Gaillot; Elizabeth Coquart; Philippe Huet. Paris: Albin Michel 1989. 211 p.

Monseigneur des autres./Jacques Gaillot; Catherine Guigon. Paris: Éditions du Seuil 1989. 189 p. (Nouv. édition 1993)

1991:

Chemin de croix. Paris: Desclée de Brouwer 1991. 69 p.

Le Monde crie, l'Église murmure. Entretiens avec Christophe Wargny. Préf. de Pierre Arditi/Jacques Gaillot; Christophe Wargny. Paris: Syros-Alternatives 1991. 200 p.

Lettre ouverte à ceux qui prêchent la guerre et la font faire aux autres. Paris: Albin Michel 1991. 161 p.

1993:
Paroles sans frontières. Paris: Desclée de Brouwer 1993. 117 p.

1994:
Coup de gueule contre l'exclusion. L'année de tous les dangers. Étranger et droit d'asile. Paris: Ramsay 1994. 137 p. (Nouv. édition 1995)
Les cris du choeur/Jacques Gaillot; Elizabeth Coquart; Philippe Huet. Paris: Albin Michel 1994. 274 p.

1995:
Chers amis de Partenia. Paris: Albin Michel 1995. 139 p.
Coup de gueule contre les essais nucléaires. Préf. d'Oscar Temaru. Paris: Ramsay 1995. 166 p.
Dialogue et liberté dans l'Église. Si l'épine enfantait l'épi./Jacques Gaillot; Gabriel Ringlet. Paris: Desclée de Brouwer. 1995. 103 p.
»Je prends la liberté«. Entretiens avec Jean-Claude Raspiengeas/Jacques Gaillot; Jean-Claude Raspiengeas. Paris: Flammarion 1995. 226 p.
La rumeur d'un peuple: Évreux, dimanche 22 janvier 1995. Paris: Austral 1995. 93 p.
Monsieur le Président, expulsez la misère!/Jean-Baptiste Eyraud; Mgr. Gaillot. Paris: Laffont 1995. 110 p.
Parole d'un homme d'Église. Préf. de Pierre Pierrard. Paris: Ramsay 1995. 260 p.

1996:
Ce que je crois, Paris 1996. 150p.
Dialogue sur le parvis entre un évêque et un théologien. Présenté par Jean-Pierre Bagot/Jacques Gaillot; Eugen Drewermann. Paris: Desclée de Brouwer 1996. 102 p.

2. Deutsche Übersetzungen der Werke Gaillots

Foi sans frontières:
Was für mich zählt, ist der Mensch. Aus dem Französischen von Martina Lesch und Walter Lesch. Freiburg im Breisgau: Herder. Dt. Neuausgabe 1994. 129 S.; 2. Auflage 1994
Unter gleichem Titel erschienen in der Reihe Herderbücherei (Bd. 8831). Freiburg im Breisgau. 2. Auflage 1995. 129 S.

Ma liberté dans l'Église:

Meine Freiheit in der Kirche. Im Gespräch mit Elizabeth Coquart-Huet und Philippe Huet. Aus dem Französischen von Günther Aigner. Salzburg: Anton Pustet 1991. 174 S.

Erschienen im Herder-Verlag (Herderbücherei; Bd. 8818) unter dem Titel: Meine Freiheit in der Kirche. Weg und Vision eines unkonventionellen Bischofs. Im Gespräch mit Elizabeth Coquart-Huet und Philippe Huet. Freiburg im Breisgau 1994. 174 S. (2. Auflage 1995)

Monseigneur des autres:

»Eine Kirche, die nicht dient, dient zu nichts«. Erfahrungen eines Bischofs. Unter Mitarbeit von Catherine Guigon. Aus dem Französischen von Hanns-Werner Eichelberger. Freiburg im Breisgau: Herder 1990. 191 S.; 5. Auflage 1995

Chemin de croix:

Folgt seiner Liebe. Kreuzweg und Auferstehung. Aus dem Französischen von Hanns-Werner Eichelberger. Freiburg im Breisgau: Herder 1992. 95 S.

Paroles sans frontières:

Keine Angst vor klaren Worten. Unterwegs zu einer kommunikativen Kirche. Aus dem Französischen von Hanns-Werner Eichelberger. Freiburg im Breisgau: Herder 1994. 124 S.; 3. Auflage 1995

Chers amis de Partenia:

Ihr seid das Volk. Brief an meine Freunde in der Wüste. Aus dem Französischen von Peter Wild. Freiburg im Breisgau: Herder 1995. 113 S.; 2. Auflage 1996

3. Über Jacques Gaillot

Wargny, Christophe: Monseigneur Gaillot, provocateur ou prophète? Paris: Syros-Alternatives 1989. 180 p.

Deutsche Übersetzung: Die Welt schreit auf, die Kirche flüstert. Jacques Gaillot, ein Bischof fordert heraus. Aus dem Französischen von Hanns-Werner Eichelberger. Freiburg: Herder 1993. 188 S.

Élie Maréchal: L'»affaire Gaillot«. Documents, 1983-1995. Paris: Fayard 1995. 250 p.

Nientiedt, K: Vatikan: Bischof Gaillot seines Amtes enthoben, in: Herder-Korrespondenz 49. 1995, 2, S. 62

Seiterich-Kreuzkamp, Thomas (Hg.): Der Fall Gaillot und die neue Inquisition. Wie Rom weltweit kritische Theologen verketzert. Dokumentiert von Golias und Publik-Forum. Vorwort von Hans Küng. Beiträge von Jacques Gaillot / Thomas Seiterich-Kreuzkamp. Bearbeitet von Peter Hertel. Übersetzt von Arthur Himmelsbach. Oberursel: Publik-Forum-Verlagsgesellschaft 1995. 76 S.

Stellungnahme des Beirats der Konferenz der deutschsprachigen Pastoraltheologen zur Amtsenthebung von Jacques Gaillot als Bischof von Évreux, in: Pastoraltheologische Informationen 15. 1995, 1, S. 197

Wargny, Christophe: Jacques Gaillot. Biographie. Paris: Syros; Golias 1995. 255 p.

Muller, Jean-Michel: Guy Riobé – Jacques Gaillot, portraits croisés. Paris: Desclée de Brouwer 1996

4. Tonkassette

Drewermann, E./Gaillot, J.: Zukunft ohne Kirche, Kirche ohne Zukunft? 1 Kassette, Freiburg, Okt. 1995. Mit Übersetzung. Laufzeit 90 Minuten, Edition S2 Kultur. 1996. Carl-Auer-Systeme

II. Bibliografie zu Eugen Drewermann

Die vorliegende Bibliografie beschränkt sich auf die Werke Eugen Drewermanns, insbesondere auf deutschsprachige Monografien. Für Artikel, Interviews und Sekundärliteratur sei verwiesen auf: Alfred Sobel: Eugen-Drewermann-Bibliografie. Primär- und Sekundärliteratur, Rezensionenverzeichnis, Bibliografie zum Fall Drewermann, Einführung. Wiesbaden: Verlag Alfred Sobel. 2., erw. Auflage 1993.

Die Werke Drewermanns werden chronologisch nach dem Erscheinungsjahr der ersten Auflage verzeichnet. Die jeweils neueste Auflage wird ebenfalls aufgeführt.

1977:

Strukturen des Bösen. Die jahwistische Urgeschichte in exegetischer, psychoanalytischer und philosophischer Sicht. 3 Bde. Paderborn: Schöningh 1977/78.
Bd. 1: Die jahwistische Urgeschichte in exegetischer Sicht. 1977. 355 S. (Paderborner theologische Studien Bd. 4) 10. Auflage 1994. Erg. durch ein Vor- und Nachwort (413 S.)
Bd. 2: Die jahwistische Urgeschichte in psychoanalytischer Sicht. 1977. 679 S. (Paderborner theologische Studien Bd. 5) 7. Auflage 1994.

1978:

Strukturen des Bösen. Die jahwistische Urgeschichte in exegetischer, psychoanalytischer und philosophischer Sicht. 3 Bde. Paderborn: Schöningh 1977/78.
Bd. 3: Die jahwistische Urgeschichte in philosophischer Sicht. 1978. 656 S. (Paderborner theologische Studien Bd. 6) 8. Auflage 1996.
Sonderausgabe der 5./6. Auflage: Strukturen des Bösen. Die jahwistische Urgeschichte in exegetischer, psychoanalytischer und philosophischer Sicht. 3 Bde. Paderborn: Schönigh 1988. 1930 S.

1979:

Die Symbolik von Baum und Kreuz in religionsgeschichtlicher und tiefenpsychologischer Betrachtung, unter besonderer Berücksichtigung der mittelamerikanischen Bilderhandschriften. Kath. Akademie Schwerte. Schwerte: Kath. Akademie 1979. 30 S. (Akademie-Vorträge/Akademie Schwerte Bd. 2)

1981:

Das Mädchen ohne Hände. Märchen Nr. 31 aus der Grimmschen Sammlung./Eugen Drewermann; Ingritt Neuhaus. Olten: Walter 1981. 48 S. (Grimms Märchen tiefenpsychologisch gedeutet Bd. 1) 12. Auflage 1994.

Das Tragische und das Christliche. Von der Anerkennung des Tragischen – oder: gegen eine gewisse Art von Pelagianismus im Christentum. Kath. Akademie Schwerte. Schwerte: Kath. Akademie 1981. 62 S. (Akademie-Vorträge./Akademie Schwerte Bd. 5)

Der tödliche Fortschritt. Von der Zerstörung der Erde und des Menschen im Erbe des Christentums. Regensburg: Pustet 1981. 187 S. (Reihe Engagement) 6., erw. u. aktualisierte Auflage 1990. (407 S.)
Unter gleichem Titel erschienen im Herder-Verlag. Freiburg im Breisgau 1991. 407 S. (6. Auflage 1994)

1982:

Frau Holle. Märchen Nr. 24 aus der Grimmschen Sammlung./Eugen Drewermann; Ingritt Neuhaus. Olten: Walter 1982. 51 S. (Grimms Märchen tiefenpsychologisch gedeutet Bd. 3) 9. Auflage 1992.

Der goldene Vogel. Märchen Nr. 57 aus der Grimmschen Sammlung./Eugen Drewermann; Ingritt Neuhaus. Olten: Walter 1982. 63 S. (Grimms Märchen tiefenpsychologisch gedeutet Bd. 2) 9. Auflage 1993.

Der Krieg und das Christentum. Von der Ohnmacht und Notwendigkeit des Religiösen. Regensburg: Pustet 1982. 434 S. (Reihe Engagement) 5. Auflage 1993.
Erweiterte Ausgabe im Herder-Verlag (Herder-Spektrum Bd. 4003) unter dem Titel: Die Spirale der Angst. Der Krieg und das Christentum. Mit vier Reden gegen den Krieg am Golf. Freiburg im Breisgau 1991. 436 S. (5. Auflage 1993)(s.u.)

Psychoanalyse und Moraltheologie. 3 Bde. Mainz: Matthias-Grünewald Verlag 1982-1984.
Bd. 1: Angst und Schuld. 1982. 205 S.; 10. Auflage 1991.

1983:

Psychoanalyse und Moraltheologie. 3 Bde. Mainz: Matthias-Grünewald Verlag 1982-1984.
Bd. 2: Wege und Umwege der Liebe. 1983. 307 S.; 8. Auflage 1991.

Schneeweisschen und Rosenrot. Märchen Nr. 161 aus der Grimmschen Sammlung./Eugen Drewermann; Ingritt Neuhaus. Olten: Walter 1983.

55 S. (Grimms Märchen tiefenpsychologisch gedeutet Bd. 4) 8. Auflage 1992.

1984:

Psychoanalyse und Moraltheologie. 3 Bde. Mainz: Matthias-Grünewald Verlag 1982-1984.
    Bd. 3: An den Grenzen des Lebens. 1984. 280 S.; 5. Auflage 1992.

Das Eigentliche ist unsichtbar. Der »Kleine Prinz« tiefenpsychologisch gedeutet./Eugen Drewermann; Ingritt Neuhaus. Freiburg im Breisgau: Herder 1984. 120 S.; 15. Auflage 1992.
    Unter gleichem Titel erschienen als Herder-Spektrum-Taschenbuch (Bd. 4068). Freiburg im Breisgau, 9. Auflage 1994. 160 S.

Marienkind. Märchen Nr. 3 aus der Grimmschen Sammlung./Eugen Drewermann; Ingritt Neuhaus. Olten: Walter 1984. 63 S. (Grimms Märchen tiefenpsychologisch gedeutet Bd. 5) 10. Auflage 1996.

Tiefenpsychologie und Exegese. 2 Bde. Olten: Walter 1984/85.
    Bd. 1: Die Wahrheit der Formen. Von Traum, Mythos, Märchen, Sage und Legende. 1984. 575 S.; 8. Auflage 1990.

1985:

Tiefenpsychologie und Exegese. 2 Bde. Olten: Walter 1984/85.
    Bd. 2: Die Wahrheit der Werke und Worte. Wunder, Vision, Weissagung, Apokalypse, Geschichte, Gleichnis. 1985. 851 S.; 6. Auflage 1990.

Sonderausgabe: Tiefenpsychologie und Exegese. 2 Bde. Olten: Walter 1991. 1427 S. (2. Auflage 1992)

Die Kristallkugel. Märchen Nr. 197 aus der Grimmschen Sammlung./Eugen Drewermann; Ingritt Neuhaus. Olten: Walter 1985. 64 S. (Grimms Märchen tiefenpsychologisch gedeutet Bd. 6) 6. Auflage 1993.

Voller Erbarmen rettet er uns. Die Tobit-Legende tiefenpsychologisch gedeutet./Eugen Drewermann; Ingritt Neuhaus. Freiburg im Breisgau: Herder 1985. 93 S.; 6. Auflage 1992.

1986:

Dein Name ist wie der Geschmack des Lebens. Tiefenpsychologische Deutung der Kindheitsgeschichte nach dem Lukasevangelium. Freiburg im Breisgau: Herder 1986. 167 S.; 4. Auflage 1992.
    Unter gleichem Titel erschienen als Herder-Spektrum-Taschenbuch (Bd. 4113). Freiburg im Breisgau 1992. 254 S. (3. Auflage 1995)

Die kluge Else. Rapunzel. Olten: Walter 1986. 101 S. (Grimms Märchen tiefenpsychologisch gedeutet Bd. 7) 6. Auflage 1993.

Freispruch für Kain? Über den Umgang mit Schuld./Eugen Drewermann; Michael Helfer; Günter Höver. Mainz: Matthias-Grünewald-Verlag 1986. 108 S. (Topos-Taschenbücher Bd. 158) 4. Auflage 1992.

1987:

Das Markusevangelium. 2 Bde. Olten: Walter 1987/88.

Bd. 1: Erster Teil: Mk 1,1 bis 9,13. 1987. 648 S.; 7. Auflage 1991.

Der Trommler. Märchen Nr. 193 aus der Grimmschen Sammlung. Olten: Walter 1987. 82 S. (Grimms Märchen tiefenpsychologisch gedeutet Bd. 8) 4. Auflage 1992.

1988:

Das Markusevangelium. 2 Bde. Olten: Walter 1987/88.

Bd. 2: Zweiter Teil: Mk 9,14 bis 16,20. 1988. 796 S.; 4. Auflage 1991.

»An ihren Früchten sollt ihr sie erkennen«. Antwort auf Gerhard Lohfinks und Rudolf Peschs »Tiefenpsychologie und keine Exegese«/Eugen Drewermann. Mit einem Beitr. von Stefan Schmitz. Olten: Walter 1988. 204 S.; 5. Auflage 1992.

Wort des Heils, Wort der Heilung. Von der befreienden Kraft des Glaubens. Gespräche und Interviews. Hrsg. von Bernd Marz. 4 Bde. Düsseldorf: Patmos-Verlag 1988-1993.

Bd. 1: 1988. 212 S.; 8. Auflage 1993.

1989:

Wort des Heils, Wort der Heilung. Von der befreienden Kraft des Glaubens. Gespräche und Interviews. Hrsg. von Bernd Marz. 4 Bde. Düsseldorf: Patmos-Verlag 1988-1993.

Bd. 2: 1989. 224 S.; 4. Auflage 1993.

Bd. 3: 1989. 160 S.; 3. Auflage 1993.

»Ich steige hinab in die Barke der Sonne«. Alt-ägyptische Meditationen zu Tod und Auferstehung in Bezug auf Joh 20/21. Olten: Walter 1989. 322 S.; 6. Auflage 1993.

Unter gleichem Titel erschienen im Deutschen Taschenbuch -Verlag (dtv Sachbuch 30437). München 1994. 322 S.

Kleriker. Psychogramm eines Ideals. Olten: Walter 1989. 900 S.; 8. Auflage 1990.

Unter gleichem Titel erschienen im Deutschen Taschenbuch-Verlag (dtv allgemeine Reihe 11443). München 1991. 905 S. (4. Auflage 1992) und im Bertelsmann-Bücherbund. Gütersloh 1992. 900 S.

Das Markusevangelium in der Übersetzung von Eugen Drewermann. Olten: Walter 1989. 75 S.; 3. Auflage 1990.
Sonderausgabe: Jahresgabe des Walter-Verlags für den Buchhandel und alle Freunde des Hauses.

Mission vor ungewohntem Zeugenstand. Tiefenpsychologische Deutung des Missionsauftrages. Protokoll des Vortrages vom 24. Januar 1989. Luzern: Romero-Haus 1989. 56 S. (Romero-Haus-Protokolle Bd. 13)

1990:

Brüderchen und Schwesterchen. Märchen Nr. 11 aus der Grimmschen Sammlung. Olten: Walter 1990. 97 S. (Grimms Märchen tiefenpsychologisch gedeutet Bd. 9) 4. Auflage 1992.

Der Herr Gevatter. Der Gevatter Tod. Fundevogel. Arzt und Tod im Märchen. Olten: Walter 1990. 85 S. (Grimms Märchen tiefenpsychologisch gedeutet Bd. 10) 3. Auflage 1992.

Der offene Himmel. Predigten zum Advent und zur Weihnacht. Düsseldorf: Patmos-Verlag 1990. 219 S.; 4. Auflage 1991.

Über die Unsterblichkeit der Tiere. Hoffnung für die leidende Kreatur. Mit einem Geleitwort von Luise Rinser. Olten: Walter 1990. 65 S.; 5. Auflage 1993.

Worte für ein unentdecktes Land. Hrsg. und eingeleitet von Karin Walter. Freiburg im Breisgau: Herder 1990. 127 S.; 4. Auflage 1993.

1991:

Leben, das dem Tod entwächst. Predigten zur Passions- und Osterzeit. Hrsg. von Bernd Marz. Düsseldorf: Patmos-Verlag 1991. 301 S.; 2. Auflage 1993.

Milomaki oder vom Geist der Musik. Eine Mythe der Yahuna-Indianer. Olten: Walter 1991. 73 S. (Mythen der Völker tiefenpsychologisch gedeutet) 2. Auflage 1992.

Reden gegen den Krieg. Hrsg. von Bernd Marz. Düsseldorf: Patmos-Verlag 1991. 128 S.

Die Spirale der Angst. Der Krieg und das Christentum. Mit vier Reden gegen den Krieg am Golf. Freiburg im Breisgau: Herder 1991. 436 S. (Herder-Spektrum Bd. 4003) 5. Auflage 1993.
Erweiterte Taschenbuchausgabe von: Der Krieg und das Christentum. Von der Ohnmacht und Notwendigkeit des Religiösen. Regensburg: Pustet 1982. 434 S. (5. Auflage 1993)

Gespräche über die Angst./Eugen Drewermann; Jürgen Jeziorowski. Gütersloh: Gütersloher Verl.-Haus Mohn 1991. 121 S. (Gütersloher Taschen-
bücher Siebenstern Bd. 1296) 4., erg. Auflage 1993.

Sind Propheten dieser Kirche ein Ärgernis? Eugen Drewermann im Gespräch
mit Felizitas von Schönborn. Zürich: Pendo-Verlag 1991. 74 S.; 3. Auflage
1992.
    Unter gleichem Titel erschienen im Verlag Piper (Serie Piper Bd. 1616).
München 1993. 74 S.

Was uns Zukunft gibt. Vom Reichtum des Lebens. Hrsg. von Andreas Heller.
Olten: Walter 1991. 228 S.; 4. Auflage 1992.
    Unter gleichem Titel erschienen im Deutschen Taschenbuch-Verlag (dtv
Bd. 30502). München 1995. 228 S. (2. Auflage 1996)

Zwischen Staub und Sternen. Predigten im Jahreskreis. Hrsg. von Bernd
Marz. Düsseldorf: Patmos-Verlag 1991. 237 S.; 2. Auflage 1993.
    Unter gleichem Titel erschienen im Verlag Piper (Serie Piper Bd. 1625).
München 1995. 237 S.

1992:

Daß alle eins seien. Predigten zwischen Himmelfahrt und Dreifaltigkeitsfest. Hrsg.
von Bernd Marz. Düsseldorf: Patmos-Verlag 1992. 200 S.; 2. Auflage 1993.

Der Weg des Herzens. Gewaltlosigkeit und Dialog zwischen den Religionen.
/Dalai Lama; Eugen Drewermann. Hrsg. von David J. Krieger. Olten:
Walter 1992. 112 S.

Das Matthäusevangelium. Bilder der Erfüllung. 3 Bde. Olten: Walter 1992-
1995.
    Bd. 1: Erster Teil: Mt 1,1-7,29. 1992. 848 S.

Lieb Schwesterlein, laß mich herein. Grimms Märchen tiefenpsychologisch
gedeutet. München: Dt. Taschenbuch-Verlag 1992. 488 S. (dtv 35050)
7. Auflage 1996. Erster Sammelband der Märcheninterpretationen.

Worum es eigentlich geht. Protokoll einer Verurteilung. München: Kösel
1992. 512 S.; 3., aktualisierte Neuauflage 1992. 550 S.
    Unter gleichem Titel erschienen im Deutschen Taschenbuch-Verlag (dtv
Sachbuch 30404). München 1992. 573 S. (3., aktualisierte Neuauflage
1994) und im Bertelsmann-Bücherbund. Gütersloh 1992. 511 S.

Die Botschaft der Frauen. Das Wissen der Liebe. Olten: Walter 1992. 234
S.; 4. Auflage 1994.

Giordano Bruno oder der Spiegel des Unendlichen. München: Kösel 1992.
415 S.; 2. Auflage 1992.

Unter gleichem Titel erschienen im Deutschen Taschenbuch-Verlag (dtv Sachbuch 30465). München 1995. 415 S.

Im Gespräch. Fragen an das Glaubensbekenntnis. Hanna-Renate Laurien; Eugen Drewermann. Herausgegeben von M. Albus. Kevelaer: Butzon und Bercker 1992. 68 S.

Rapunzel, Rapunzel, laß dein Haar herunter. Grimms Märchen tiefenpsychologisch gedeutet. München: Dt. Taschenbuch-Verlag 1992. 426 S. (dtv 35056) 3. Auflage 1994. Zweiter Sammelband der Märcheninterpretationen.

Wenn der Himmel die Erde berührt. Predigten über die Gleichnisse Jesu. Hrsg. von Bernd Marz. Düsseldorf: Patmos-Verlag 1992. 173 S.; 2. Auflage 1993.

Zeiten der Liebe. Hrsg. von Karin Walter. Freiburg im Breisgau: Herder 1992. 188 S. (Herder-Spektrum Bd. 4091) 6. Auflage 1994.

1993:

Wort des Heils, Wort der Heilung. Von der befreienden Kraft des Glaubens. Gespräche und Interviews. Hrsg. von Bernd Marz. 4 Bde. Düsseldorf: Patmos-Verlag 1988-1993.
Bd. 4: 1993. 193 S.

Aschenputtel. Märchen Nr. 21 aus der Grimmschen Sammlung. Solothurn: Walter 1993. 103 S. (Grimms Märchen tiefenpsychologisch gedeutet)

Das Matthäusevangelium in der Übersetzung von Eugen Drewermann. Solothurn: Walter 1993. 134 S.

Das Vaterunser. Mit Fotos von Andreas Hoffmann. München: Kösel 1993. 159 S.; 3. Auflage 1996.

Der gefahrvolle Weg der Erlösung. Die Tobit-Legende tiefenpsychologisch gedeutet. Freiburg im Breisgau: Herder 1993. 122 S. (Herder-Spektrum Bd. 4165) Frühere Ausgabe unter dem Titel: Voller Erbarmen rettet er uns. Die Tobit-Legende tiefenpsychologisch gedeutet./Eugen Drewermann; Ingritt Neuhaus. Freiburg im Breisgau: Herder 1985. 93 S. (6. Auflage 1992) (s.o.)

Glauben in Freiheit oder Tiefenpsychologie und Dogmatik. 2 Bde. Solothurn: Walter 1993-1996.
Bd. 1: Dogma, Angst und Symbolismus. 1993. 720 S.

Laßt Euch die Freiheit nicht nehmen. Für einen offenen Dialog in der Kirche. / Herbert Haag; Eugen Drewermann. Hrsg. von Klara Obermüller. Zürich: Benziger 1993. 133 S.; 2. Auflage 1993.

Unter gleichem Titel erschienen im Verlag Piper (Serie Piper Bd. 1898). München 1995. 133 S.

Und legte ihnen die Hände auf. Predigten über die Wunder Jesu. Hrsg. von Bernd Marz. Düsseldorf: Patmos-Verlag 1993. 166 S.; 2. Auflage 1995. Ausgabe im Herder-Verlag (Herder-Spektrum Bd. 4402) unter dem Titel: Taten der Liebe. Meditationen über die Wunder Jesu. Hrsg. von Bernd Marz. Freiburg im Breisgau 1995. 166 S. (s.u.)

Welches Credo?/Eugen Drewermann; Eugen Biser. Hrsg. von Michael Albus. Freiburg im Breisgau: Herder 1993. 238 S. (Herder-Spektrum Bd. 4202) 2. Auflage 1994.

1994:

Das Matthäusevangelium. Bilder der Erfüllung. 3 Bde. Olten: Walter 1992-1995.
Bd. 2: Zweiter Teil: Mt 8,1-20,19. 1994. 648 S.

Ich lasse Dich nicht, Du segnest mich denn. Predigten zum 1. Buch Moses. Hrsg. von Bernd Marz. Düsseldorf: Patmos-Verlag 1994. 336 S.

Was ich denke. München: Goldmann 1994. 95 S. (Goldmann Bd. 12532: Quer-denken!)

Zeitreisen – Reisezeiten. Solothurn: Walter 1994. 95 S.

1995:

Das Matthäusevangelium. Bilder der Erfüllung. 3 Bde. Olten: Walter 1992-1995.
Bd. 3: Dritter Teil: Mt 20,20-28,20. 1995. 431 S.

Das Individuelle gegen das Normierte verteidigen. Zwei Aufsätze zu Hermann Hesse. Mit einem Nachw. von Volker Michels. Frankfurt am Main: Suhrkamp 1995. 89 S. (Suhrkamp-Taschenbuch Bd. 2458)

Den eigenen Weg gehen. Predigten zu den Büchern Exodus bis Richter. Hrsg. von Bernd Marz. München: Piper 1995. 374 S.; 2. Auflage 1995.

Die zwei Brüder. Märchen Nr. 60 aus der Grimmschen Sammlung. Solothurn: Walter 1995. 126 S. (Grimms Märchen tiefenpsychologisch gedeutet)

Taten der Liebe. Meditationen über die Wunder Jesu. Hrsg. von Bernd Marz. Freiburg im Breisgau: Herder 1995. 166 S. (Herder-Spektrum Bd. 4402) Ausgabe im Patmos-Verl. unter dem Titel: Und legte ihnen die Hände auf. Predigten über die Wunder Jesu. Hrsg. von Bernd Marz. Düsseldorf 1993. 166 S. (2. Auflage 1995) (s.o.)

Tod oder Leben. Vom Sinn und Unsinn des Gottesglaubens./Eugen Drewermann; Friedrich Schorlemmer. Hrsg. von Michael Albus. Freiburg im Breisgau: Herder 1995. 189 S. (Herder-Spektrum Bd. 4381)

1996:
Glauben in Freiheit oder Tiefenpsychologie und Dogmatik. 2 Bde. Solothurn: Walter 1993-1996.
Bd. 2: Jesus von Nazareth. Befreiung zum Frieden. 1996. 819 S.
Das Königreich Gottes in unserer Seele. Predigten über die Bücher Samuel und Könige. Hrsg. von Bernd Marz. München: Piper 1996. 472 S.
Näher zu Gott – nah bei den Menschen. Ein Gespräch mit Gwendoline Jarczyk. München: Kösel 1996. 207 S.